ŒUVRES COMPLÈTES

DE

W. SHAKESPEARE

TOME I

LES DEUX HAMLET

SAINT-DENIS. — TYPOGRAPHIE DE A. MOULIN.

FRANÇOIS-VICTOR HUGO
TRADUCTEUR

ŒUVRES COMPLÈTES
DE
W. SHAKESPEARE
DEUXIÈME ÉDITION

TOME I

LES DEUX HAMLET

PARIS

PAGNERRE, LIBRAIRE-ÉDITEUR

RUE DE SEINE, 18

1865

Reproduction et traduction réservées.

PRÉFACE

DE LA

NOUVELLE TRADUCTION DE SHAKESPEARE

I

Une traduction est presque toujours regardée tout d'abord par le peuple à qui on la donne comme une violence qu'on lui fait. Le goût bourgeois résiste à l'esprit universel.

Traduire un poëte étranger, c'est accroître la poésie nationale ; cet accroissement déplaît à ceux auxquels il profite. C'est du moins le commencement ; le premier mouvement est la révolte. Une langue dans laquelle on transvase de la sorte un autre idiome fait ce qu'elle peut pour refuser. Elle en sera fortifiée plus tard, en attendant elle s'indigne. Cette saveur nouvelle lui répugne. Ces locutions insolites, ces tours inattendus, cette irruption sauvage de figures inconnues, tout cela, c'est de l'invasion. Que va devenir sa littérature à elle ? Quelle idée a-t-on de venir lui mêler dans le sang cette substance des autres peuples ? C'est de la poésie en excès. Il y a là abus d'images, profusion de métaphores, violation des frontières, introduction forcée du goût cosmopolite dans le goût local. Est-ce grec ? c'est grossier Est-ce anglais ? c'est barbare. Apreté ici, âcreté là. Et, si intelligente que soit la nation qu'on veut enrichir, elle s'indigne. Elle hait cette nourriture. Elle boit de force, avec colère. Jupiter enfant recrachait le lait de la chèvre divine.

Ceci a été vrai en France pour Homère, et encore plus vrai pour Shakespeare.

Au dix-septième siècle, à propos de madame Dacier, on posa la question : Faut-il traduire Homère ? L'abbé Terrasson, tout net, répondit non. La Mothe fit mieux ; il refit l'*Iliade*. Ce La Mothe était un homme d'esprit qui était idiot. De nos jours, nous avons eu en ce genre M. Beyle, dit Stendhal, qui écrivait : *Je préfère à Homère les mémoires du maréchal Gouvion Saint-Cyr.*

— Faut-il traduire Homère ? — fut la question littéraire du dix-septième siècle. La question littéraire du dix-huitième fut celle-ci : — Faut-il traduire Shakespeare ?

II

« Il faut que je vous dise combien je suis fâché contre un nommé Letourneur, qu'on dit secrétaire de la librairie, et qui ne me paraît pas le secrétaire du bon goût. Auriez-vous lu les deux volumes de ce misérable ? il sacrifie tous les Français sans exception à son idole (Shakespeare), comme on sacrifiait autrefois des cochons à Cérès ; il ne daigne pas même nommer Corneille et Racine. Ces deux grands hommes sont seulement enveloppés dans la proscription générale, sans que leurs noms soient prononcés. Il y a déjà deux tomes imprimés de ce *Shakespear*, qu'on prendrait pour des pièces de la foire, faites il y a deux cents ans. Il y aura encore cinq volumes. Avez-vous une haine assez vigoureuse contre cet impudent imbécile ? Souffrirez-vous l'affront qu'il fait à la France ? Il n'y a point en France assez de camouflets, assez de bonnets d'âne, assez de piloris pour un pareil faquin. Le sang pétille dans mes vieilles veines en vous parlant de lui. Ce qu'il y a d'affreux, c'est que le monstre a un parti en France, et pour comble de calamité et d'horreur, c'est moi qui autrefois parlai le premier de ce *Shakespear*; c'est moi qui le premier montrai aux Français quelques perles que j'avais trouvées dans son énorme fumier. Je ne m'attendais pas que je servirais un jour à fouler aux pieds les couronnes de Racine et de Corneille pour en orner le front d'un histrion barbare. »

A qui est adressée cette lettre ? à La Harpe. Par qui ? par Voltaire. On le voit, il faut de la bravoure pour être Letourneur.

Ah ! vous traduisez Shakespeare ? Eh bien, vous êtes un faquin ; mieux que cela, vous êtes un impudent imbécile ; mieux encore, vous êtes un misérable. Vous faites un affront à la France. Vous méritez toutes les formes de l'opprobre public, depuis le bonnet d'âne, comme les cancres, jusqu'au pilori, comme les voleurs. Vous êtes peut-être un « monstre. » Je dis peut-être, car dans la lettre de Voltaire *monstre* est amphibologique ; la syntaxe l'adjuge à Letourneur, mais la haine le donne à Shakespeare.

Ce digne Letourneur, couronné à Montauban et à Besançon, lauréat académique de province, uniquement occupé d'émousser Shakespeare, de lui ôter les reliefs et les angles et de le faire passer, c'est-à-dire de le rendre passable, ce bonhomme, travailleur consciencieux, ayant pour tout horizon les quatre murs de son cabinet, doux comme une fille, incapable de fiel et de représailles, poli, timide, honnête, parlant bas, vécut toute sa vie sous cette épithète, *misérable*, que lui avait jetée l'éclatante voix de Voltaire, et mourut à cinquante-deux ans, étonné.

III

Letourneur, chose curieuse à dire, n'était pas moins bafoué par les anglais que par les français. Nous ne savons plus quel lord, faisant autorité, disait de Letourneur : *pour traduire un fou, il faut être un sot.* Dans le livre intitulé *William Shakespeare*, publié récemment, on peut lire, réunis et groupés, tous ces étranges textes anglais qui ont insulté Shakespeare pendant deux siècles. Au verdict des gens de lettres, ajoutez le verdict des princes. Georges Ier, sous le règne duquel, vers 1726, Shakespeare parut poindre un peu, n'en voulut jamais écouter un vers. Ce Georges était « un homme grave et sage » (Millot), qui aima une jolie femme jusqu'à la faire grand-écuyer. Georges II pensa comme Georges Ier. Il s'écriait : — Je ne pourrais pas lire Shakespeare. Et il ajoutait, c'est Hume qui le raconte : — C'est un garçon si ampoulé! — (*He was such a bombast fellow!*) L'abbé Millot, historien qui prêchait l'Avent à Versailles et le Carême à Lunéville, et que Querlon préfère à Hénault, raconte l'influence de Pope sur Georges II au sujet de Shakespeare. Pope s'indignait de *l'orgueil de Shakespeare*, et comparait Shakespeare à *un mulet qui ne porte rien et qui écoute le bruit de ses grelots*. Le dédain littéraire justifiait le dédain royal. Georges III continua la tradition. Georges III, qui commença de bonne heure, à ce qu'il paraît, l'état d'esprit par lequel il devait finir, jugeait Shakespeare et disait à miss Burney : — Quoi! n'est-ce pas là un triste galimatias? quoi! quoi! — (*What! is there not sad stuff? what! what!*)

On dira : ce ne sont là que des opinions de roi. Qu'on ne s'y trompe point, la mode en Angleterre suit le roi. L'opinion de la majesté royale en matière de goût est grave de l'autre côté du détroit. Le roi d'Angleterre est le *leader* suprême des salons de Londres. Témoin le *poëte lauréat*, presque toujours accepté par le public. Le roi ne gouverne pas, mais il règne. Le livre qu'il lit et la cravate qu'il met, font loi. Il plaît à un roi de rejeter le génie, l'Angleterre méconnaît Shakespeare ; il plaît à un roi d'admirer la niaiserie, l'Angleterre adore Brummel.

Disons-le, la France de 1844 tombait plus bas encore quand elle permettait aux Bourbons de jeter Voltaire à la voirie.

IV

Le danger de traduire Shakespeare a disparu aujourd'hui.

On n'est plus un ennemi public pour cela.

Mais si le danger n'existe plus, la difficulté reste.

Letourneur n'a pas traduit Shakespeare ; il l'a, candidement, sans le vouloir, obéissant à son insu au goût hostile de son époque, parodié.

Traduire Shakespeare, le traduire réellement, le traduire avec confiance, le traduire en s'abandonnant à lui, le traduire avec la simplicité honnête et fière de l'enthousiasme, ne rien éluder, ne rien omettre, ne rien amortir, ne rien cacher, ne pas lui mettre de voile là où il est nu, ne pas lui mettre de masque là où il est sincère, ne pas lui prendre sa peau pour mentir dessous, le traduire sans recourir à la périphrase, cette restriction mentale, le traduire sans complaisance puriste pour la France ou puritaine pour l'Angleterre, dire la vérité, toute la vérité, rien que la vérité, le traduire comme on témoigne, ne point le trahir, l'introduire à Paris de plain-pied, ne pas prendre de précautions insolentes pour ce génie, proposer à la moyenne des intelligences, qui a la prétention de s'appeler le goût, l'acceptation de ce géant, le voilà! en voulez-vous? ne pas crier gare, ne pas être honteux du grand homme, l'avouer, l'afficher, le proclamer, le promulguer, être sa chair et ses os, prendre son empreinte, mouler sa forme, penser sa pensée, parler sa parole, répercuter Shakespeare de l'anglais en français, quelle entreprise!

V

Shakespeare est un des poëtes qui se défendent le plus contre le traducteur.

La vieille violence faite à Protée symbolise l'effort des traducteurs. Saisir le génie, rude besogne. Shakespeare résiste, il faut l'étreindre; Shakespeare échappe, il faut le poursuivre.

Il échappe par l'idée, il échappe par l'expression. Rappelez-vous le *unsex*, cette lugubre déclaration de neutralité d'un monstre entre le bien et le mal, cet écriteau posé sur une conscience eunuque. Quelle intrépidité il faut pour reproduire nettement en français certaines beautés insolentes de ce poëte, par exemple le *Buttock of the night*, où l'on entrevoit les parties honteuses de l'ombre. D'autres expressions semblent sans équivalents possibles ; ainsi *green girl, fille verte*, n'a aucun sens en français. On pourrait dire de certains mots qu'ils sont imprenables. Shakespeare a un *sunt lacrymæ rerum*. Dans le *we have kissed away kingdoms and provinces*, aussi bien que dans le profond soupir de Virgile, l'indicible est dit. Cette gigantesque dépense d'avenir faite dans un lit, ces provinces s'en allant en baisers, ces royaumes possibles s'évanouissant sur les bouches jointes d'Antoine et de Cléopâtre, ces empires dissous en caresses et ajoutant inexprimablement leur grandeur à la volupté, néant comme eux, toutes ces sublimités sont dans ce mot *kissed away kingdoms*.

Shakespeare échappe au traducteur par le style, il échappe aussi par la langue. L'anglais se dérobe le plus qu'il peut au français. Les deux idiomes sont composés en sens inverse. Leur pôle n'est pas le même ; l'anglais est saxon, le français est latin. L'anglais actuel est presque de l'allemand du quinzième siècle, à l'orthographe près. L'antipathie immémoriale des deux idiomes a été telle, qu'en 1095 les normands déposèrent Wolstan, évêque de Worcester, pour le seul crime d'être *une vieille brute d'anglais ne sachant pas parler français*. En revanche on a parlé danois à Bayeux. Duponceau estime qu'il y a dans l'anglais trois racines saxonnes sur quatre. Presque tous les verbes, toutes les particules, les mots qui font la charpente de la langue, sont du Nord. La langue anglaise a en elle une si dangereuse force isolante que l'Angleterre, instinctivement, et pour faciliter ses communications avec l'Europe, a pris ses termes de guerre aux français, ses termes de navigation aux hollandais, et ses termes de musique aux italiens. Charles Duret écrivait en 1613, à propos de la langue anglaise : « Peu d'étrangers veulent se pener de l'apprendre. » A l'heure qu'il est, elle est encore saxonne à ce point que l'usage n'a frappé de désuétude qu'à peine un septième des mots de l'*Orosius* du roi Alfred. De là une perpétuelle lutte sourde entre l'anglais et le français quand on les met en contact. Rien n'est plus laborieux que de faire coïncider ces deux idiomes. Ils semblent destinés à exprimer des choses opposées. L'un est septentrional, l'autre est méridional. L'un confine aux lieux cimmériens, aux bruyères, aux steppes, aux neiges, aux solitudes froides, aux espaces nocturnes, pleins de silhouettes indéterminées, aux régions blêmes ; l'autre confine aux régions claires. Il y a plus de lune dans celui-ci, et plus de soleil dans celui-là. Sud contre Nord, jour contre nuit, rayon contre spleen. Un nuage flotte toujours dans la phrase anglaise. Ce nuage est une beauté. Il est partout dans Shakespeare. Il faut que la clarté française pénètre ce nuage sans le dissoudre. Quelquefois la traduction doit se dilater. Un certain vague ajoute du trouble à la mélancolie et caractérise le Nord. Hamlet, en particulier, a pour air respirable ce vague. Le lui ôter, le tuerait. Une profonde brume diffuse l'enveloppe. Fixer Hamlet, c'est le supprimer. Il importe que la traduction n'ait pas plus de densité que l'original. Shakespeare ne veut pas être traduit comme Tacite.

Shakespeare résiste par le style; Shakespeare résiste par la langue. Est-ce là tout? non. Il résiste par le sens métaphysique; il résiste par le sens historique; il résiste par le sens légendaire. Il a beaucoup d'ignorance, ceci est convenu; mais, ce qui est moins connu, il a beaucoup de science. Parfois tel détail qui surprend, où l'on croit voir sa grossièreté, atteste précisément sa particularité et sa finesse; très-souvent ce que les critiques négateurs dénoncent dans Shakespeare comme l'invention ridicule d'un esprit sans culture et sans lettres, prouve, tout au contraire, sa bonne information. Il est sagace et singulier dans l'histoire. Il est on ne peut mieux renseigné dans la tradition et dans le conte. Quant à sa philosophie, elle est étrange; elle tient de Montaigne par le doute, et d'Ézéchiel par la vision.

VI

Il y a des problèmes dans la Bible ; il y en a dans Homère ; on connaît ceux de Dante ; il existe en Italie des chaires publiques d'interprétation de la *Divine comédie*. Les obscurités propres à Shakespeare, aux divers points de vue que nous venons d'indiquer, ne sont pas moins abstruses. Comme la question biblique, comme la question homérique, comme la question dantesque, la question shakespearienne existe.

L'étude de cette question est préalable à la traduction. Il faut d'abord se mettre au fait de Shakespeare.

Pour pénétrer la question shakespearienne et, dans la mesure du possible, la résoudre, toute une bibliothèque est nécessaire. Histotoriens à consulter, depuis Hérodote jusqu'à

Hume, poëtes, depuis Chaucer jusqu'à Coleridge, critiques, éditeurs, commentateurs, nouvelles, romans, chroniques, drames, comédies, ouvrages en toutes langues, documents de toutes sortes, pièces justificatives de ce génie. On l'a fort accusé ; il importe d'examiner son dossier. Au British-Museum, un compartiment est exclusivement réservé aux ouvrages qui ont un rapport quelconque avec Shakespeare. Ces ouvrages veulent être les uns vérifiés, les autres approfondis. Labeur âpre et sérieux, et plein de complications. Sans compter les registres du Stationers' Hall, sans compter les registres du chef de troupe Henslowe, sans compter les registres de Stratford, sans compter les archives de Bridgewater House, sans compter le journal de Symon Forman. Il n'est pas inutile de confronter les dires de tous ceux qui ont essayé d'analyser Shakespeare, à commencer par Addison dans le *Spectateur*, et à finir par Jaucourt dans l'*Encyclopédie*. Shakespeare a été, en France, en Allemagne, en Angleterre, très-souvent jugé, très-souvent condamné, très-souvent exécuté ; il faut savoir par qui et comment. Où il s'inspire, ne le cherchez pas, c'est en lui-même ; mais où il puise, tâchez de le découvrir. Le vrai traducteur doit faire effort pour lire tout ce que Shakespeare a lu. Il y a là pour le songeur des sources, et pour le piocheur des trouvailles. Les lectures de Shakespeare étaient variées et profondes. Cet inspiré était un étudiant. Faites donc ses études si vous voulez le connaître. Avoir lu Belleforest ne suffit pas, il faut lire Plutarque ; avoir lu Montaigne ne suffit pas, il faut lire Saxo Grammaticus ; avoir lu Érasme ne suffit pas, il faut lire Agrippa ; avoir lu Froissard ne suffit pas, il faut lire Plaute ; avoir lu Boccace ne suffit pas, il faut lire saint Augustin. Il faut lire tous les cancioneros et tous les fabliaux, Huon de Bordeaux, la belle Jehanne, le comte de Poitiers, le miracle de Notre-Dame, la légende du Renard, le roman de la Violette, la romance du Vieux-Manteau. Il faut lire Robert Wace, il faut lire Thomas le Rimeur. Il faut lire Boëce, Laneham, Spenser, Marlowe, Geoffroy de Monmouth, Gilbert de Montreuil, Holinshed, Amyot, Giraldi Cinthio, Pierre Boisteau, Arthur Brooke, Bandello, Luigi da Porto. Il faut lire Benoist de Saint-Maur, sir Nicholas Lestrange, Paynter, Comines, Monstrelet, Grove, Stubbes, Strype, Thomas Morus et Ovide. Il faut lire Graham d'Aberfoyle et Straparole. J'en passe. On aurait tort de laisser de côté Webster, Cavendish, Gower, Tarleton, Georges Whetstone, Reginald Scot, Nichols et sir Thomas North. Alexandre Silvayn veut être feuilleté. Les *Papiers de Sidney* sont utiles. Un livre contrôle l'autre. Les textes s'entr'éclairent. Rien à négliger dans ce travail. Figurez-vous une lecture dont le diamètre va du *Gesta romanorum* à la *Démonologie de Jacques VI*.

Arriver à comprendre Shakespeare, telle est la tâche. Toute cette érudition a ce but : parvenir à un poëte. C'est le chemin de pierres de ce paradis.

Forgez-vous une clef de science pour ouvrir cette poésie.

VII

Et de la sorte, vous saurez de qui est contemporain le Thésée du *Songe d'une nuit d'été ;* vous saurez comment les prodiges de la mort de César se répercutent dans *Macbeth ;* vous saurez quelle quantité d'Oreste il y a dans Hamlet. Vous connaîtrez le vrai Timon d'Athènes, le vrai Shylock, le vrai Falstaff.

Shakespeare était un puissant assimilateur. Il s'amalgamait le passé. Il cherchait, puis trouvait ; il trouvait, puis inventait ; il inventait, puis créait. Une insufflation sortait pour lui du lourd tas des chroniques. De ces infolios il dégageait des fantômes.

Fantômes éternels. Les uns terribles, les autres adorables. Richard III, Glocester, Jean sans Terre, Marguerite, lady Macbeth, Regane et Goneril, Claudius, Lear, Roméo et Juliette, Jessica, Perdita, Miranda, Pauline, Constance, Ophélia, Cordélia, tous ces monstres, toutes ces fées. Les deux pôles du cœur humain et les deux extrémités de l'art représentés par des figures à jamais vivantes d'une vie mystérieuse, impalpables comme le nuage, immortelles comme le souffle. La difformité intérieure, Iago; la difformité extérieure, Caliban; et près d'Iago le charme, Desdemona, et en regard de Caliban la grâce, Titania.

Quand on a lu les innombrables livres lus par Shakespeare, quand on a bu aux mêmes sources, quand on s'est imprégné de tout ce dont il était pénétré, quand on s'est fait en soi un fac-simile du passé tel qu'il le voyait, quand on a appris tout ce qu'il savait, moyen d'en venir à rêver tout ce qu'il rêvait, quand on a digéré tous ces faits, toute cette histoire, toutes ces fables, toute cette philosophie, quand on a gravi cet escalier de volumes, on a pour récompense cette nuée d'ombres divines au-dessus de sa tête.

VIII

Un jeune homme s'est dévoué à ce vaste travail. A côté de cette première tâche, reproduire Shakespeare, il y en avait une deuxième, le commenter. L'une, on vient de le voir, exige un poëte, l'autre un bénédictin. Ce traducteur a accepté l'une et l'autre. Parallèlement à la traduction de chaque drame, il a placé, sous le titre d'*introduction*, une étude spéciale, où toutes les questions relatives au drame traduit sont discutées et débattues, et où, pièces en mains, le pour et contre est plaidé. Ces trente-six introductions aux trente-six drames de Shakespeare, divisés en quinze livres portant chacun un titre spécial, sont dans leur ensemble une œuvre considérable. OEuvre de critique, œuvre de philologie, œuvre de philosophie, œuvre d'histoire, qui côtoie et corrobore la traduction ; quant à la traduction en elle-même, elle est fidèle, sincère, opiniâtre dans la résolution d'obéir au texte ; elle est modeste et fière ; elle ne tâche pas d'être supérieure à Shakespeare.

Le commentaire couche Shakespeare sur la table d'autopsie, la traduction le remet debout ; et après l'avoir vu disséqué, nous le retrouvons en vie.

Pour ceux qui, dans Shakespeare, veulent tout Shakespeare, cette traduction manquait. On l'a maintenant. Désormais il n'y a plus de bibliothèque bien faite sans Shakespeare. Une bibliothèque est aussi incomplète sans Shakespeare que sans Molière.

L'ouvrage a paru volume par volume et a eu d'un bout à l'autre ce grand collaborateur, le succès.

Le peu que vaut notre approbation, nous le donnons sans réserve à cet ouvrage, traduction au point de vue philologique, création au point de vue critique et historique. C'est une œuvre de solitude. Ces œuvres-là sont consciencieuses et saines. La vie sévère conseille le travail austère. Le traducteur actuel sera, nous le croyons et toute la haute critique de France, d'Angleterre et d'Allemagne l'a proclamé déjà, le traducteur définitif. Première raison, il est exact; deuxième raison, il est complet. Les difficultés que nous venons d'indiquer, et une foule d'autres, il les a franchement abordées, et, selon nous, résolues. Faisant cette tentative, il s'y est dépensé tout entier. Il a senti, en accomplissant cette tâche, la religion de construire un monument. Il y a consacré douze des plus belles années de la vie. Nous trouvons bon qu'un jeune homme ait eu cette gravité. La besogne était malaisée, presque effrayante; recherches, confrontations de textes, peines, labeurs sans relâche. Il a eu pendant douze années la fièvre de cette grande audace et de cette grande responsabilité. Cela est bien à lui d'avoir voulu cette œuvre et de l'avoir terminée. Il a de cette façon marqué sa reconnaissance envers deux nations, envers celle dont il est l'hôte et envers celle dont il est le fils. Cette traduction de Shakespeare, c'est, en quelque sorte, le portrait de l'Angleterre envoyé à la France. A une époque où l'on sent approcher l'heure auguste de l'embrassement des peuples, c'est presque un acte, et c'est plus qu'un fait littéraire. Il y a quelque chose de pieux et de touchant dans ce don qu'un français offre à la patrie, d'où nous sommes absents, lui et moi, par notre volonté et avec douleur.

VICTOR HUGO.

Hauteville-house. Avril 1865.

AVERTISSEMENT

DE LA

PREMIÈRE ÉDITION.

En publiant une traduction *nouvelle* de Shakespeare, nous croyons devoir expliquer en quoi cette traduction diffère des précédentes.

D'abord cette traduction est nouvelle par la forme. Comme l'a dit un critique compétent dans *Profils et Grimaces*, elle est faite, non sur la traduction de Letourneur, mais sur le texte de Shakespeare. Il ne faut pas l'oublier, la version de Letourneur, qui a servi de type à toutes les traductions publiées jusqu'ici, date du xviiie siècle : c'est dire que le premier interprète de Shakespeare a dû faire et a fait bien des concessions. Il était déjà bien assez téméraire de présenter à l'étroite critique littéraire du temps un théâtre où la distinction du comique et du tragique était méconnue et où la loi des unités était violée, sans ajouter encore à ces hardiesses les hardiesses du style. Aussi ne faut-il nullement s'étonner si la traduction de Letourneur est pleine de périphrases, si elle enveloppe la pensée du poëte de tant de circonlocutions, et si elle est restée si loin de l'original. Disons-le hautement, pour qu'une traduction littérale de Shakespeare fût possible, il fallait que le mouvement littéraire de 1830 eût vaincu, il fallait que la liberté qui avait triomphé en politique eût triomphé en littérature, il fallait que la langue nouvelle, la langue révolutionnaire, la langue du mot propre et de l'image, eût été définitivement créée. La traduction littérale de Shakespeare étant devenue possible, nous l'avons tentée. Avons-nous réussi? Le lecteur en jugera.

Autre nouveauté. En consultant les éditions primitives de Shakespeare, nous avons reconnu que toutes les pièces publiées de son vivant ont d'abord paru sans cette division en cinq actes à laquelle elles sont aujourd'hui universellement soumises, et que cette division uniforme, si contraire au libre génie du grand Will, a été improvisée après sa mort par deux comédiens obscurs de l'époque. En comparant ainsi la bible shakespearienne aux reproductions qui en ont été faites plus tard, nous avons éprouvé en quelque sorte l'étonnement qu'avait ressenti Érasme en comparant l'Évangile grec à la Vulgate de saint Jérôme. Nous avons fait comme les protestants : plein d'une fervente admiration pour le texte sacré, nous en avons supprimé toutes les interpolations posthumes, et, au risque d'être taxé d'hérésie, nous avons fait disparaître dans notre édition ces indications d'actes qui rompaient arbitrairement l'unité profonde de l'œuvre.

Tout le monde sait que Shakespeare, dans ses drames, emploie alternativement les deux formes, le vers et la prose. Dans telle pièce, la prose et le vers se partagent également le dialogue; dans telle autre, c'est la poésie qui domine ; dans telle autre, c'est la prose. Ici les lignes plébéiennes et comiques coudoient familièrement les vers tragiques et patriciens ; là elles font antichambre dans des scènes séparées. Mais, quelque brusques que soient ces changements, ils ne sont jamais arbitraires. Suivant une loi d'harmonie dont le poëte a le secret, les variations de la forme sont constamment d'accord chez lui, soit avec l'action, soit avec les caractères. Elles accompagnent toujours avec une admirable justesse la pensée du grand compositeur. Nous avons donc voulu, dans notre traduction même, noter ces importantes variations par un signe qui, tout en laissant au dialogue sa vivacité, indiquât au lecteur d'une façon très-apparente les soudaines transitions du ton familier au ton lyrique. Ne pouvant donner le rhythme du vers shakespearien, nous avons du moins tenu à en indiquer la coupe, nous avons essayé de traduire le texte vers par vers, et nous avons mis un tiret — à chaque vers.

On sait encore qu'un certain nombre de pièces, comédies ou drames, publiées du temps de Shakespeare, avec son nom ou ses initiales, ont été déclarées apocryphes, simplement sur ce fait qu'elles n'ont pas été réimprimées dans l'in-folio de 1623. Nonobstant cette déclaration, nous les avons lues avec un soin scrupuleux, et, sans adopter entièrement l'avis de Schlegel, qui les range parmi les meilleures de Shakespeare, nous pouvons affirmer avoir reconnu dans plusieurs d'entre elles la retouche, sinon la touche, du maître. Pour que le lecteur puisse décider lui-même la question, nous les avons traduites, et elles forment le complément de notre ouvrage.

Une autre curiosité de cette édition, c'est de citer intégralement, dans des préfaces explicatives ou dans des appendices, les œuvres aujourd'hui oubliées qui ont été comme les esquisses des chefs-d'œuvre de Shakespeare. En effet, l'auteur d'*Hamlet* pensait sur l'originalité de l'art comme l'auteur d'*Amphitryon* et comme l'auteur du

Cid. Il faisait consister la création dramatique, non dans l'invention de l'action, mais dans l'invention des caractères. Aussi, quand l'idée l'y sollicitait, il n'hésitait pas à réclamer la solidarité du génie avec tous les travailleurs passés, et il les appelait à lui, si humbles et si oubliés qu'ils fussent. Il disait à certain Bandello : Travaillons, ami! et Roméo et Juliette ressuscitaient. Il criait à je ne sais quel Cinthio : A la besogne, frère! et Othello naissait. Ce sont les opuscules de ces obscurs collaborateurs que nous avons tirés de leur poussière pour les restituer ici à l'imprimerie impérissable.

Nouvelle par la forme, nouvelle par les compléments, nouvelle par les révélations critiques et historiques, notre traduction est nouvelle encore par l'association de deux noms. Elle offre au lecteur cette nouveauté suprême : une préface de l'auteur de *Ruy Blas*. Victor Hugo contresigne l'œuvre de son fils et la présente à la France.

Un monument a été élevé dans l'exil à Shakespeare. L'étude en a posé la première pierre, le génie en a posé la dernière.

LES DEUX HAMLET

A MA MÈRE

RESPECTUEUSE OFFRANDE

F.-V. H.

Hauteville-house, février 1858.

INTRODUCTION

La bibliothèque que pouvait avoir le jeune William Shakespeare, quand il demeurait chez son père, à Stratford-sur-Avon, n'était pas bien considérable. Les ouvrages qui devaient le plus l'intéresser, les ouvrages purement littéraires étaient encore fort rares. William savait peu le latin et encore moins le grec, *little latin and less greek*, comme nous l'a dit Ben Jonson; il avait reçu l'éducation sommaire que la corporation de Stratford accordait gratuitement à tous les enfants de la commune. Il ignorait donc forcément les maîtres de l'antiquité qui n'avaient pas été traduits : il ne connaissait ni Homère, ni Eschyle, ni Sophocle, ni Euripide, ni Aristophane, ni Plaute, ni Virgile, ni Tacite, ni Juvénal. Parmi les auteurs grecs, les seuls qu'il pût lire étaient des historiens : Hérodote (traduit en 1544), Thucydide (en 1550), Polybe (en 1568), Diodore de Sicile (en 1569), Appien (en 1578), Ælien (en 1576), et enfin Plutarque traduit par North, non sur le texte original, mais sur la traduction d'Amyot.

Parmi les latins, les seuls qu'il pût étudier dans sa propre langue étaient des historiens encore : Salluste (traduit en 1557), César (en 1565), Justin (en 1564), Quinte-Curce (en 1561), Eutrope (en 1564). Ainsi William ne pouvait connaître l'antiquité que par douze écrivains dont pas un poëte ! — En revanche, la littérature moderne pouvait lui être plus familière. Si les chefs-d'œuvre de la vieille Grèce et de la vieille Rome lui manquaient, il pouvait du moins se rabattre sur les ouvrages récents importés d'Italie, d'Espagne ou de France : le *Décaméron* de Boccace, les romans de Sachetti, de Massuccio, de Sabadino, de Giraldi Cinthio, de Luigi da Porto, de Pierre Boisteau, tout nouvellement traduits. Quand, avec ces romans nous aurons cité quelques chroniques nationales, comme celles de Holinshed, de Hall et de Fox, nous aurons épuisé tout le catalogue que l'imprimerie offrait alors à Shakespeare.

Mais ce fonds intellectuel, si restreint déjà, était moins accessible au jeune poëte qu'à tout autre. N'oublions pas que William était le fils d'un petit bourgeois de Stratford, lequel était devenu si pauvre qu'en 1578 sa paroisse avait dû l'exempter de payer une taxe de quelques liards. Lui-même, selon le récit du biographe Aubrey, était obligé pour vivre d'aider son père dans l'exercice de son état de boucher. Il saignait lui-même les moutons ! Il était le bourreau des bêtes, lui, leur futur ami, l'auteur à venir de *Comme il vous plaira !* — En 1583, à dix-neuf ans, Shakespeare était déjà marié et père de famille. Les charges du ménage devaient donc lui interdire les dépenses luxueuses de la pensée. C'est bien beau un livre, mais c'est bien cher. Avant de nourrir l'esprit, il faut nourrir le corps ; avant de garnir la bibliothèque, il faut garnir l'armoire. Avant d'acheter tel ou tel bouquin, il faut que notre pauvre Will voie si la robe de sa femme Anne n'est pas trouée au coude et si la layette de la petite Suzanne n'a pas besoin d'être renouvelée.

On ne saura jamais tout ce qu'il y eut de douloureux dans ces premières luttes du génie avec la nécessité, et que d'amertume cette grande âme y puisa. Je me figure que le jeune homme dut cruellement souffrir de ces privations intellectuelles que la pauvreté lui imposait. Quand le colporteur nouvellement venu de Londres à Stratford passait devant l'humble maison de Henley Street, quel crève-cœur de le laisser aller sans lui rien acheter! Bien souvent Will a dû le voir tourner le coin de la rue en soupirant. C'est alors qu'il aurait voulu être riche, et qu'il enviait cet imbécile de chevalier Lucy qui s'ennuyait si fastueusement dans son manoir de Charlecote. Mais Will, si gêné qu'il fût, n'était pas homme à résister indéfiniment à la tentation. La veille de Noël, par exemple, à l'approche de cette fête joyeuse qui est le jour de l'an des Anglais, le colporteur ne manquait pas de faire sa tournée dans la ville et de passer devant la demeure du jeune poëte. Alors Will n'y tenait plus : il faisait une folie, il ouvrait la porte et appelait le colporteur. Celui-ci entrait, défaisait sa balle, et étalait sous les yeux avides de Shakespeare toutes ces richesses importées de la grande ville. Mais ce qui attirait l'attention de Will, ce n'étaient pas ces verroteries, ces bijoux faux, ces dentelles, ces soieries, ces brimborions, ces fanfreluches; c'était ce petit bouquin relié en parchemin et doré sur tranche, relégué négligemment au coin de la boîte. Will prenait le volume, le feuilletait, et, si sa curiosité était piquée, demandait le prix au marchand. Puis, quoique le prix fût toujours bien élevé, il se disait qu'on était à Noël, qu'il fallait faire un cadeau à sa femme et qu'Anne aimerait certainement mieux ce livre qu'un ruban. Alors il se décidait, fouillait sa poche, en tirait une pièce d'argent, la remettait au colporteur, et remontait triomphalement avec son emplette.

L'apparition d'un livre nouveau devait faire événement dans la maison de Shakespeare, au milieu de cette monotone existence de province, où les émotions sont si rares. La lecture en était annoncée d'avance ; elle devait se faire le soir en famille, car, le jour, tout le monde était occupé et Will aidait au service de la boutique. Le soir, donc, toute la famille se réunissait dans la même salle, devant la même bûche, à la lueur de la même chandelle, car il fallait économiser. Tous les siéges étaient mis en réquisition et placés le plus près possible de l'âtre, car l'hiver était rude et il faisait déjà grand froid. Les voyez-vous d'ici, tous les membres de l'auguste famille, rangés en cercle autour de ce triste feu? A droite de la cheminée, cet homme aux cheveux grisonnants, qui est assis sur cette chaise haute, c'est le père de William, maître John Shakespeare, boucher, corroyeur, gantier et marchand de laine de son état, jadis élu par ses concitoyens bailli de la bonne ville de Stratford. En face de lui, à gauche de la cheminée, sur ce fauteuil unique dans la maison, cette matrone respectable qui tricote, c'est la mère de William, mistress Shakespeare, qui de son nom de fille s'appelle Marie Arden et qui descend d'un valet du roi Henry VII, s'il vous plaît. A côté d'elle, sur cette chaise basse, cette jeune femme qui allaite un enfant, c'est la femme même de William, demoiselle Anne Hathaway, fille d'un fermier de Shottery, humble village des environs. Près d'elle, sur ce tabouret, ce tout jeune homme au front élevé, au nez aquilin, à l'œil étincelant, c'est lui ! lui, l'auteur encore inconnu d'*Othello* et de *Macbeth* ! lui, le futur prince des poëtes, William Shakespeare ! Enfin, sur ce banc qui touche la chaise du père, cet adolescent de dix-sept ans, c'est Gilbert, frère puîné de William. Et où sont donc les autres? Will a encore une petite sœur et deux petits frères. Où est Jeanne? où est Richard? où est Edmond? où se sont-ils fourrés, ces enfants? Eh bien, regardez avec attention, vous les trouverez sous la cheminée même, blottis dans les deux niches pratiquées à droite et à gauche du foyer.

Ainsi, la réunion est au complet, la porte est bien fermée, la fenêtre bien close. Rien n'empêche que la lecture commence. Cette lecture doit être faite à haute voix, et c'est Gilbert qui s'en charge, car Gilbert a un grand goût pour la déclamation et une grande envie d'être comédien. On recommande aux petits d'être sages et de ne pas faire de bruit. Gilbert prend le livre que Will vient d'acheter : c'est un recueil de nouvelles et de légendes, traduites du français. Parmi ces récits arrangés et classés par le célèbre conteur Belleforest, Gilbert n'a qu'à choisir. Il ouvre le volume au hasard et lit avec un accent solennel :

HISTOIRE CINQUIÈME.

Avec quelle ruse Amleth, qui depuis fut roi de Danemark, vengea la mort de son père Horwendille, occis par Fengon, son frère, et autre occurrence de son histoire.

Ce titre intéressant émeut la curiosité générale. La lecture de l'histoire est demandée par tous, et Gilbert continue en ces termes :

« Longtemps auparavant que le royaume de Danemark reçût la foi de Jésus et embrassât la doctrine et saint lavement des chrétiens, comme le peuple fut assez barbare et mal civilisé, aussi leurs princes étaient cruels, sans foi ni loyauté, et qui ne jouaient qu'aux boutehors, tâchant à se jeter de leurs siéges ou à s'offenser, fût en la robe ou en l'honneur et le plus souvent en la vie, n'ayant guère de coutume de mettre à rançon leurs prisonniers, mais les sacrifiaient à la cruelle vengeance imprimée naturellement en leur âme. Que s'il y avait quelque bon roi ou prince qui, poussé des instincts les plus parfaits de nature, voulût s'adonner à la vertu et usât de courtoisie, bien que le peuple l'eût en admiration (comme la vertu se rend admirable aux vicieux même), si est-ce que l'envie de ses voisins était si grande, qu'on ne cessait jamais jusqu'à tant que le monde fût dépêché de cet homme ainsi débonnaire. Régnant donc en Danemark, Rorique, après qu'il eut apaisé les troubles du pays et chassé les Suèves et Slaves de ses terres, il départit les provinces de son royaume, y mettant des gouverneurs qui depuis (ainsi qu'il en est advenu en France) ont porté titre de ducs, marquis et comtes : il donna le gouvernement de Jutland à deux seigneurs vaillants hommes, nommés Horwendille et Fengon, enfants de Gerwendille, lequel avait été aussi gouverneur de cette province.

» Or, le plus grand honneur que pouvaient acquérir les hommes de sorte en ce temps-là, était en exerçant l'art d'écumeur et pirate sur mer, assaillant leurs voisins et ravageant les terres voisines, et tant plus accroissaient leur gloire et réputation, comme ils allaient voltiger par les provinces et isles lointaines, en quoi Horwendille se faisait dire le premier de son temps et le plus renommé de tous ceux qui écumaient alors la mer et havres du septentrion.

» La grande renommée de celui-ci émut le cœur du roi de Norwége, nommé Collère, lequel se fâchait que Horwendille le surmontât en faits d'armes et obscurcît la gloire qu'il avait déjà au fait de la marine, car c'était l'honneur plus que les richesses qui aiguillonnait ces Princes Barbares à s'accabler l'un l'autre, sans qu'ils se souciassent de mourir de la main de quelque vaillant homme.

Ce Roi magnanime ayant défié au combat, corps à corps, Horwendille, y fut reçu avec pactes que celui qui serait vaincu perdrait toutes les richesses qui seraient en leurs vaisseaux, et le vainqueur ferait enterrer honnêtement celui qui serait occis au combat, car la mort était le prix et salaire de celui qui perdrait la bataille. Que sert de discourir? Le Roi (quoique vaillant, courageux et adextre fût-il) enfin fut vaincu et occis par le Danois, lequel lui fit dresser tout soudain un tombeau et lui fit des obsèques dignes d'un roi, suivant les façons de faire et superstitions de leur siècle et selon l'accord du combat, dépouillant la suite du Roi de leurs richesses, ayant fait mourir une sœur du roi défunt, fort gaillarde et vaillante guerrière, et ayant couru toute la côte de Norwége et jusqu'aux îles septentrionales, il s'en revint chargé d'honneur et de richesses, envoyant à son souverain, le roi Rorique, la plupart du butin et des dépouilles, afin de le gagner et qu'étant si brave, il pût tenir le lieu des plus favoris de Sa Majesté. Le roi, alléché de ces présents, et s'estimant heureux d'avoir un tel homme de bien pour sujet, tâcha avec une honnêteté de le rendre à jamais obligé, car il lui donna pour femme Geruthe sa fille, de laquelle il savait ce seigneur être fort amoureux, et voulut lui-même la conduire, pour plus l'honorer, jusqu'en Jutland, où les noces furent célébrées selon la façon ancienne : et pour trousser brièvement matière, de ce mariage sortit Amleth, duquel je prétends parler et pour lequel j'ai desseigné le discours de l'histoire présente.

» Fengon, frère de ce gendre royal, poussé d'un esprit d'envie, crevant de dépit en son cœur, tant pour la grande réputation acquise par Horwendille au maniement des armes, que sollicité d'une sotte jalousie, le voyant honoré de l'alliance et amitié royale, craignant d'être dépossédé de sa part du gouvernement, ou plutôt désirant d'être seul en la principauté, et obscurcir par ce moyen la mémoire des victoires de son frère, délibéra comme que ce fût, de le faire mourir, ce qui lui succéda assez aisément, nul ne se doutant de lui, et chacun pensant que d'un tel nœud d'alliance et de consanguinité ne pourrait jamais sortir autre chose que des effets pleins de vertu et courtoisie ; mais, comme j'ai dit, le désir de régner ne respecte sang et amitié et n'a souci aucun de vertu, voire il est sans respect ni révérence des lois ni de la majesté divine, s'il est possible que celui qui sans aucun droit envahit le bien d'autrui, ait quelque opinion de la divinité.

» Ainsi Fengon, ayant gagné secrètement des hommes, se sentant assez fort pour exécuter son entreprise, se rua un jour en un banquet sur son frère, lequel il occit autant traîtreusement comme cauteleusement ; il se purgea devant ses sujets d'un si détestable massacre : vu qu'avant que mettre sa main sanguinolente et parricide sur son frère, il avait incestueusement souillé la couche fraternelle, abusant de la femme de celui duquel il devait autant pourchasser l'honneur, comme il en poursuivait et effectua la ruine. Or, couvrit-il avec si grande ruse et cautelle, et sous un voile si fardé de simplicité, son audace et méchanceté, que, favori de l'honnête amitié qu'il portait à sa belle-sœur, pour l'amour de laquelle il se disait avoir ainsi puni son frère, que son péché trouva excuse à l'endroit du peuple, et fut réputé comme justice envers la noblesse. D'autant qu'étant Géruthe autant douce et courtoise que dame qui fût en tous les royaumes du Septentrion, et tellement que jamais n'avait tant soit peu offensé homme de ses sujets, soit du peuple ou des courtisans, ce paillard et infâme meurtrier calomnia le défunt d'avoir voulu occire cette dame, et que, s'étant trouvé sur le point qu'il tâchait de la massacrer, il avait défendu la dame et occis son frère, parant aux coups rués sur la princesse innocente, et sans fiel ni malice quelconque.

» Il n'eut jà faute de témoins approuvant son fait, et qui déposèrent selon le dire du calomniateur, mais c'étaient ceux mêmes qui l'avaient accompagné comme participant de la conjure, et qu'au reste, au lieu de le poursuivre comme parricide et incestueux, chacun des courtisans lui applaudissait et le flattait en sa fortune prospère, et faisaient les gentilshommes plus de compte des faux rapporteurs et honoraient les calomniateurs plus que ceux qui, mettant en jeu les vertus du défunt, eussent voulu punir les brigands et assassineurs de sa vie, qui fut cause que Fengon, enhardi pour telle impunité, osa encore s'accoupler par mariage à celle qu'il entretenait exécrablement durant la vie du bon Horwendille, souillant son nom de double vice et chargeant sa conscience de double impiété, d'adultère incestueux et de félonie et parricide.

» Et cette malheureuse, qui avait reçu l'honneur d'être l'épouse d'un des plus vaillants et sages princes du Septentrion, souffrit de s'abaisser jusques à telle vilenie que de lui fausser sa foi : et qui pis est, épouser encore celui lequel était le meurtrier tyran de son époux légitime ; ce qui donna à penser à plusieurs qu'elle pouvait avoir causé ce meurtre pour jouir librement de son adultère. Que saurait-on voir de plus effronté qu'une grande, depuis qu'elle s'égare en ses honnêtetés ? Cette princesse, qui auparavant était honorée de chacun pour ses rares vertus et courtoisie, et chérie de son époux, dès aussitôt qu'elle prêta l'oreille au tyran Fengon, elle oublia et le rang qu'elle tenait entre les plus grands et le devoir d'une épouse honnête pour le salut de sa partie.

» Géruthe s'étant ainsi oubliée, le prince Amleth se

voyant en danger de sa vie, abandonné de sa mère propre, délaissé de chacun, et que Fengon ne le souffrirait guère longuement sans lui faire tenir le chemin de Horwendille, pour tromper les ruses du tyran qui le soupçonnait pour tel que, s'il venait à perfection d'âge, il n'aurait garde de se passer de poursuivre la vengeance de la mort de son père, il contrefit le fou avec telle ruse et subtilité que, feignant d'avoir tout perdu le sens, et sous un tel voile, il couvrit ses desseins et défendit son salut et vie des trahisons et embûches du tyran.

» Car tous les jours étant au palais de la reine, qui avait plus de soin de plaire à son paillard que de souci de venger son mari ou de remettre son fils en son héritage, il se souillait tout de vilenie, se vautrant ès-balayures et immondices de la maison, et se frottant le visage de la fange des rues, par lesquelles il courait comme un maniaque, ne disant rien qui ne ressentît son transport de sens et pure frénésie. Et toutes ses actions et gestes n'étaient que les contenances d'un homme qui est privé de toute raison et entendement, de sorte qu'il ne servait plus que de passe-temps aux pages et courtisans éventés qui étaient à la suite de son oncle et beau-père. Mais le galant les marquait avec intention de s'en venger un jour avec tel effort qu'il en serait à jamais mémoire. Voilà un grand trait de sagesse et bon esprit en un jeune Prince que de pourvoir avec un si grand défaut à son avancement, et par son abaissement et mépris, se faciliter la voie à être un des plus heureux Rois de son âge.

» Aussi jamais homme ne fut réputé avec aucune sienne action plus sage et prudent que Brute, feignant un grand devoiement de son esprit : vu que l'occasion de telle ruine, feinte de son meilleur, ne procéda jamais d'ailleurs que d'un bon conseil et sage délibération, tant afin de conserver ses biens et éviter la rage du tyran le Roi superbe, qu'aussi pour se faire une large voie de chasser Tarquin, et affranchir le peuple oppressé sous le joug d'une grande et misérable servitude. Aussi tant Brute que celui-ci, auquel vous pouvez ajouter le roi David, qui feignit le forcené entre les Roitelets de Palestine, pour conserver sa vie, montrent la leçon à ceux qui, malcontents de quelque grand, n'ont les forces suffisantes pour s'en prévaloir, ni se venger de l'injure reçue.

» Amleth donc, se façonnant à l'exercice d'une grande folie, faisait des actes pleins de grande signifiance, et répondait si à propos qu'un sage homme eût jugé bientôt de quel esprit est-ce que sortait une invention si gentille : car étant auprès du feu, et aiguisant des buchettes en forme de poignards et estocs, quelqu'un lui demanda en riant à quoi servaient ces petits bâtons et ce qu'il faisait de ces bûchettes : J'apprête, dit-il, des dards acérés et sagettes poignantes pour venger la mort de mon père.

» Les fous, comme je l'ai dit, accomptaient ceci à peu de sens, mais les hommes accorts et qui avaient le nez long, commencèrent à soupçonner ce qui était, et estimèrent que sous cette folie gisait et était cachée une grande finesse, et telle qui pourrait un jour être préjudiciable à leur Prince : disant que sous telle rudesse et simplicité, il voilait une grande et cauteleuse sagesse, et qu'il célait un grand lustre de bon esprit sous l'obscurité de cette fardée subtilité. A cette cause donnèrent conseil au Roi de tenter par tout moyen s'il se pourrait faire que ce fard fût découvert et qu'on s'aperçût de la tromperie de l'adolescent. Or ne voyaient-ils ruse plus propre pour l'attraper, que s'ils lui mettaient quelque belle femme en lieu secret, laquelle tâchât de le gagner avec ses caresses les plus mignardes et attrapantes, desquelles elle se pourrait aviser.

» Ainsi furent députés quelques courtisans pour mener le prince en quelque lieu écarté dans le bois, et lesquels lui présentassent cette femme, l'excitant à se souiller à ses baisers et embrassements, artifice assez fréquent de notre temps, non pour essayer si les grands sont hors de leurs sens, mais pour les priver de force, vertu et sagesse, par le moyen de ces sangsues et infernales lamies, produites par leurs serviteurs, ministres de corruption. Le pauvre prince eût été en danger de succomber à cet assaut, si un gentilhomme, qui du vivant de Horwendille avait été nourri avec lui, ne se fût plus montré ami de la nourriture prise avec Amleth, qu'affectionné à la puissance du tyran ; lequel s'accompagna des courtisans députés pour cette trahison, plus avec délibération d'instruire le prince de ce qu'il avait à faire, que pour lui dresser des embûches et le trahir, estimant que le moindre indice qu'il donnerait de son bon sens suffirait pour lui faire perdre la vie.

» Celui-ci, avec certains signes, fit entendre à Amleth en quel péril est-ce qu'il se mettait, si en sorte aucune il obéissait aux mignardes caresses et mignotises de la damoiselle envoyée par son oncle : ce que étonnant le prince, ému de la beauté de la fille, fut par elle assuré encore de la trahison : car elle l'aimait dès son enfance et eût été bien marrie de son désastre et fortune et plus de sortir de ses mains sans jouir de celui qu'elle aimait plus que soi-même.

» Ayant le jeune seigneur trompé les courtisans, et la fille soutenant qu'il ne s'était avancé en sorte aucune à la violer, quoiqu'il dît du contraire, chacun s'assura que véritablement il était insensé et que son cerveau n'avait force quelconque capable d'appréhension raisonnable.

» Entre tous les amis de Fengon, y en avait un qui sur tout autre se doutait des ruses et subtilités de ce fou dissimulé, et lequel, pour cette raison, dit qu'il était impossible qu'un galant si rusé que ce plaisant qui contrefaisait le fou, fût découvert avec des subtilités si communes et lesquelles on pouvait aisément découvrir : et que pour ainsi il fallait inventer quelque moyen plus accort et subtil, et où l'astuce fût effrayante et l'attrait si fort, que le galant n'y sût user de ses accoutumées dissimulations. De ceci il se disait savoir une voie propre pour exécuter leur dessein et lui faire de lui-même se prendre au filet et déclarer quelles sont les conceptions de son âme.

» Il faut, dit-il, que le roi Fengon feigne s'en aller en quelque voyage pour quelque affaire de grande importance, et que, cependant, on enferme Amleth seul avec sa mère, dans une chambre, dans laquelle soit caché quelqu'un à l'insu de l'un et de l'autre, pour ouïr et sentir leurs propos et les complots qu'il prendront pour les desseins bâtis par ce fol, sage et rusé compagnon.

» Assurant le Roi que, s'il y avait rien de sage ni arrêté en l'esprit du jeune homme, que facilement il se découvrirait à sa mère, sans craindre rien, et qu'il ferait son conseil et délibération à la foi et loyauté de celle qui l'avait porté en ses flancs et nourri avec si grande diligence, celui-là même s'offrit pour être l'espion et témoin des propos du fils avec la mère, afin qu'on ne l'estimât tel qui donnait un conseil duquel il refusât être l'exécuteur pour servir son prince.

» Le Roi prit grand plaisir à cette invention, comme le seul souverain remède pour guérir le prince de sa folie : et ainsi, en feignant un long voyage, sort du palais et s'en va promener à la chasse, là où cependant le conseiller entra secrètement en la chambre de la Reine, se cacha sous quelque loudier un peu auparavant que le fils y fût enclos avec sa mère. Lequel, comme il était fin et cauteleux, sitôt qu'il fut dans la chambre, se doutant de quelque trahison et surprise, et que, s'il parlait à sa mère de quelque cas sérieux, il ne fût entendu, continuant en ses façons de faire folles et niaises, se prit à chanter tout ainsi qu'un coq, et, battant tout ainsi des bras comme cet oiseau fait des ailes, sauta sur ce loudier, où sentant qu'il y avait dessous quelque cas caché, ne faillit aussitôt d'y donner dedans à tout son glaive, puis, tirant le galant à demi mort, l'acheva d'occire et le mit en pièces, puis le fit bouillir, et cuit qu'il est le jeta par un grand conduit de cloaque par où sortaient les immondicités, afin qu'il servît de pâture aux pourceaux.

» Ayant ainsi découvert l'embûche et puni l'inventeur d'icelle, il s'en revint trouver la Reine, laquelle se tourmentait et pleurait, voyant que ce seul fils qui lui restait ne lui servait que de moquerie, chacun lui reprochant sa folie, un trait de laquelle elle avait vu devant ses yeux : ce qui lui donna un grand changement de conscience, estimant que les dieux lui envoyassent cette punition pour s'être incestueusement accouplée avec le tyran meurtrier de son époux.

» Mais ainsi que la Reine se tourmentait, voici entrer Amleth; lequel ayant visité encore tous les coins de la chambre, comme se défiant aussi bien de sa mère que des autres, se voyant seul avec elle, lui parla fort sagement en cette manière :

« Quelle trahison est celle-ci, ô la plus infâme de
» toutes celles qui onc se sont prostituées à la volonté
» de quelque paillard abominable, que sous le fard d'un
» pleur dissimulé vous couvriez l'acte le plus méchant
» et le crime le plus détestable que homme saurait ima-
» giner ni commettre? Quelle fiance peux-je avoir en

» vous, qui comme une lascive paillarde, déréglée sur
» toute impudicité, allez courant les bras tendus après
» ce félon et traître tyran qui est le meurtrier de mon
» père? Est-ce à une reine et fille de Roi de suivre les
» appétits des bêtes, et que, tout ainsi que les juments
» s'accouplent à ceux qui ont vaincu leurs premiers ma-
» ris, vous suiviez la volonté du Roi abominable qui a
» tué un plus vaillant et homme de bien que lui, et a
» éteint, en massacrant Horwendille, la gloire et l'hon-
» neur des Danois? Je ne veux l'estimer mon parent, et
» ne puis le regarder comme oncle, ni vous comme
» mère très-chère, l'un n'ayant respecté le sang qui nous
» devait unir plus étroitement que avec l'alliance de
» l'autre, qui aussi ne pouvait avec son honneur, ni
» sans soupçon d'avoir consenti à la mort de son époux,
» s'accorder jamais aux noces de son cruel ennemi. Ah!
» reine Géruthe, c'est à faire aux chiennes à se mêler
» avec plusieurs, et souhaiter le mariage et accouple-
» ment de divers mâles : c'est la lubricité qui vous a
» effacé en l'âme la mémoire des vaillances et vertus du
» bon roi votre époux et mon père; c'est un désir ef-
» fréné qui a conduit la fille de Rorique à embrasser le
» tyran Fengon, sans respecter les ombres d'Horwen-
» dille, indignées d'un si étrange traitement. — Ce n'est
» pas être femme et moins princesse en laquelle doit
» reluire toute douceur, courtoisie, compassion et ami-
» tié, que laisser ainsi sa chère géniture à l'abandon de
» fortune et entre les mains sanglantes et meurtrières
» d'un félon et voleur. Les bêtes les plus farouches n'en
» font pas ainsi : car les lions, tigres, onces et léopards
» combattent pour la défense de leurs faons, et les oi-
» seaux de bec et griffes résistent à ceux qui veulent
» voler leurs petits, là où vous m'exposez et livrez à
» mort au lieu de me défendre. N'est-ce pas me trahir,

» quand, connaissant la perversité d'un tyran et ses des-
» seins pleins de conseil de mort sur la race et image
» de son frère, vous n'avez su ou daigné trouver les
» moyens de sauver votre enfant, ou en Suède ou Nor-
» wége, ou plutôt l'exposer aux Anglais que le laisser la
» proie de votre infâme adultère? — Ne vous offensez,
» je vous prie, Madame, si, transporté de douleur, je
» vous parle si rigoureusement et si je vous respecte
» moins que de mon devoir : car vous m'ayant oublié et
» mis à néant la mémoire du défunt roi mon père, ne
» faut s'ébahir si je sors des limites de toute reconnais-
» sance. Voyez en quelles détresses je suis tombé, et à
» quel malheur m'a acheminé ma fortune et votre trop
» grande légèreté, que je sois contraint de faire le fou
» pour sauver ma vie, au lieu de m'adextrer aux armes,
» suivre les aventures et tâcher par tout moyen de me
» faire connaître pour le vrai enfant du vaillant et ver-
» tueux roi Horwendille. — Je veux que chacun me
» tienne pour privé de sens et connaissance, vu que je
» sais bien que celui qui n'a point fait conscience de
» tuer son propre frère, accoutumé aux meurtres, ne se
» souciera guère de s'acharner avec pareille cruauté sur
» le sang et les reliques qui sont sorties de son frère
» par lui massacré. Ainsi, il me vaut mieux feindre le
» fou que suivre ce que nature me donne : les clairs et
» saints rayons de laquelle je cache sous cet ombrage-
» ment, tout ainsi que le Soleil ses flammes sous quel-
» que grand nuage, durant les ardeurs de l'été. Le vi-
» sage d'un insensé me sied pour y couvrir mes gaillar-
» dises, et les gestes d'un fou me sont propres, afin que
» sagement me conduisant, je conserve ma vie au pays
» danois et la mémoire du feu roi mon père, car les dé-
» sirs de le venger sont tellement gravés en mon cœur
» que, si bientôt je ne meurs, j'espère d'en faire une

» telle et si haute vengeance qu'il en sera à jamais parlé
» en ces terres. Toutefois, faut-il attendre le temps et
» les moyens et occasions, afin que, si je précipitais par
» trop les matières, je ne causasse ma ruine trop sou-
» daine, et ne finisse plutôt que donner commencement
» aux effets que mon cœur desseigne. La force n'étant
» point de mon côté, c'est raison que les ruses, dissimu-
» lations et secrètes menées y donnent ordre.—Au reste,
» Madame, ne pleurez point pour l'égard de ma folie,
» plutôt gémissez sur la faute que vous avez commise,
» et vous tourmentez pour cette infamie qui a souillé
» l'ancienne renommée et gloire qui rendait illustre la
» reine Géruthe. Vous avisant sur tout, aussi cher que
» vous avez la vie, que le Roi ni autre ne soit en rien
» informé de ceci, et me laissez faire au reste, car j'es-
» père de venir à bout de mon entreprise. »

» Quoique la Reine se sentît piquée de bien près et qu'Amleth la touchât vivement où plus elle se sentait intéressée, si est-ce qu'elle oublia tout le dédain qu'elle eût pu recevoir se voyant ainsi aigrement tancée et reprise, pour la grande joie qui la saisit, connaissant la gentillesse d'esprit de son fils, et ce qu'elle pouvait espérer d'une telle et si grande sagesse. D'un côté, elle n'osait lever les yeux pour le regarder, se souvenant de sa faute, et de l'autre elle eût volontiers embrassé son fils pour les sages admonitions qu'il avait faites, et lesquelles eurent telle efficace que sur l'heure elle éteignit les flammes de convoitise qui l'avaient rendue amie de Fengon, pour placer encore en son cœur le souvenir des vertus de son époux légitime, lequel elle regrettait en son cœur, voyant la vive image de sa vertu et sagesse en cet enfant, représentant le haut cœur de son père. Ainsi vaincue de cette honnête passion, et fondant tout en larmes, après avoir longtemps tenu les yeux fichés sur Amleth, comme ravie en quelque grande contemplation, enfin l'accollant avec la même amitié qu'une mère vertueuse peut baiser et caresser sa portée, elle lui usa de ce langage :

« Je sais bien, mon fils, que je t'ai fait tort en souf-
» frant le mariage de Fengon, pour être le cruel tyran
» et assassineur de ton père, et de mon loyal époux,
» mais quand tu considéreras le peu de moyens de résis-
» tance et la trahison de ceux du palais, le peu de fiance
» que nous pouvons avoir aux courtisans, tous faits à sa
» poste, et la force qu'il préparait, là où j'eusse fait re-
» fus de son alliance, tu m'excuseras plutôt que m'ac-
» cuser de lubricité ni d'inconstance, et moins me feras
» ce tort que de soupçonner que jamais Géruthe ait con-
» senti à la mort de son époux, te jurant par la haute
» majesté des dieux que, s'il eût été en ma puissance de
» résister au tyran, et qu'avec l'effusion de mon sang, et
» perte de ma vie, j'eusse pu sauver la vie de mon sei-
» gneur et époux, je l'eusse fait d'aussi bon cœur,
» comme depuis j'ai plusieurs fois donné empêchement
» à l'accourcissement de la tienne, laquelle t'étant ravie,
» je ne veux plus demeurer en ce monde, puisque l'es-
» prit étant sain, je vois les moyens plus assis de la ven-
» geance de ton père. — Toutefois, mon fils et doux
» ami, si tu as pitié de toi et soin de la mémoire de ton
» père, et si tu veux rien faire pour celle qui ne mérite
» point le nom de mère en tout endroit, je te prie de
» conduire sagement tes affaires, n'être hâté ni trop
» bouillant en tes entreprises, ni t'avancer plus que de
» raison à l'effet de ton dessein. Tu vois qu'il n'y a
» homme presque en qui tu te puisses fier, ni moi
» femme à qui j'osasse avoir dit un seul secret, lequel
» ne soit soudain rapporté à ton adversaire, lequel com-
» bien que feigne de m'aimer, si est-ce qu'il se défie et

» craint de moi à ta cause. Et n'est si sot qu'il se puisse
» bien persuader que tu sois fou ou insensé : or si tu
» fais quelque acte qui ressente rien de sérieux et pru-
» dent, tant secrètement le saches-tu exécuter, si est-ce
» que soudain il en aura les nouvelles. Et ne crains en-
» core que les démons ne lui signifient ce qui s'est passé
» à présent entre nous, tant fortune nous est contraire,
» et poursuit nos aises, ou que ce meurtre que tu as
» commis ne soit cause de notre ruine, duquel je fein-
» drai ne savoir rien, comme aussi je tiendrai secrète et
» ta sagesse et ta gaillarde entreprise. Prions les dieux,
» mon fils, que guidant ton cœur, dressant tes conseils
» et bienheurant ton entreprise, je te voie jouissant des
» biens qui te sont dus, et de la couronne de Danemark
» que le tyran t'a ravie, afin que j'aie le moyen de me
» réjouir en ta prospérité et me contenter, voyant avec
» quelle hardiesse tu auras pris vengeance du meurtrier
» de ton père, et de ceux qui lui ont donné faveur et
» mainforte pour l'exécuter. »

— « Madame, répondit Amleth, j'ajouterai foi à votre
» dire, et ne veux m'enquérir plus outre de vos affaires,
» vous priant que, selon l'amitié que vous devez à votre
» sang, vous ne fassiez plus de compte de ce paillard
» mon ennemi, lequel je ferai mourir, quoique tous les
» démons le tinssent en leur garde. Et ne sera en la
» puissance de ses courtisans, que je n'en dépêche le
» monde, et qu'eux-mêmes ne l'accompagnent aussi
» bien à la mort, comme ils ont été les pervers conseillers
» de la mort de mon père, et les compagnons de sa tra-
» hison, assassinat et cruelle entreprise. Vous savez,
» Madame, comme Hothère, votre aïeul, et père du bon
» roi Rorique, ayant vaincu Guimon, le fit brûler tout
» vif, à cause qu'auparavant ce cruel paillard avait usé
» de tel traitement à l'endroit de Génare son seigneur

» qu'il prit de nuit et par trahison. Et qui est celui qui
» ne sache que les traîtres et parjures ne méritent point
» qu'on leur garde foi ni loyauté quelconque, et que les
» pactes faits avec un assassin se doivent estimer comme
» toiles d'araignées et tenir en même rang comme chose
» non promise? Mais quand j'aurai dressé la main contre
» Fengon, ce ne sera ni trahison ni félonie, lui n'étant
» point mon Roi ni seigneur; mais justement le punirai,
» comme mon vassal qui s'est forfait déloyalement contre
» son seigneur et souverain prince. Il faut ou qu'une fin
» glorieuse mette fin à mes jours, ou que les armes au
» poing, chargé de triomphe et victoire, je ravisse la vie
» à ceux qui rendent la mienne malheureuse. Et de quoi
» sert vivre où la honte et l'infamie sont les bourreaux
» qui tourmentent notre conscience, et la poltronnerie
» est celle qui retarde le cœur des gaillardes entreprises,
» et détourne l'esprit des honnêtes désirs de gloire et
» louange qui sera à jamais durable? Je sais que c'est
» fortement fait que de cueillir un fruit avant saison, et
» de tâcher de jouir d'un bien duquel on ne sait si la
» jouissance nous est due. Mais je m'attends de faire
» bien et espère tant en la fortune qui a guidé jusqu'ici
» les actions de ma vie que je ne mourrai pas sans me
» venger de mon ennemi, et que lui-même sera l'ins-
» trument de sa ruine, et me guidera à exécuter ce que
» de moi-même je n'eusse osé entreprendre. »

» Après ceci, Fengon, comme s'il fût venu de quelque
lointain voyage, arrive en cour, et, s'inquiétant de celui
qui avait entrepris la charge d'espion, pour surprendre
Amleth en sa sagesse dissimulée, fut bien étonné n'en
pouvant ouïr vent ni nouvelle : et pour cette cause, demanda au fou s'il savait qu'était devenu celui qu'il nomma.
Le prince, qui n'était menteur, et qui, en quelque réponse que jamais il fit durant sa feinte folie, ne s'était

oncques égaré de la vérité, lui répondit que le courtisan qu'il cherchait s'en était allé par les privés, là où suffoqué par les immondices du lieu, les pourceaux s'y rencontrant en avaient rempli leur ventre.

» On eût cru plutôt toute autre chose que ce massacre fait par Amleth : toutefois Fengon ne se pouvait assurer, et lui semblait toujours que ce fou lui jouerait quelque mauvais tour. Il l'eût volontiers occis, mais il craignait le Roi Rorique son aïeul, et qu'aussi il n'osait offenser la Reine mère du fou qu'elle aimait et caressait, quoiqu'elle montrât un grand crève-cœur de le voir ainsi transporté de son sens : ainsi voulant s'en dépêcher, il tâcha de s'aider du ministère d'un étranger et fit le Roi des Anglais le ministre du massacre de l'innocence simulée, aimant mieux que son ami souillât son renom avec une telle méchanceté que de tomber en infamie par l'exploit d'une si grande cruauté.

» Amleth, entendant qu'on l'envoyait en la Grande-Bretagne vers l'Anglais, se douta tout aussitôt de l'occasion de ce voyage ; pour ce, ayant parlé à la Reine, la pria de ne faire aucun signe d'être fâchée de ce départ, plutôt feignit d'en être joyeuse, comme déchargée de la présence de celui lequel bien qu'elle aimât, si mourait-elle de deuil le voyant en si piteux état, et privé de tout usage de raison : encore supplia-t-il la Reine qu'à son départ elle tapissât la Salle et affichât avec des clous les tapisseries contre le mur, et lui gardât ces tisons qu'il avait aiguisés par le bout, lorsqu'il disait qu'il faisait des sagettes pour venger la mort de son père ; enfin l'admonesta que, l'an accompli, elle célébrât ses funérailles, l'assurant, qu'en cette même saison elle le verrait de retour, et tel qu'elle serait contente et plus que satisfaite de son voyage. Auquel avec lui furent envoyés deux des fidèles ministres de Fengon, portant des lettres gravées dans du bois qui portaient la mort d'Amleth, ainsi qu'il la commandait à l'Anglais. Mais le rusé prince danois, tandis que ses compagnons dormaient, ayant visité le paquet et connu la grande trahison de son oncle et la méchanceté des courtisans qui le conduisaient à la boucherie, rasa les lettres mentionnant sa mort, et au lieu y grava et cisela un commandement à l'Anglais de faire pendre et étrangler ses compagnons : et non content de tourner sur eux la mort ordonnée pour sa tête, il y ajouta que Fengon commandait au Roi insulaire de donner au neveu du Roi sa fille en mariage.

» Arrivés qu'ils sont en la Grande-Bretagne, les messagers se présentent au Roi et lui donnent des lettres de leur seigneur, lequel voyant le contenu d'icelles dissimula le tout, attendant son opportunité de mettre en effet la volonté de Fengon. Cependant il traita les Danois fort gracieusement et leur fit cet honneur de les recevoir à sa table. Comme les messagers s'éjouissaient parmi les Anglais, le cauteleux Amleth, tant s'en faut qu'il s'éjouît avec la troupe, qu'il ne voulut toucher viande ni breuvage quelconque qu'on servit à la table royale. Le Roi, qui sur l'heure dissimula ce qu'il en pensait, fit conduire ses hôtes en leur chambre, enjoignant à un sien loyal de se cacher dedans pour lui rapporter les propos tenus par les étrangers en se couchant. Or ne fûrent-ils si tôt dans la chambre qu'étant sortis ceux qui avaient la charge de les traiter, les compagnons d'Amleth ne lui demandassent pour quelle occasion il avait dédaigné et les viandes et la boisson qu'on lui avait présentées à table et n'avait honoré la table d'un si grand Roi qui les avait recueillis avec telle honnêteté et courtoisie. Le Prince, qui n'avait rien fait sans raison, leur répondit tout soudain : — Eh quoi! pensez-vous que je veuille manger le pain trempé avec le sang humain, et souiller mon gosier de rouillure de fer, et user de la chair qui sent la puanteur, et corruption des corps humains, déjà tous pourris et corrompus, et qui rapporte au goût d'une charogne de longtemps jetée à la voirie ? Et comment voulez-vous que je respecte le Roi qui a un regard d'esclave, et une Reine laquelle en lieu d'une grande Majesté a fait trois choses dignes d'une femme de vil état et qui sont plus propres à quelque chambrière qu'à une Dame de son calibre ? Et ayant dit ceci, il avança plusieurs propos injurieux et piquants, tant contre le Roi et la Reine que les autres qui avaient assisté à ce banquet et festin, pour la réception des ambassades de Danemarck.

» Amleth ne dit rien qui ne fût véritable, ainsi que pourrez entendre ci-après, vu qu'en ce temps-là tous ces pays septentrionaux étant sous l'obéissance de Satan, il y avait une infinité d'enchanteurs et n'était fils de bonne mère qui n'en savait assez pour sa provision ; si, comme encore en la Gothie et Biarmie, il se trouve infinité qui savent plus de choses que la sainteté de la religion chrétienne ne permet : ainsi Amleth, vivant son père, avait été endoctriné en cette science avec laquelle le malin esprit abuse les hommes et avertissait ce prince des choses passées.

» Les compagnons duquel, oyant sa réponse, lui reprochaient sa folie et disaient qu'il n'en pouvait donner plus grand indice qu'en méprisant ce qui était louable, et qu'au reste il s'était bien lourdement oublié, accusant ainsi un si excellent homme que le Roi et vitupérant la Reine des plus illustres et sages princesses qui fût ès villes voisines ; — le menaçant au reste de le faire châtier, selon le mérite de son outrecuidance. Mais lui continuant en sa folie dissimulée, se moquait d'eux et disait qu'il n'avait rien fait ni proposé qui ne fût bon et plus que véritable.

» D'autre part le Roi, averti qu'il est de tout ceci, jugea soudain qu'Amleth parlant aussi ambigument, ou était fou jusqu'à la plus haute gamme ou des plus sages de son temps : et pour en savoir mieux la vérité, commanda qu'on fît venir le boulanger qui avait fait le pain de sa bouche, auquel il s'enquit en quel lieu est-ce qu'on cueillait le grain duquel on faisait le pain pour son ordinaire. A quoi fut répondu que, non loin de là, était un champ tout chargé des ossements d'hommes occis jadis en quelque cruelle rencontre, vu le tas amoncelé qu'on y pouvait encore apercevoir, et que, pour être la terre plus grasse et fertile à cause de l'humeur et graisse des morts, on y semait tous les ans le plus beau blé qu'on pouvait choisir pour son service. — Le Roi, voyant la vérité correspondre aux paroles du jeune prince, s'enquit encore où est-ce qu'on avait nourri les pourceaux, la chair desquels avait été servie sur table, et connut qu'étant échappés de leur étable, ils s'étaient rassasiés de la charogne et corps d'un larron justicié pour ses forfaits et démérites. — C'est ici que le prince anglais s'étonna et voulut savoir de quelle eau était-ce que la bière servie à table avait été composée : tellement que, faisant creuser bien avant le ruisseau duquel on s'était aidé à faire leur boisson, on trouva des épées et des armes rouillées qui donnaient ce mauvais goût au breuvage. — Tout ceci épluché, le Roi fut ému encore d'une curiosité, de savoir pourquoi le seigneur danois avait dit que le Roi avait un regard d'esclave ; et afin d'éclaircir ce doute, il s'adressa à sa mère, et, l'ayant conduite secrètement en une chambre, laquelle il ferma sur eux, la pria de lui dire sur son honneur à qui il devait rendre grâces d'être né en ce monde. La bonne dame, assurée que jamais aucun n'avait rien su de ses amours ni forfaiture, lui jura que le Roi seul se pouvait vanter d'avoir joui de ses embrassements. Lui qui déjà était abreuvé de l'opinion des réponses véritables du Danois, menace sa mère de lui faire dire par force ce que de bon gré ne lui voulait confesser, entendit qu'elle d'autrefois se soumettant à un esclave, l'avait rendu le père du Roi de la Grande-Bretagne. De quoi le Roi fut étonné et camus : toutefois dissimulant son maltalent, aima mieux laisser un grand péché impuni que de se rendre contemptible à ses sujets qui peut-être l'eussent rejeté, comme ne voulant un bâtard qui commandât à une si belle province. — Comme donc il était marri d'ouïr sa confusion, il vint trouver le prince, et s'enquit de lui pourquoi est-ce qu'il avait repris en la Reine trois choses plus requises à une esclave et ressentant leur servitude que rien de Roi et qui eût une majesté propre pour une grande princesse. Ce Roi, non content d'avoir reçu un grand déplaisir pour se savoir être bâtard, voulut aussi entendre ce qui lui déplut autant que son malheur propre, à savoir que la Reine sa femme était fille d'une chambrière...

» Le Roi, admirant ce jeune homme, et contemplant en lui quelque cas de plus grand que le commun des hommes, lui donna sa fille en mariage, suivant les tablettes falsifiées par le cauteleux Amleth, et dès le lendemain il fit pendre les deux serviteurs du roi Fengon, comme satisfaisant à la volonté de son grand ami : mais Amleth, quoique le jeu lui plût, et que l'Anglais ne pût lui faire chose plus agréable, feignit d'être fort marri, et menaça le Roi de se ressentir de l'injure : pour lequel apaiser, l'Anglais lui donna une grande somme d'or que le prince fit fondre et mettre dans des bâtons qu'il avait fait creuser pour cet effet. Il n'emporta rien en Danemarck que ces bâtons, prenant son chemin à son pays, sitôt que l'an fut accompli, ayant plus tôt obtenu congé du Roi son beau-père, avec promesse de revenir le plus tôt pour accomplir le mariage d'entre lui et la Princesse anglaise.

» Arrivé qu'il fut en la maison et palais de son oncle, dans lequel on célébrait ses propres funérailles et entrant dans la salle où le deuil était démené, ce ne fut sans causer un grand étonnement à chacun, n'y ayant personne qui ne le pensât être mort, et d'entre lesquels la plupart n'en fussent joyeux, pour le plaisir qu'ils savaient que Fengon recevait d'une si plaisante perte, et peu qui se contristaient, se souvenant de la gloire du défunt Horwendille, les victoires duquel ils ne pouvaient oublier. L'ébahissement converti que fut en risée, chacun de ceux qui assistaient au banquet funèbre de celui qu'on tenait pour mort, se moquait de son compagnon pour avoir été si simplement déçu. Comme chacun fut ententif à faire grande chère, et semblât que l'arrivée d'Amleth leur donnât plus d'occasion de hausser le gobelet, le Prince faisait aussi l'état et office d'échanson et gentilhomme servant, ne laissant jamais les hanaps vides, et abreuva la noblesse de telle sorte que tous étant chargés de vins et offusqués de viandes, fallut que se couchassent au lieu même où ils avaient pris leurs repas, tant les avaient abêtis et privés de sens, et de force de trop boire, vice assez familier et à l'Allemand et à toutes ces nations et peuples septentrionaux.

» Amleth, voyant l'opportunité si grande pour faire son coup et se venger de ses adversaires, et ensemble laisser et les actions, et le geste, et l'habillement d'un insensé, ayant l'occasion à propos, et qui lui offrait sa chevelure, ne faillit de l'empoigner; mais voyant ces corps assoupis de vin, gisant par terre comme pourceaux, les uns dormant, les autres vomissant le trop de vin que par trop goulument ils avaient avalé, fit tomber la tapisserie tendue par la salle sur eux, laquelle il cloua sur le pavé de la salle qui était tout d'ais, et aux coins il mit les tisons qu'il avait aiguisés, et desquels il a été parlé cidessus, qui servaient d'attaches, les liant avec telle façon que, quelque effort qu'ils fissent, il leur fût impossible de se dépêtrer, et soudain il mit le feu par les quatre coins de la maison royale : de sorte que de ceux qui étaient en la salle, il n'en échappa pas un seul, qui ne purgeât ses fautes par le feu, et ne déchassât le trop de liqueur qu'il avait avalée, mourant tous enveloppés dans l'ardeur inévitable des flammes.

» Ce que voyant l'adolescent, devenu sage, et sachant que son oncle s'était retiré, avant la fin du banquet, en son corps de logis, séparé du lieu exposé aux flammes, s'en y alla, si que entrant en sa chambre, se saisit de l'épée du meurtrier de son père et y glissa la sienne au lieu qu'on lui avait clouée, avec le fourreau, durant le banquet : puis s'adressant à Fengon, lui dit : « Je m'é-
» tonne, Roi déloyal, comme tu dors ainsi à ton aise,
» tandis que ton palais est tout en feu, et que l'embra-
» sement d'icelui a brûlé tous les courtisans et minis-
» tres de tes cruautés et détestables tyrannies; et ne sais
» comme tu es assuré de ta fortune que de reposer,
» voyant Amleth, si près de toi, et armé des pieux qu'il
» aiguisa, il y a longtemps, et qui à présent est tout
» prêt de se venger du tort et injure traîtresse par toi
» faite à son seigneur et père. »

» Fengon, connaissant à la vérité la découverte des ruses de son neveu, et l'oyant parler de sens rassis, et, qui plus est, lui voyant le glaive nu en main, que déjà il haussait pour le priver de vie, sauta légèrement du lit, jetant la main à l'épée clouée de son neveu, laquelle comme il s'efforçait de dégaîner, Amleth lui donna un grand coup sur le chignon du cou, de sorte qu'il lui fit voler la tête par terre, disant : — « C'est le salaire dû à

» ceux qui te ressemblent que de mourir ainsi violem-
» ment : et pour ce, va ! Et étant aux enfers, ne
» faux de conter à ton frère que tu as occis mécham-
» ment, que c'est son fils qui te fait faire ce message,
» afin que, soulagée par cette mémoire, son ombre s'a-
» paise parmi les esprits bienheureux, et me quitte de
» cette obligation qui m'étreignait à poursuivre cette
» vengeance sur mon sang même, puisque c'était par lui
» que j'avais perdu ce qui me liait à telle consanguinité
» et alliance. »

» Homme hardi et courageux, et digne d'éternelle louange, qui, s'armant d'une folie cauteleuse, trompa sous telle simplicité les plus sages, fins et rusés ! Conservant non-seulement sa vie des efforts et embûches du tyran, mais, qui plus est, vengeant avec un nouveau genre de punition la mort de son père, plusieurs années après l'exécution : de sorte que, conduisant ses affaires avec telle prudence et effectuant ses desseins avec une si grande hardiesse et constance, il laisse un jugement indécis entre les hommes de bon esprit, lequel est le plus recommandable en lui ou la constance et magnanimité, ou la sagesse en desseignant et accortise en mettant ses desseins au parfait accomplissement de son œuvre de longtemps prémédité.

« Si jamais la vengeance sembla avoir quelque justice, il est hors de doute que la piété et affection qui nous lie à la souvenance de nos pères, poursuivis injustement, est celle qui nous dispense à chercher les moyens de ne laisser impunie une trahison. Où le public est intéressé, le désir de vengeance ne peut porter, tant s'en faut, titre de condamnation, que plutôt il est louable et digne de recommandation et récompense. De ceci font foi les lois athéniennes, érigeant des statues en l'honneur de ceux qui, vengeant le tort et injure faits à la République, massacraient hardiment les tyrans et ceux qui troublaient l'aise des citoyens..... »

Pendant cette lecture, écoutée par tous dans le plus grand silence, le spectateur privilégié qui eût pu observer William Shakespeare aurait certainement remarqué d'abord sur son visage les signes d'une attention profonde. Mais il y eut un moment où la physionomie de William changea. Le jeune homme devint pensif, comme si une idée puissante s'était tout à coup emparée de son esprit. Son regard, en apparence fixé sur la flamme du foyer, était en réalité perdu dans une rêverie sans fin. Will écouta, sans l'entendre, la lecture des dernières pages du livre. Pourtant ce n'était pas l'intérêt qui manquait à ces pages : on y racontait comment Amleth, après avoir occis le tyran Fengon, avait été élu roi de Jutland par les Danois assemblés; comment il était devenu bigame en épousant à la fois la fille du roi d'Angleterre et la reine d'Écosse, Hermétrude; comment il était revenu dans son pays, accompagné de ses deux femmes, et enfin comment il était mort sur le champ de bataille en combattant contre son oncle, Wiglère, que la déloyale Hermétrude avait suscité contre lui. Mais le récit de ces aventures, si émouvant qu'il fût, ne put soustraire William à la préoccupation visible qui le dominait. Évidemment le poëte était absorbé par quelque travail mystérieux. Son imagination, guidée sans doute par les premières indications du chroniqueur français, esquissait déjà les linéaments de je ne sais quelle œuvre supérieure; les personnages dont Belleforest avait fait le naïf portrait étaient déjà pour Shakespeare descendus du cadre de la légende : pour lui, ils s'animaient, ils marchaient, ils parlaient, ils se coudoyaient, ils se colletaient, et ils vivaient d'une vie nouvelle dans un monde à la fois réel et fantastique. Les spectres devenaient des hommes. Amleth devenait Hamlet.

A quel époque Shakespeare, devenu auteur dramatique, exécuta-t-il l'œuvre dont la chronique de Belleforest lui donnait le sujet? Quand réalisa-t-il en drame le scénario qu'il venait de rêver! Quand écrivit-il *Hamlet?* Ici se pose un problème littéraire que je vais essayer de résoudre.

Malone, qui a fait une classification chronologique des pièces de Shakespeare, généralement adoptée, fixe la première représentation d'*Hamlet* à l'année 1600. En adoptant cette date qu'une allusion lui paraissait désigner, Malone ne tenait pas compte d'un fait important : c'est que la pièce d'*Hamlet* est mentionnée trois fois dans des documents antérieurs à l'année 1600 : — la première fois, en 1596, dans un conte de Thomas Lodge, intitulé *Misère de l'Esprit*, où l'auteur parle du fantôme « qui criait si misérablement sur le théâtre : Hamlet, venge-moi! » — la seconde fois, en 1594, sur les registres du chef de troupe Henslowe, où il est pris note d'une somme de huit shillings reçue par lui comme sa part dans la recette d'une représentation d'*Hamlet*, donnée à Newington Butts; — la troisième fois, en 1589, dans une *Épître adressée aux Étudiants de l'Université* par le satiriste Thomas Nash, où l'on trouve cette phrase : « Si vous savez bien presser Sénèque par une froide matinée, il vous fournira des *Hamlet* entiers, je veux dire des poignées de tirades tragiques. » Malone ne contestait pas l'authenticité de tous ces documents : il se bornait à affirmer que ce n'était pas de l'*Hamlet* de Shakespeare qu'il s'agissait, mais d'un *Hamlet* antérieur, écrit probablement par un certain Kid, et qu'on n'a jamais pu retrouver.

Les choses en seraient restées là, et, sur l'affirmation solennelle de Malone Shakespeare aurait passé indéfiniment pour avoir plagié Kid, si une révélation récente n'était venue le justifier. On découvrit en 1825 un exemplaire in-quarto, daté de 1603, d'une œuvre ayant pour titre : *La tragique histoire d'Hamlet, prince de Danemark, par Willam Shake-speare.* Après un court examen, on reconnut vite que cet *Hamlet*, qu'un hasard venait de remettre au jour, n'était pas le même *Hamlet* que toute l'Europe avait admiré jusqu'alors, et qui ne fut imprimé pour la première fois qu'en 1604. Cet *Hamlet*-là était beaucoup plus court que l'autre. Il contenait plusieurs scènes ou nouvelles ou différemment disposées. Le rôle de la reine s'y trouvait complétement modifié. Enfin, les noms d'un certain nombre de personnages y étaient changés : Laertes s'y appelait Léartes; Rosencrantz s'y appelait Rossencraft; Guildenstern s'y nommait Gilderstone; Polonius s'y nommait Corambis. — Désormais le mystère était expliqué. Évidemment, cet *Hamlet* primitif était celui que Lodge avait mentionné en 1596, Henslowe en 1594 et Nash en 1589. Mais cet *Hamlet*-là n'était pas de Kid, il était de Shakespeare. Et, en se servant du premier *Hamlet* pour faire le second, Shakespeare n'avait plagié que lui-même.

Ainsi, le premier *Hamlet*, bien qu'imprimé seulement en 1603, était déjà connu en 1589. Pour être déjà célèbre en 1589, la pièce a dû être jouée au plus tard en 1588; mais il faut supposer qu'elle a été au moins écrite avant cette dernière date, et voici pourquoi : dans une des scènes de ce drame primitif, Gilderstone explique à Hamlet que les comédiens qui arrivent ont été obligés de quitter la cité, parce que la *nouveauté l'emporte*, et que leur public habituel les a abandonnés pour aller voir jouer des *enfants*. Tous les commentateurs ont vu là une allusion au théâtre ouvert, en 1584, par les enfants de chœur de la chapelle Saint-Paul pour faire concurrence à la troupe de Blackfriars. Selon toute vraisemblance, les paroles de Gilderstone ont donc été dites à l'époque où le jeu de ces *enfants* était une *nouveauté*, c'est-à-dire vers 1584. A l'appui de cette conclusion, on ne peut s'empêcher de remarquer, tout au moins comme une coïncidence frappante, que le fils que Shakespeare eut de sa femme Anne en cette même année 1584, reçut le nom d'Hamlet. On lit, en effet, sur les registres baptismaux de l'église paroissiale de Stratford-sur-Avon l'inscription suivante :

2 *février* 1584. Hamlet et *Judith* [1], *fils et fille de William Shakespeare.*

Faut-il voir dans le choix de ce nom étrange, Hamlet, une preuve de l'admiration que Shakespeare ému par le récit de Belleforest, éprouvait déjà pour le héros futur de son drame? ou bien, en plaçant son enfant sous l'invocation du Brutus danois, William avait-il une pensée plus tragique encore? Accablé de ses propres misères et des misères de sa famille, écrasé du poids de la tyrannie sociale, découragé de l'existence, songeant peut-être au suicide, William a-t-il voulu par ce baptême léguer au fils qui devait lui survivre une sorte de mission vengeresse? Ce sont là des questions qui échappent à la recherche humaine et dont l'âme immortelle du poëte a emporté le secret.

Si ces conjectures sont fondées, *Hamlet*, composé vers 1584 dans sa forme primitive, doit être regardé comme une des premières créations de Shakespeare, alors âgé de vingt ans. L'auteur nous a dit lui-même dans ses *Sonnets* que ce fut la misère qui l'obligea à travailler pour le théâtre.

---

[1] Hamlet et Judith étaient jumeaux.

William connaissait dès l'enfance le grand tragédien de l'époque, le fameux Burbage, dont la famille était de Stratford. Son plan alors devenait très-simple. Il n'avait qu'à faire une pièce et à la communiquer à Burbage. Si celui-ci trouvait la pièce bonne, il lui en achetait le manuscrit, et Shakespeare était sauvé. Ce fut probablement ce qui arriva. Inspiré par la légende de Belleforest, Shakespeare fit son premier *Hamlet* et le porta à Burbage. Frappé des beautés extraordinaires que renfermait ce drame, Burbage le fit jouer par sa troupe et y créa lui-même le principal rôle [1]. La pièce réussit, et la compagnie de Blackfriars, désireuse de s'attacher l'heureux poëte, engagea William à la fois comme acteur et comme auteur. Un document, récemment découvert par M. Collier, prouve qu'en 1589 Shakespeare était déjà un des principaux actionnaires du théâtre. Il n'y avait que cinq ans alors qu'il avait quitté sa ville natale, et sa fortune était faite !

La pièce nouvelle eut un succès durable. Déjà célèbre en 1589, elle était encore jouée fructueusement en 1594, ainsi que les registres de Henslowe en font foi. L'effet en fut populaire, immense. Autant qu'on en peut juger par les rares indications qui nous sont parvenues, la première représentation d'*Hamlet* fut pour l'Angleterre ce que la première représentation du *Cid* fut pour la France, — une révélation. On peut dire qu'après l'une, le théâtre

---

[1] Une élégie publiée en 1618, après la mort de Burbage, contient les deux vers suivants :

« No more young Hamlet, though but scant of breath,
» Shall cry : revenge! for his dear father's death. »

« On n'entendra plus le jeune Hamlet, malgré son haleine courte, crier : vengeance! pour la mort de son père chéri. »

Ce Burbage créa *Richard III* et probablement tous les grands rôles de Shakespeare. Il fut ainsi, pour la scène anglaise, ce que l'illustre comédien Frédérick Lemaître est pour notre théâtre moderne.

anglais est fondé, comme le théâtre français après l'autre. Et ce qui ajoute encore à l'analogie, c'est que ces deux grandes scènes nationales furent inaugurées, l'une et l'autre, par une œuvre qu'une littérature étrangère avait inspirée. Corneille a pris le *Cid* à l'Espagnol Guillen de Castro; Shakespeare a pris *Hamlet* au Français Belleforest.

Mais, hâtons-nous de le dire, le plagiat des deux poëtes n'est qu'apparent. Rapprochez la pièce de Guillen de Castro de celle de Corneille, et vous reconnaîtrez toute l'originalité de Corneille. Comparez le récit de Belleforest au drame de Shakespeare, et vous proclamerez le génie de Shakespeare.

Examinons un peu les rapports qu'il y a entre le drame et la légende de Belleforest :

Dans la légende, l'oncle d'Amleth, Fengon, tue le père d'Amleth, Horwendille, devient roi par ce meurtre et épouse Geruthe, mère d'Amleth. Dans le drame, l'oncle d'Hamlet, Claudius, tue le père d'Hamlet, devient roi par ce meurtre et épouse Gertrude, mère d'Hamlet. — Dans la légende, Amleth fait vœu de venger son père et contrefait le fou. Dans le drame, Hamlet fait vœu de venger son père et contrefait le fou. — Dans la légende, Fengon, alarmé pour sa sûreté, ménage, entre Amleth et « une demoiselle qui l'aimait dès l'enfance, » une entrevue où il espère qu'Amleth dévoilera la cause de sa folie. Dans le drame, Claudius, alarmé pour sa sûreté, ménage, entre Hamlet et Ophélia, une entrevue où il espère qu'Hamlet trahira le secret de sa folie. — Dans la légende comme dans le drame, cette première ruse échoue. — Dans la légende, un courtisan suggère à Fengon un second stratagème : il demande qu'Amleth « soit » enfermé seul avec sa mère dans une chambre » et il offre de s'y cacher sous quelque « loudier pour ouyr

» leurs propos. » Dans le drame, Polonius suggère à Claudius un second stratagème : il demande qu'Hamlet soit appelé dans la chambre de sa mère, et il offre de se cacher derrière une tapisserie pour entendre leurs propos. — Dans la légende, le plan est accepté et exécuté : mais à peine le courtisan s'est-il caché dans la chambre, qu'Amleth saute sur le *loudier*, y donne de tout son glaive et « occit le galant. » Dans le drame, le plan est accepté et exécuté : mais à peine Polonius a-t-il eu le temps de se cacher dans la chambre, qu'Hamlet saute sur la tapisserie l'épée à la main, et tue l'indiscret conseiller. — Dans la légende, Fengon, résolu à se défaire d'Amleth, l'envoie en Angleterre, accompagné de deux fidèles ministres « portant des lettres gravées dans du
» bois qui portaient la mort d'Amleth, ainsi qu'il la
» commandait à l'Anglais ; mais le rusé prince danois,
» tandis que ses compagnons dormaient, ayant visité le
» paquet et connu la trahison de son oncle et la mé-
» chanceté des courtisans qui le conduisaient à la bou-
» cherie, rasa les lettres mentionnant sa mort, et en
» lieu y grava et cisela un commandement à l'Anglais
» de faire pendre et étrangler ses compagnons. » Dans le drame, Claudius, résolu à se défaire d'Hamlet, l'envoie en Angleterre, accompagné de Guildenstern et de Rosencrantz, porteurs d'une dépêche qui enjoint au roi anglais de mettre à mort Hamlet sur-le-champ : mais, pendant la traversée, le rusé prince danois découvre la lettre, tandis que ses compagnons sont endormis, la décachète, y efface son nom et y écrit à la place les noms des deux courtisans auxquels il fait subir ainsi le supplice préparé pour lui-même. — Dans la légende enfin, Amleth revient à l'improviste, tue Fengon et venge son père. Dans le drame, Hamlet revient inopinément, tue Claudius et venge son père.

Certes, l'analogie entre la légende et le drame est frappante, et jusqu'ici Shakespeare n'a fait que calquer Belleforest. Mais poursuivons la comparaison :

Dans la légende, le meurtre du père d'Amleth est un crime public, connu de tous, commis à main armée par Fengon, aidé de ses complices, au milieu d'une fête : « Fengon, ayant gagné des hommes, se rua en un ban- » quet sur son frère, lequel il occit traîtreusement. » Et plus loin le chroniqueur ajoute : « Son péché trouva » excuse à l'endroit du peuple..... Il n'eut faute de té- » moins approuvant son fait. » Dans le drame, au contraire, le meurtre du père d'Hamlet est un crime ignoré, commis furtivement avec le poison, tandis que le vieux roi faisait sa sieste, et dans le secret duquel le criminel est seul.

De là, une différence radicale entre les deux œuvres.

En effet, dans la légende, le crime étant patent, la conduite du jeune Amleth est toute tracée : pour lui, pas de doute, pas de tergiversation, pas d'hésitation. Il sait que l'assassin de son père est le mari même de sa mère, et il n'attend qu'une occasion pour punir le misérable. — Dans le drame, le crime étant ignoré des hommes, ne peut être connu d'Hamlet que par une révélation. Or, comment lui sera-t-il révélé? Ici éclate toute l'originalité du poëte. Le drame fait craquer l'étroite charpente de la légende et prend les proportions de l'idéal. L'imitateur de Belleforest se montre tout à coup l'égal d'Eschyle. Comme l'auteur des *Perses* conjurant l'ombre de Darius, Shakespeare évoque des profondeurs de son génie le spectre du roi assassiné, et, dans une scène prodigieuse, il nous montre le père racontant sa propre mort à son fils!

Mais cette déposition faite par le spectre ne suffit pas à convaincre Hamlet de la culpabilité de Claudius. Dès que le coq a chanté, dès que le fantôme a disparu, Hamlet,

ramené à la réalité positive par l'apparition du jour, se prend à douter de tout ce qu'il a vu et entendu. Est-il bien sûr que cette ombre soit vraiment l'ombre de son père? « L'esprit que j'ai vu, se dit-il à lui-même, pour-
» rait bien être le diable, car le diable a le pouvoir de
» revêtir une forme qui plaît : oui, et peut-être, abusant
» de ma faiblesse et de ma mélancolie, avec toute la
» puissance qu'il a sur des âmes ainsi disposées, veut-il
» me tromper pour me damner. Je veux une preuve plus
» directe. »

Cette preuve directe, voici comment Hamlet va l'obtenir. Il a entendu dire que « des créatures coupables, assistant à une pièce de théâtre, ont, grâce uniquement à l'effet de la scène, été frappées dans l'âme, au point que tout à coup elles ont avoué leur crime. » Justement, on vient de lui annoncer l'arrivée d'une troupe de comédiens, venus de la cité pour le distraire. Il accueille ces comédiens avec empressement, et leur demande pour leur début de jouer le *Meurtre de Gonzague*, une tragédie dont les péripéties rappellent exactement l'assassinat de son père. Cette pièce doit être jouée devant le roi. « S'il se trouble, » Hamlet « sait ce qu'il a à faire. » Pour être plus sûr de l'effet scénique, le prince fait répéter lui-même les comédiens; il leur recommande d'être bien naturels, de ne forcer ni leur voix ni leur geste, de mettre l'action d'accord avec la parole, la parole d'accord avec l'action. — La critique doctrinaire, tout en reconnaissant l'exquise sagesse des conseils qu'Hamlet donne alors aux comédiens, en a contesté hautement l'opportunité dramatique. Les deux scènes où Hamlet fait répéter les acteurs, ont été sans hésitation présentées par elle comme des hors-d'œuvre magnifiques, il est vrai, mais comme des hors-d'œuvre. C'est là, à mon avis, une grave erreur. Hamlet veut faire représenter une pièce dont l'effet doit forcer le roi coupable à révéler son crime. On comprend alors combien lui importe la manière dont cette pièce sera interprétée. Hamlet n'a sous la main que des comédiens ambulants, des saltimbanques aux habitudes vicieuses, aux contorsions grotesques, au costume ridicule. Or, si la représentation qui doit avoir lieu devant Claudius n'a pas la solennité nécessaire, si tel acteur déclame comme un crieur public, si tel autre a une perruque par trop ébouriffée, si le clown fait, au moment le plus intéressant, une de ces mauvaises plaisanteries dont il a l'habitude, eh bien! l'effet qu'Hamlet veut obtenir est manqué. Cette tragédie terrible dont le dernier acte doit se jouer hors de la coulisse, finit comme une farce de la foire, au milieu des éclats de rire et des huées. Si, au contraire, la représentation marche bien, le résultat est certain. Plus le jeu des comédiens sera naturel, plus l'émotion de Claudius sera forte ; plus le geste du meurtrier imaginaire sera vrai, plus l'épouvante du meurtrier réel sera visible.

Il est donc nécessaire qu'Hamlet fasse répéter la pièce avec le plus grand soin avant qu'elle soit jouée. Et, en effet, ce n'est que quand les acteurs sont bien exercés et bien dressés que la représentation a lieu. Alors nous assistons à une scène extraordinaire, une scène incomparable, une scène unique.

L'intermède commence; et sur ce tréteau, dressé au milieu de son palais, Claudius voit tout à coup se dérouler la tragédie dont il croyait avoir seul le secret. Dans ce bosquet de carton, il reconnaît le jardin royal ; sur cette planche de bois peint, il revoit le banc de fleurs où *il* avait l'habitude de s'asseoir ; dans ce baladin fardé, qui porte une couronne de papier doré, il retrouve son propre frère, le roi légitime, Hamlet! Dans cette princesse de théâtre, qui minaude tant de protestations d'amour, il retrouve Gertrude, sa belle-sœur et sa femme! Enfin, pour comble d'horreur, dans ce *traître* blafard et plâtré, qui fait mine de verser le poison, il se reconnaît lui, Claudius! O triomphe de l'illusion scénique! son crime, qu'il croyait pour jamais caché au fond de sa conscience, Claudius le voit subitement sortir d'une trappe et paraître sur une estrade devant toute sa cour, hideux, épouvantable et menaçant! Devant cette apparition, Claudius pâlit, il tremble, il demande des lumières comme un enfant, et il se sauve. — Lui qui n'avait pas reculé devant le crime réel, il recule devant le crime fictif. Lui, le fratricide vrai, il fuit devant le fratricide imaginaire.

Alors Hamlet n'a plus de doute. Cette émotion du roi assassin a confirmé de la façon la plus éclatante le récit du spectre. L'ombre était bien l'ombre de son père, et tout ce qu'elle a dit est vrai. « Je parierais mille livres, dit Hamlet à Horatio, sur la parole du fantôme. »

Désormais sûr du crime, Hamlet n'a plus qu'une chose à faire : *punir le criminel*. Justement, voici une occasion qui se présente. En se dirigeant vers le cabinet de sa mère, qui l'a fait appeler, Hamlet a aperçu dans une salle le roi seul, agenouillé, sans défense, le dos tourné. Pour venger son père, vous croyez qu'Hamlet n'a qu'à tirer l'épée et à frapper le misérable. Erreur! Hamlet ne le frappera pas. Pourquoi? C'est que Claudius est en prière! — « Le tuerai-je quand il purge son âme? pense Hamlet. Non, je lui ouvrirais le chemin du ciel : ce serait un bienfait, ce ne serait pas une vengeance? » Et Hamlet passe son chemin après avoir remis son épée au fourreau.

Cette scène marque toute la différence qu'il y a entre le héros de Belleforest et le héros de Shakespeare. Certes, si une occasion pareille avait « offert sa chevelure » au prince de la légende, il ne l'eût pas laissée échapper, lui ; il n'eût pas eu tous ces scrupules ; il eût marché droit au but, et il eût tué le tyran, sans se soucier qu'il allât au ciel ou en enfer, pourvu que la terre fût débarrassée de lui. — Mais Hamlet n'est pas Amleth ; ce n'est pas un prince barbare ayant pour ambition unique de régner, c'est un penseur qui a longtemps médité sur la vie future, et qui veut que sa vengeance atteigne le criminel, non-seulement dans ce monde, mais dans l'autre.

Cependant cette hésitation a des suites fatales. Le prince, qui vient d'épargner le roi, se rend auprès de la reine. Alors a lieu entre la mère et le fils cette fameuse scène dont Shakespeare a emprunté à Belleforest les principaux incidents. C'est là qu'Hamlet, entendant du bruit dans la chambre, saute sur une tapisserie l'épée à la main, et tue l'espion qui l'écoutait.

Dans la légende, la mort de cet espion n'a aucune importance, l'homme tué n'a pas même de nom, c'est « un des amis » de Fengon, un courtisan quelconque. Amleth jette le cadavre aux pourceaux, et l'affaire en reste là. Mais dans le drame, il en est tout autrement, ce meurtre a des conséquences incalculables. C'est de cet accident qui passe inaperçu dans la légende que le poëte anglais va faire naître son dénoûment.

Ici se révèle encore l'originalité de Shakespeare. Cet espion que tue Hamlet, et que Belleforest n'a pas même nommé, Shakespeare a fait de lui le père d'Ophelia et de Laertes ; il a fait de lui Polonius.

Ces trois figures, Polonius, Ophélia, Laertes, appartiennent en propre à Shakespeare. La figure de Polonius est à peine indiquée dans la légende, celle d'Ophelia l'est moins encore, et il faut y mettre de la complaisance pour la reconnaître dans « la damoiselle qui aimait Amleth dès son enfance, et eût été bien marrie de son désastre et fortune, et plus de sortir de ses mains sans jouir de celui qu'elle aimait plus que soi-même. » Quant à la figure de Laertes, il est impossible d'en trouver trace dans la légende : elle est tout entière l'œuvre du poëte.

La critique contemporaine n'a pas, selon moi, étudié suffisamment cette création de Laertes, qui est sortie toute du cerveau de Shakespeare. Il est évident, en effet, que, si l'auteur s'est décidé à faire entrer dans son drame ce personnage nouveau, ce n'a pas été sans des considérations puissantes. Il est évident aussi que, dans l'intention de l'auteur, ce personnage doit avoir un rôle essentiel. Voyez, en effet, dès le commencement de la pièce, quelle importance Shakespeare attache aux moindres actions de Laertes. Avec quelle complaisance il retarde le moment où Hamlet doit aller trouver le spectre pour nous faire assister aux adieux de Laertes et d'Ophélia ! Ce riant tableau de famille, placé à côté de la sombre scène de la plate-forme, ne doit pas seulement son effet à ce contraste : il a évidemment par lui-même une valeur que le Rembrandt du théâtre a voulu lui donner. Ce n'est pas pour rien que l'auteur nous intéresse si vivement à ces personnages ; ce n'est pas pour rien qu'il nous montre le frère embrassant la sœur, et le père bénissant le fils. Et plus loin, quand nous sommes encore tout émus de l'entrevue d'Hamlet avec l'ombre, ne dirait-on pas que le poëte a peur que notre émotion nous fasse oublier son Laertes? Comme il fait vite venir Polonius et son intendant pour nous parler de ce mauvais sujet ! Évidemment Shakespeare veut faire quelque chose de ce garçon. Qu'en veut-il faire? c'est ce que nous ignorons jusqu'au moment où Hamlet tue le vieux conseiller de Claudius dans la chambre de la reine. Alors les intentions du poëte, jusqu'ici impénétrables, se dévoilent.

Désormais, remarquez-le bien, Laertes a sur cette

terre la même mission qu'Hamlet. Comme le père d'Hamlet, le père de Laertes a été assassiné ; comme Hamlet, Laertes doit donc venger son père. Les deux fils ont désormais la même cause à faire triompher, et c'est ce qu'Hamlet lui-même nous explique lorsque, parlant de Laertes à Horatio, il lui dit : *Dans ma propre cause je vois l'image de la sienne.*

> By the image of my cause I see
> The portraiture of his.

L'intérêt se complique. Comment tout cela va-t-il finir? Hamlet ne peut venger son père qu'en tuant Claudius. Laertes ne peut venger son père qu'en tuant Hamlet.

Le meurtre de l'ancien roi avait fait d'Hamlet l'antagoniste de Claudius ; le meurtre du vieux conseiller fait de Laertes l'antagoniste d'Hamlet.

Et, pour que cet antagonisme fût plus frappant, Shakespeare a voulu qu'Hamlet et Laertes fussent deux hommes tout différents. Autant Hamlet est rêveur, irrésolu, scrupuleux, autant Laertes est passionné, décidé, violent. Autant ces deux hommes sont différents au moral, autant ils le sont au physique. Hamlet est petit et délicat ; il est gras et il a l'haleine courte. Laertes est grand, élancé, vigoureux : il est, comme dit Osric, d'un extérieur imposant, *of great showing.*

La différence entre les deux natures produit nécessairement la différence entre les deux conduites.

Vous avez vu les hésitations d'Hamlet lorsqu'il s'agit de punir l'assassin de son père. La révélation faite par le spectre ne lui a pas suffi. Il lui a fallu une *preuve directe* : il a voulu que le meurtrier s'accusât lui-même par l'émotion que lui causerait son crime mis en scène. Cette preuve obtenue, voici une occasion qui se présente : Hamlet voit l'assassin, seul, dans une chambre, à genoux, le dos tourné. Il peut le frapper. Il ne le frappe pas, pourquoi? parce que le meurtrier prie et irait au ciel !

Voyons maintenant Laertes à l'œuvre. Ah ! pour venger son père, celui-là n'a pas de pareilles délicatesses : « Aux enfers l'allégeance ! au plus noir démon la foi jurée ! au plus profond abîme la courtoisie et la grâce ! » Laertes ose la damnation : pour punir le meurtrier, il est prêt à tout, même à lui couper la gorge à l'église !

Aussi, quand il est de retour en Danemark, regardez avec quelle promptitude il agit. Le roi est soupçonné du meurtre de son père ; c'est assez pour Laertes. Il soulève une insurrection, il ameute le peuple, il enfonce les portes du palais, et il fait Claudius prisonnier. Heureusement pour lui, Claudius s'explique : il prouve qu'il est innocent et que le coupable est Hamlet. Désormais Laertes n'a plus qu'une idée : se trouver face à face avec Hamlet. Comme son cœur saute de joie quand il apprend que le prince est revenu d'Angleterre ! celui-ci vit donc encore pour que Laertes lui dise : Voilà ce que tu as fait !

Alors a lieu la scène étonnante du cimetière. Les deux jeunes gens se retrouvent devant le cadavre d'Ophélia, la sœur de l'un, la maîtresse de l'autre. La douleur du frère et la douleur de l'amant s'insultent et se prennent aux cheveux. L'un et l'autre sautent dans la fosse, et Laertes, qui est le plus fort, étranglerait Hamlet, si l'on n'arrêtait au plus vite cette rixe des deux désespoirs.

Mais, Laertes l'a juré, entre Hamlet et lui, c'est un combat à mort, et ce combat n'est qu'ajourné. L'assaut que Laertes attend avec tant d'impatience, et qui pour Hamlet n'est qu'une joute à armes courtoises, a enfin lieu. Hamlet n'a à la main qu'un fleuret : Laertes tient une lame démouchetée et empoisonnée ; et, si par hasard Laertes ne touchait pas Hamlet, voici une coupe empoisonnée aussi, que le roi présentera à son neveu. Ainsi, le stratagème est infaillible, l'ombre du père de Laertes sera satisfaite, sa mort sera vengée. Hamlet sera tué.

Mais cette conclusion suffit-elle? Suffit-il que l'ombre du père de Laertes soit satisfaite? Ne faut-il pas que l'ombre du vieil Hamlet le soit aussi?

Suffit-il qu'Hamlet meure? Non! il faut que Claudius meure aussi. Et, puisqu'il faut que justice soit faite, puisque pas un criminel ne doit échapper, il ne suffit pas que Claudius meure; il faut que la reine Gertrude, sa complice, meure aussi! Il ne suffit pas que Gertrude meure, il faut que Laertes, instrument déloyal de Claudius, meure aussi! La logique des représailles est inflexible.

L'assaut commence. Hamlet touche son adversaire à plusieurs reprises de son innocent fleuret. Toute fière de lui, Gertrude veut boire à sa santé, et, sans qu'on ait pu l'avertir, la reine avale tout d'un trait la coupe de poison que son mari a préparée pour son fils. Au moment où elle tombe, Laertes frappe enfin Hamlet de son fleuret démoucheté, mais, dans l'ardeur de la lutte, Hamlet a pu saisir l'arme de son adversaire et l'en frapper à son tour. Tandis que Laertes, blessé à mort, s'affaisse sur lui-même, Hamlet agonisant a encore assez de force pour se jeter sur Claudius et lui enfoncer au cœur l'épée empoisonnée de Laertes.

Ainsi, le père d'Hamlet et le père de Laertes sont enfin vengés; et, pour que cette vengeance fût complète, il a fallu quatre cadavres. Le talion, cette sombre divinité à laquelle Oreste avait immolé jadis sa mère Clytemnestre, et que les générations passées n'apaisaient que par des sacrifices humains, le talion reparaît à la fin du drame anglais comme à la fin de la tragédie grecque, et réclame son hécatombe.

Tel est ce dénoûment implacable, nécessaire, sublime!

La critique doctrinaire a généralement condamné ce dénoûment comme immoral et injuste; elle n'a vu qu'une tuerie sans cause et sans but dans le quadruple meurtre qui termine *Hamlet*. D'après mon humble opinion, la critique n'a peut-être pas suffisamment réfléchi au jugement qu'elle portait : elle s'est trop placée à son propre point de vue, et pas assez au point de vue de l'auteur. *Hamlet* n'est pas une œuvre moderne. La loi morale qui y règle la destinée des personnages n'est pas la loi nouvelle du pardon, c'est la loi de l'antiquité devenue celle du moyen âge, la vieille loi : œil pour œil, dent pour dent. La catastrophe où succombe la famille d'Hamlet est fatale comme la fin des Atrides. Il en est de la maison royale de Danemark comme de cette maison de Pélops dont tous les membres s'entretuent, et l'on peut dire de l'une ce qu'Horace a dit de l'autre : *Sæva Pelopis domus!* Le Dieu qu'on adore au pays d'Hamlet n'est pas le Dieu de l'Évangile, le Dieu d'amour, c'est le Dieu de vengeance. Ce Dieu-là a exigé de Shakespeare son dénoûment, comme il l'eût exigé d'Eschyle.

Un célèbre écrivain que nous aimons disait dernièrement, pour *excuser* Shakespeare, que le dénoûment d'*Hamlet* était sans doute une conclusion improvisée, et que l'auteur, absorbé probablement par ses fonctions de directeur de troupe, n'avait pas eu le temps de l'étudier. A mon avis, Shakespeare ne mérite pas ces circonstances atténuantes. Mauvais ou non, le dénoûment d'*Hamlet* a été bel et bien prémédité par lui. Si le poëte avait été si pressé de trouver un dénoûment, que ne prenait-il simplement celui que lui indiquait la légende de Belleforest? Dans la légende, en effet, on ne voit ni la mort de Gertrude ni la mort de Laertes; Amleth tue le tyran fratricide et lui survit pour régner après lui. Si Shakespeare a rejeté ce dénoûment si simple, ce n'est, croyez-le bien, qu'après y avoir mûrement réfléchi. Parmi les raisons qui ont dû l'y déterminer, la plus puissante sans doute a été, selon moi, la nécessité de rétablir par la mort d'Hamlet l'équilibre moral violemment rompu par la mort de Polonius.

Quoi qu'il en soit, il est certain que l'auteur n'a fait sa conclusion qu'après y avoir longuement songé; et la preuve nous en est donnée par la découverte littéraire de 1825. Nous savons maintenant qu'*Hamlet* a été pour Shakespeare ce que *Faust* a été pour Gœthe : la préoccupation de toute une vie.

Shakespeare a fait et refait son œuvre. Il a écrit le *premier Hamlet*, à l'âge de vingt et un ans, vers 1584; il a écrit le *second Hamlet* quinze ans plus tard, vers 1600. Il a eu quinze années pour réfléchir sur les changements à apporter à son drame, avant de le livrer à la postérité sous sa forme définitive. Or, le dénoûment que tant de critiques ont reproché à Shakespeare se trouve tout entier dans le *premier Hamlet*. Si le poëte eût été de l'avis de ces critiques, qui l'empêchait, lorsqu'il refit son œuvre en 1600, d'en corriger la conclusion défectueuse? Mais non! Shakespeare y met un entêtement singulier. Loin de renier ce dénoûment de jeunesse, il l'adopte à jamais, il nous le montre grandi encore et revêtu pour toujours de toutes les splendeurs de son style viril. Dans le *second Hamlet*, il ajoute même à la solennité du duel final, il le prépare par une scène nouvelle, et il crée Osric tout exprès pour en régler les conditions.

Pour bien se rendre compte de ce que je dis, le lecteur n'a qu'à comparer lui-même le *premier Hamlet* et le *second Hamlet* qu'il trouvera ici pour la première fois traduits et réunis dans le même volume. Cette comparaison est infiniment curieuse, en ce qu'elle nous permet de pénétrer jusqu'au fond la pensée du poëte et de surprendre les secrets du génie en travail.

De ce rapprochement naissent une foule de révélations, non-seulement sur la composition du dénoûment, mais sur celle de l'œuvre entière. Dans le drame définitif, chose remarquable, ce ne sont pas les grandes scènes que le poëte a modifiées le plus, ce sont les scènes en apparence les moins importantes. Dans le *second Hamlet*, Shakespeare donne aux personnages secondaires la valeur qu'ils n'ont pas suffisamment dans le premier : il veut que nous nous occupions davantage d'Horatio, de Corambis qu'il appelle désormais Polonius, d'Ophélia et de Laertes, de Laertes principalement ! Quant à l'action proprement dite, elle est restée dans le drame définitif à peu près ce qu'elle était dans le drame primitif, et le poëte n'y a fait que deux changements notables.

Le premier changement est une transposition de scènes. Dans le drame primitif, l'entrevue d'Hamlet et d'Ophélia a lieu avant la conversation d'Hamlet avec Guildenstern et Rosencrantz; dans le drame définitif, elle est placée après cette conversation. Le motif de cette modification est facile à deviner. En effet, la conversation que Guildenstern et Rosencrantz ont avec Hamlet a pour but, on s'en souvient, de savoir si la cause de son trouble moral est bien, comme Polonius l'affirme, un chagrin d'amour. Or, cette conversation devient au moins superflue après l'entrevue d'Hamlet et d'Ophélia, qui a prouvé au roi que l'amour n'est pour rien dans le « mal » du jeune prince. Pour qu'elle eût toute sa portée, il fallait qu'elle précédât cette entrevue au lieu de la suivre, et l'auteur l'a rétablie à sa place véritable en intervertissant l'ordre des deux scènes.

Le second changement, beaucoup plus grave que le précédent, est relatif à la reine.

Dans le *premier Hamlet*, Gertrude ignore le crime de

Claudius. Lorsqu'elle s'entend accuser par son fils d'avoir épousé le meurtrier de son premier mari, elle lui répond : « Aussi vrai que j'ai une âme, *je jure par le ciel que je n'ai jamais rien su de cet horrible meurtre.* Hamlet ! ceci n'est que de l'imagination ; par amour pour moi, oublie ces vaines visions. »

Et pour preuve de la sincérité de ses protestations, la voilà qui immédiatement entre dans le complot de son fils contre son mari.

HAMLET.

.... « Mère, aidez-moi à me venger de cet homme, et *votre infamie mourra par sa mort.*

LA REINE.

« Hamlet, je le jure par cette majesté qui connaît nos pensées et voit dans nos cœurs : je cacherai, j'accepterai, j'exécuterai de mon mieux le stratagème, quel qu'il soit, que tu imagineras. »

Ici donc, Gertrude rachète sa faute en conspirant contre Claudius. Elle reste jusqu'au bout la confidente de son fils. Lorsque Hamlet est revenu de son périlleux voyage, Horatio accourt pour informer la reine du guet-apens auquel le prince vient d'échapper. Alors Gertrude confie à Horatio toute son horreur pour le roi assassin : « J'ai déjà remarqué chez lui une mine hypocrite qui dissimulait son infamie sous des airs sucrés ; mais je continuerai quelque temps à le caresser et à le flatter, car les âmes meurtrières sont toujours soupçonneuses. » Elle fait des vœux pour que son fils réussisse : « Oh ! n'y manquez pas, mon bon Horatio, confiez-lui mes inquiétudes de mère à son égard ; dites-lui qu'il soit quelque temps avare de sa présence, de peur qu'il n'échoue dans ce qu'il entreprend. »

Dans le *second Hamlet*, la reine joue un rôle tout différent. Elle est la complice de Claudius ; elle sait qu'en

l'épousant elle s'est unie au meurtrier de son premier mari, et, quand Hamlet l'en accuse, elle lui jette ce cri : « Oh! ne parle plus, Hamlet! Tu tournes mes regards
» au fond de mon âme, et j'*y vois des taches si noires et si*
» *tenaces que rien ne peut les effacer*... Oh! ne me parle
» plus; ces paroles m'entrent dans l'oreille comme autant
» de poignards; assez, mon doux Hamlet! »

Cependant Hamlet ne veut pas se taire : « Repentez-vous,
» dit-il à sa mère, repentez-vous du passé!... Oh! rejetez
» la pire moitié de votre cœur, vous n'en vivrez que plus
» pure avec l'autre. » Comme gage de repentir, il lui demande d'éviter le lit nuptial : « N'allez pas au lit de
» mon oncle... Abstenez-vous ce soir, et cela rendra
» plus aisée la prochaine abstinence. »

Mais la malheureuse ne veut pas même prendre l'engagement que son fils réclame d'elle et qu'elle n'aurait pas la force de tenir. Tout ce qu'elle lui promet, c'est de ne pas se laisser arracher par les caresses de l'autre le secret de ce qui vient de se passer :

« Sois sûr que, si les mots sont faits de souffle, et si
» le souffle est fait de vie, je n'ai pas de vie pour souffler
» mot de ce que tu m'as dit. »

Ainsi, dans le drame primitif, quand l'entrevue est terminée, la reine est la confidente active d'Hamlet; dans le drame définitif, elle reste la complice silencieuse de Claudius. Ici, elle prend le parti de son fils; là, elle garde le parti de son mari. Ici, c'est la mère qui l'emporte; là, c'est la femme.

Dans le premier *Hamlet*, Gertrude, c'est encore la Géruthe de Belleforest; dans le second, c'est presque la Clytemnestre d'Eschyle.

Qui ne reconnaît dans cette métamorphose la logique suprême du génie? Si la reine, en épousant Claudius, ignorait le crime de celui-ci; — si, mieux informée, elle rachète la faute qu'elle a faite de l'épouser en conspirant avec Hamlet contre lui ; — alors elle est innocente, et le dénoûment du drame est inique à son égard, et l'empoisonnement auquel elle succombe est un supplice immérité. — Si, au contraire, Gertrude a été la complice de Claudius, si elle a voulu épouser l'assassin de son premier mari, et si elle refuse de réparer son crime au moins par le repentir, alors elle est coupable, et la conscience du moyen âge la condamne à mort, et le poëte obéit à cette conscience en forçant l'incestueuse à boire le poison préparé par son amant pour son fils !

La figure de la reine n'est pas la seule que Shakespeare ait retouchée de cette façon magistrale. Il a retouché aussi la figure d'Hamlet, non pour en corriger les lignes, mais pour la rendre plus lumineuse.

C'est surtout pour bien comprendre Hamlet qu'il est utile de comparer attentivement le drame ébauché au drame achevé. On sait que de discussions l'étude de ce rôle a soulevées, non-seulement en Angleterre, mais en France et surtout en Allemagne. Autant de critiques, autant d'explications. Johnson, Steevens, Lamb, Coleridge, Hazlitt, Lessing, Schlegel, Tieck ont dit tour à tour leur mot dans cette controverse ; et s'il fallait citer toutes les opinions émises, un volume entier n'y suffirait pas. De toutes ces opinions, celle qui a évidemment le plus de poids est celle de Gœthe. Faisons donc une exception pour le génie, et écoutons ce que nous dit le grand poëte allemand par la voix de Wilhelm Meister :

« Plus j'avançai dans l'étude d'*Hamlet*, plus il me
» devint difficile de me former une idée de l'ensemble.
» Je me perdis dans des sentiers détournés et j'errai long-
» temps en vain : à la fin cependant je conçus l'espoir
» d'atteindre mon but par une route entièrement nou-
» velle.

» Je me mis à rechercher toutes les traces du caractère
» d'Hamlet, pour le voir tel qu'il était avant la mort de
» son père. Je tâchai de distinguer ce qui y était indé-
» pendant de ce douloureux événement, indépendant
» des douloureux événements qui suivirent, et de deviner
» ce que le jeune homme eût été très-probablement si
» rien de pareil n'avait eu lieu.

» Tendre et d'une noble tige, cette royale fleur avait
» grandi sous l'influence immédiate de la majesté : l'idée
» de la rectitude morale jointe à l'idée de son élévation
» princière, le sentiment du bien ennobli par la conscience
» d'une haute naissance, s'étaient développés en lui si-
» multanément. Il était prince et né pour l'être, et il
» désirait régner, afin que les hommes de bien fussent
» bons sans obstacle. Agréable extérieurement, poli par
» la nature, courtois du fond du cœur, il devait être le
» modèle de la jeunesse et la joie du monde.

» Sans passion dominante, l'amour qu'il avait pour
» Ophélia était un secret pressentiment des plus doux
» besoins. Son ardeur pour les exercices chevaleresques
» ne lui était pas entièrement naturelle; il fallait qu'elle
» fût excitée et enflammée par la louange accordée à
» d'autres et par le désir de les dépasser. Pur de senti-
» ment, il reconnaissait vite l'honnêteté, et il savait ap-
» précier cette paisible confiance dont jouit une âme
» sincère en s'épanchant dans le cœur d'un ami. Jusqu'à
» un certain point, il avait appris à honorer ce qui était
» bon, beau dans les arts et dans les sciences; la médio-
» crité, le vulgaire l'offusquaient, et, si la haine pouvait
» prendre racine dans son âme, ce n'était que pour lui
» faire mépriser justement les êtres faux et changeants
» qui rampent dans une cour, et pour lui permettre de
» s'amuser d'eux avec l'aisance de la raillerie. Il était
» calme dans son tempérament, franc dans sa conduite,

» ni ami de la paresse, ni trop violemment désireux
» d'emploi. Il semblait continuer à la cour la routine de
» l'Université. Il avait plutôt la gaieté de l'esprit que celle
» du cœur; il était bon compagnon, complaisant, courtois,
» discret, capable d'oublier et de pardonner une injure,
» incapable pourtant de se joindre jamais à ceux qui
» franchissent les bornes de la justice, de la vérité, de la
» décence.....

» Imaginez-vous le prince tel que je vous l'ai peint;
» son père meurt soudainement. L'ambition et l'amour
» du pouvoir ne sont pas les passions qui l'inspirent.
» Resté fils de roi, il eût été satisfait; mais maintenant le
» voilà pour la première fois forcé de songer à la diffé-
» rence qui sépare un souverain d'un sujet. La couronne
» n'était pas héréditaire, et pourtant une plus longue
» occupation du trône par le père eût fortifié les préten-
» tions d'un fils unique et assuré ses espérances de suc-
» cession. Au lieu de cela, il se voit exclu par son oncle,
» en dépit de brillantes promesses, très-probablement
» pour toujours. Le voilà maintenant ruiné, disgracié,
» étranger sur la scène même qu'il regardait dès sa jeu-
» nesse comme son domaine héréditaire. Son caractère
» prend ici sa première teinte de tristesse. Il sent que
» maintenant il n'est pas plus, qu'il est moins qu'un
» simple seigneur : il se présente comme le serviteur de
» tous; il n'est plus courtois et protecteur, il est besoi-
» gneux et dégradé. Il se souvient de sa condition pas-
» sée comme d'un rêve évanoui. C'est vainement que
» son oncle essaye de le consoler, de lui montrer sa si-
» tuation sous un autre point de vue. Le sentiment de
» son néant ne peut plus le quitter.

» Le second coup qui l'atteint l'a blessé, humilié plus
» profondément encore : c'est le mariage de sa mère. Le
» tendre et fidèle fils avait encore une mère quand son

» père est mort. Il espérait vivre dans sa société pour ré-
» vérer l'ombre du héros disparu ; mais il perd aussi sa
» mère, et c'est quelque chose de pire que la mort qui
» la lui enlève ; l'image tutélaire qu'un enfant aime à se
» faire de ses parents n'existe plus. Plus de recours au
» mort, plus de prise sur la vivante. Elle aussi est femme,
» et elle a nom Fragilité !

» Alors, pour la première fois, il se sent orphelin, et
» il n'est plus de bonheur dans cette vie qui puisse com-
» penser ce qu'il a perdu. Quoiqu'il ne soit naturelle-
» ment ni rêveur ni triste, la rêverie et la tristesse sont
» devenues pour lui une accablante obligation.

» Figurez-vous ce jeune homme, ce fils de prince,
» vivant sous vos yeux, représentez-vous sa situation, et
» alors observez-le quand il apprend que l'ombre de son
» père apparaît ; tenez-vous près de lui dans cette nuit
» sinistre où le fantôme vénérable marche devant lui.
» Un frisson d'horreur parcourt tous ses membres ; il
» parle à l'ombre mystérieuse, il la voit lui faire signe
» de la tête, il la suit et il écoute. La voix terrible qui
» accuse son oncle retentit à son oreille : elle l'appelle à
» la vengeance en répétant cette prière déchirante : Sou-
» viens-toi de moi !

» Et quand le spectre s'est évanoui, qui avons-nous
» sous les yeux ? un jeune héros altéré de vengeance ?
» un prince légitime, heureux d'être appelé à punir l'u-
» surpateur ? Non ! Le trouble et la surprise ont saisi le
» solitaire jeune homme ; il devient amer contre les
» scélérats qui lui sourient, il jure de ne pas oublier
» l'esprit, et il conclut par cette exclamation signi-
» ficative : « Le monde est détraqué. O malédiction !
» que je sois jamais né pour le remettre en ordre ! »

» C'est dans ces mots, il me semble, qu'est la clef de
» toute la conduite d'Hamlet. *Il est clair pour moi que*

» *Shakespeare a voulu nous montrer une âme chargée d'une*
» *grande action et incapable de l'accomplir.* Cette pensée,
» selon moi, domine toute la pièce. Un chêne est planté
» dans un vase qui ne devait porter que des fleurs char-
» mantes : les racines s'étendent et le vase est brisé. »

Si j'avais été de la troupe de Mélina, et si j'avais eu le bonheur d'assister à la leçon de haute critique donnée par Wilhelm Meister à ses camarades, j'aurais demandé la permission de répondre à l'orateur, et tout en approuvant ses conclusions, j'eusse fait des réserves sur ses prémisses.

Oui, certes, Wilhelm Meister a raison de le dire, Shakespeare a voulu nous montrer dans Hamlet « une âme chargée d'une grande action et incapable de l'accomplir. » On ne peut plus douter que ce soit là l'intention du poëte dès que l'on compare son œuvre primitive à son œuvre définitive.

Dans le drame primitif, le caractère indécis d'Hamlet n'est accusé que par quelques lignes. Ce n'est que quand il a vu le comédien si vivement ému des malheurs imaginaires d'Hécube qu'Hamlet s'adresse à lui-même ces reproches : « Et moi pourtant, espèce d'âne et de Jeannot rêveur, moi dont le père a été assassiné par un misérable, je me tiens tranquille, et laisse passer cela ! Ah ! vraiment, je suis un lâche ! Qui veut me tirer par la barbe ou me rire au nez ? Qui veut me jeter le démenti par la gorge dans la poitrine ? Pour sûr, je le garderais : il faut que je n'aie pas de fiel, autrement j'aurais engraissé tous les milans du ciel avec les entrailles de ce serf, de ce damné coquin ! de ce traître, de cet obscène, de ce meurtrier coquin ! Oui, que c'est brave à moi, vraiment, de me borner comme un laveur de vaisselle, comme une fille des rues, à m'emporter en paroles ! »

C'est là l'unique passage où la pensée du poëte se fasse jour. Évidemment, quand il refit sa pièce, après quinze ans de méditations, Shakespeare jugea cette indication insuffisante. Ce monologue qu'il avait prêté à Hamlet, il le trouva trop court et il le développa dans le drame définitif.

« Et moi pourtant, stupide tas de boue, blême coquin, espèce de Jeannot rêveur, impuissant dans ma propre cause, je ne trouve rien à dire, non, rien! en faveur d'un roi à qui l'on a pris sa couronne et sa vie sacrée dans un guet-apens infernal. Suis-je donc un lâche? Qui veut m'appeler manant? me fendre ma caboche? m'arracher la barbe et me la souffler à la face, me tirer par le nez? me jeter le démenti par la gorge jusqu'au fond de la poitrine? Qui veut me faire cela? Ah! pour sûr, je garderais la chose. J'ai donc le foie d'une tourterelle, qu'il n'y a pas assez de fiel en moi pour rendre amère une injure! Autrement, depuis longtemps déjà j'aurais engraissé tous les milans du ciel avec les entrailles de ce serf! sanguinaire et obscène coquin! sans remords! traître immonde! ignoble coquin! O vengeance! quel âne je suis! Oui-dà, que c'est brave à moi, à moi le fils du cher assassiné, à moi que le ciel et l'enfer poussent à me venger, de me borner, comme une catin, à décharger mon cœur en paroles, et à laisser tomber les jurons, comme une fille des rues, comme un laveur de vaisselle! »

Pour expliquer son idée, Shakespeare ne s'est pas contenté de ces développements nouveau, il a multiplié ailleurs les indications. Il a voulu que, dans l'œuvre définitive, le spectateur eût sans cesse présente à la pensée le caractère inactif d'Hamlet. Voilà pourquoi, à la fin de la scène de la plate-forme, Hamlet pousse ce cri que Wilhelm Meister rappelait tout à l'heure : « Le monde est détraqué. O malédiction! que je sois jamais né pour le remettre en ordre! » Voilà pourquoi il termine le fameux monologue : *To be or not to be,* par cette réflexion qu'Ophélia interrompt : « Les couleurs natives de la résolution blémissent sous les pâles nuances de la pensée : ainsi les entreprises les plus énergiques et les plus importantes se détournent de leur cours devant l'idée et perdent le nom d'action. » Voilà pourquoi le spectre lui dit, en lui apparaissant dans la chambre de la reine : « N'oublie pas! Cette visitation a pour but d'aiguiser ta volonté presque émoussée! » Voilà pourquoi enfin, ayant rencontré le capitaine qui va mourir avec son armée pour la conquête d'un champ stérile, Hamlet s'accuse encore dans un monologue nouveau : « Est-ce l'effet d'un oubli bestial ou d'un scrupule poltron qui me fait réfléchir trop précisément aux conséquences, réflexion qui, mise en quatre, contient un quart de sagesse et toujours trois quarts de lâcheté? je ne sais pas pourquoi j'en suis encore à me dire : *Ceci est à faire* puisque j'ai motif, volonté, force et moyen de le faire. »

Devant ces éclaircissements que le poëte a ajoutés à son œuvre, il est impossible de ne pas croire, avec Wilhelm Meister, que Shakespeare a voulu nous montrer là une âme chargée d'une grande action et incapable de l'exécuter. Mais ce que Wilhelm Meister ne me paraît pas avoir parfaitement compris, ce sont les causes mêmes de cette incapacité. Wilhelm Meister voit surtout, dans Hamlet, les qualités superficielles, la grâce extérieure, l'affabilité, la courtoisie, l'esprit de camaraderie : ce qu'il remarque encore en lui, c'est l'idée de la rectitude morale jointe à l'idée d'une élévation princière, le sentiment du bien ennobli par la conscience d'une haute naissance. A entendre le grand critique allemand, Hamlet eût été le modèle des *gentlemen* comme il était le modèle des collégiens. Qu'on se figure un homme du monde forcé de s'improviser Brutus! La répugnance que cet homme du monde éprouverait pour un pareil rôle, expliquerait l'inaction d'Hamlet.

Si je ne me trompe, cette inaction a des causes beaucoup plus hautes. Hamlet n'est pas pour moi un esprit superficiel, c'est un esprit profond ; ce n'est pas un courtisan, c'est un misanthrope ; ce n'est pas un prince, c'est plus qu'un prince, c'est un penseur. Ce qui le préoccupe, ce ne sont pas les mesquines affaires, ce sont les éternels problèmes. — Être ou n'être pas, voilà la question ! Dans son incessante rêverie, Hamlet a perdu de vue le fini et il n'aperçoit plus que l'infini. Il contemple sans relâche cette force immense qui gouverne la nature et que les hommes appellent tantôt Providence et tantôt Hasard ; et, en présence de cette force, il se sent écrasé, il renonce à son *moi*, il abdique sa volonté, et il se déclare fataliste : « Il est une divinité, dit-il à Horatio, qui donne la forme à nos destinées, de quelque façon que nous les ébauchions. » C'est sur cette pensée qu'Hamlet règle toute sa vie. Il ne se reconnaît aucune initiative et il n'en a aucune : chaque fois que nous le voyons agir, il obéit à une impulsion qui naît, non en lui, mais hors de lui. — Quand il s'élance vers l'effrayant fantôme, il répond à Horatio et à Marcellus qui veulent l'arrêter : « *Ma destinée me hèle* et rend ma plus petite artère aussi robuste que les muscles du lion Néméen. — Quand il tue Polonius, il s'écrie : *Les Cieux ont voulu* nous punir tous deux, lui par moi, moi par lui, en me forçant à être *leur ministre* et leur fléau. Et il ajoute, en se penchant sur l'homme assassiné : *Take thy fortune!* accepte ta fortune ! — Quand il a insulté Laertes, il lui donne pour excuse que *ce n'est pas Hamlet qui a agi,* mais la folie d'Hamlet. — Enfin, lorsqu'au moment de commencer l'assaut, il a confié à Horatio ses sinistres pressentiments et que celui-ci lui a conseillé d'ajourner la partie, Hamlet lui fait cette réponse significative : « Il y a une providence spéciale pour la chute d'un moineau. Si mon heure est venue, elle n'est pas à venir ; si elle n'est pas à venir, elle est venue : que ce soit à présent ou plus tard, soyons prêt. Voilà tout. »

Ainsi, Hamlet ne se croit pas plus maître de ses destinées qu'un moineau. Et c'est à cet être passif qu'échoit la mission de frapper le tyran. De là toutes ces hésitations, toutes ces incertitudes, toutes ces résistances intérieures auxquelles nous assistons. Hamlet se croit impuissant, et il faut qu'il renverse une puissance ; il ne se croit pas libre, et il faut qu'il rende libre tout un peuple ; il ne se croit pas d'initiative, et il faut qu'il fasse tomber le châtiment sur le prince assassin. Prodigieuse idée ! Shakespeare a fait d'Hamlet le vengeur fataliste !

Cette lutte entre la volonté et la fatalité n'est pas seulement l'histoire d'Hamlet, c'est l'histoire de tous. C'est votre vie, c'est la mienne. C'était celle de nos pères, ce sera celle de nos neveux. Et voilà pourquoi l'œuvre de Shakespeare est éternelle.

Certes, s'il est un spectacle sublime et qui méritait d'être symbolisé dans un drame, c'est le spectacle de cette guerre sans fin ni trêve entre l'homme et la fatalité. La fatalité a des alliés sur tous les champs de bataille : dans l'art, elle a pour alliés le bloc de marbre rebelle au ciseau, la forme rebelle à la couleur, l'expression rebelle à la pensée. Dans la science, elle a pour auxiliaires l'atome rebelle à l'analyse, l'apparence rebelle à l'évidence, le problème rebelle à la solution. Dans la politique, elle a pour auxiliaires l'ignorance rebelle à la lumière, le succès rebelle à la probité et au génie, la force rebelle à la liberté. Dans la vie, elle a pour complices les maladies, les passions, les accidents : le grain de sable qui fait mourir Cromwell, la beauté qui affole Antoine, le courant du fleuve qui glace Alexandre.

Contre cette puissance infinie qu'appuie la coalition de tous les obstacles, un être ose engager la lutte : cet être est seul, petit, misérable, nu, chétif, sans toit, sans abri, sans soutien. Il n'a qu'une arme; non, pas même une arme, un outil, la volonté. Eh bien! avec cet outil-là, l'homme engage la lutte, et voici l'ennemi immense qui recule. L'homme veut, et voici la truelle qui bâtit, voici le métier qui tisse, voici la charrue qui laboure, voici la manivelle qui tourne, voici le vide qui aspire, voici la vapeur qui se condense, voici le fluide qui se dégage! Voici le bloc qui devient statue; voici la toile qui se fait image, voici l'idée qui devient phrase! Voici les pavés qui remuent. Voici les cités, voici les cathédrales, voici les pyramides, voici les livres, voici les révolutions! Voici les artistes, voici les savants, voici les héros, voici les martyrs! Voici Homère, voici Phidias, voici Fulton, voici Brutus, voici Jeanne d'Arc, voici l'inconnu!

Dans cette lutte immémoriale, il y a des moments où l'humanité victorieuse s'arrête, épuisée par ses triomphes même. Alors la fatalité implacable profite de cette lassitude : elle revient sur les champs de bataille abandonnés, ramenant avec elle ces maraudeurs sinistres, l'ignorance et le mensonge; alors les réactions s'établissent, les dogmes ténébreux se refondent, les arts languissent, les sciences s'arrêtent, les despotismes se restaurent. Les générations qui assistent à ces douloureuses transitions se prennent à douter de leurs propres forces; elles renoncent au travail commencé par les générations précédentes ; elles ne croient plus à leur initiative, à leur volonté, à leur moi ; elles s'abandonnent à la sombre mélancolie d'Hamlet; elles laissent faire l'ennemi, et, n'osant plus le combattre, elles se prosternent à ses pieds dans le fatalisme.

O jeunes gens! jeunes gens! vous tous, mes compagnons, mes amis, vous qui avez grandi en même temps que moi sur les bancs de l'école et qui vous êtes depuis dispersés dans la vie, je vous adjure ici, au nom de cette camaraderie qui rapprochait Horatio d'Hamlet! ne vous laissez pas déconcerter par les éphémères réactions de la matière contre l'esprit. Vous avez, vous aussi, de grandes choses à faire. N'y a-t-il plus de torts à redresser? plus de maux à guérir? plus d'iniquités à détruire? plus d'oppressions à combattre? plus d'âmes à émanciper? plus d'idées à réaliser? Ah! vous qui avez charge d'avenir, ne manquez pas à votre mission. Ne vous découragez pas. Ne vous laissez pas écarter du but suprême par les obstacles que le monde jette sur votre chemin : intérêts ou plaisirs, peines ou joies. Opposez à la fatalité tyrannique l'incompressible volonté. Restez à jamais fidèles à la sainte cause du progrès. Soyez fermes, intrépides et magnanimes. Et, si parfois vous hésitez devant votre glorieuse tâche, si vous avez des doutes, eh bien! tournez le dos aux Polonius niais et aux Rosencrantz traîtres; et jetez les yeux à l'horizon, du côté où le soleil s'est couché, vers ce rocher qui domine la mer et dont le sommet est plus haut encore que la plate-forme d'Elseneur. Regardez bien, et, par cette froide nuit d'hiver, à la pâle clarté du ciel étoilé, vous verrez passer, — armé de pied en cap, le bâton de commandement à la main, — ce spectre en cheveux blancs qui s'appelle le devoir.

23 février 1858.

LE

PREMIER HAMLET

TRADUIT POUR LA PREMIÈRE FOIS EN FRANÇAIS

sur le texte de l'exemplaire in-quarto découvert en 1825

et appartenant au duc de Devonshire.

LA
Tragique Histoire de
HAMLET
Prince de Danemark

Par William Shake-speare.

Telle qu'elle a été diuerses fois jouée par les seruiteurs de son Altesse dans la Cité de Londres : comme aussi dans les deux Vniuersités de Cambridge et d'Oxford, et ailleurs.

A Londres imprimé pour N. L. et Iohn Trundell.

1603

PERSONNAGES :

LE ROI DE DANEMARK.
HAMLET, fils du précédent roi, neveu du roi actuel.
CORAMBIS, chambellan.
HORATIO, ami d'Hamlet.
LÉARTES, fils de Corambis.
VOLTEMAR \
CORNELIUS \
ROSSENCRAFT } courtisans.
GILDERSTONE /
UN GENTILHOMME MATAMORE.
BERNARDO, officier.
MARCELLUS, officier.
UNE SENTINELLE.
MONTANO, serviteur de Corambis.
UN CAPITAINE.
UN AMBASSADEUR.
LE SPECTRE.
FORTINBRAS, prince de Norwége.
GERTRUDE, reine de Danemark et mère d'Hamlet.
OFELIA, fille de Corambis.
SEIGNEURS, COMÉDIENS, FOSSOYEURS, GENS DE LA SUITE.

SCÈNE I

[Elseneur. Une plate-forme devant le château.]

Entrent DEUX SENTINELLES.

PREMIÈRE SENTINELLE.

Halte-là ! qui est-ce ?

DEUXIÈME SENTINELLE.

C'est moi.

PREMIÈRE SENTINELLE.

Oh ! vous venez très-exactement à votre faction.

DEUXIÈME SENTINELLE.

Si vous rencontrez Marcellus et Horatio, — mes compagnons de garde, dites-leur de se dépêcher.

PREMIÈRE SENTINELLE.

Oui. Voyez donc qui vient là.

Entrent HORATIO ET MARCELLUS.

HORATIO.

Amis de ce pays.

MARCELLUS.

Hommes-liges du roi Danois. — Ah ! adieu, honnête soldat, qui vous a relevé ?

PREMIÈRE SENTINELLE.

Bernardo a pris ma place. Bonne nuit.

Sort la première sentinelle.

MARCELLUS.

Holà! Bernardo!

DEUXIÈME SENTINELLE.

Réponds. — Est-ce Horatio qui est là?

HORATIO.

Un peu.

DEUXIÈME SENTINELLE.

Bienvenu, Horatio! bienvenu, bon Marcellus

MARCELLUS.

Eh bien, cet être a-t-il reparu cette nuit?

DEUXIÈME SENTINELLE.

Je n'ai rien vu.

MARCELLUS.

Horatio dit que c'est uniquement notre imagination, — et il ne veut pas se laisser prendre par la croyance — à cette terrible apparition que deux fois nous avons vue. — Voilà pourquoi je l'ai pressé de faire avec nous — cette nuit une veillée minutieuse, — afin que, si la vision revient encore, — il puisse confirmer nos regards et lui parler.

HORATIO.

Bah! il ne paraîtra rien.

DEUXIÈME SENTINELLE.

Asseyez-vous, je vous prie, que nous rebattions encore une fois — vos oreilles, si bien fortifiées, — du récit de ce que nous avons vu deux nuits.

HORATIO.

Soit! Asseyons-nous, — et écoutons ce que Bernardo va nous en dire.

DEUXIÈME SENTINELLE.

C'était justement la nuit dernière, — alors que cette étoile, là-bas qui va du pôle vers l'ouest, — avait terminé son cours pour — illuminer cette partie du ciel où elle flamboie maintenant. — La cloche tintait alors une heure.

SCÈNE I.

LE SPECTRE entre.

MARCELLUS.

Rompez là votre récit. Voyez, le voici qui revient.

DEUXIÈME SENTINELLE.

Avec la même forme, semblable au roi qui est mort.

MARCELLUS.

Tu es un savant, parle-lui, Horatio.

DEUXIÈME SENTINELLE.

Ne ressemble-t-il pas au roi?

HORATIO.

Tout à fait j'en frissonne de peur et d'étonnement.

DEUXIÈME SENTINELLE.

Il voudrait qu'on lui parlât.

MARCELLUS.

Questionne-le, Horatio.

HORATIO.

Qui es-tu, toi, qui usurpes l'appareil dans — lequel la majesté ensevelie du Danemark — marchait naguère? Je te somme au nom du ciel : parle.

MARCELLUS.

Il est offensé.

Le spectre sort.

DEUXIÈME SENTINELLE.

Vois! il s'en va fièrement.

HORATIO.

Arrête; parle! parle! je te somme de parler!

MARCELLUS.

Il est parti et ne répond pas.

DEUXIÈME SENTINELLE.

Eh bien! Horatio! vous tremblez et vous êtes tout pâle. — Ceci n'est-il rien de plus que de l'imagination? — Qu'en pensez-vous?

MARCELLUS.

Ne ressemble-t-il pas au roi ?

HORATIO.

Comme tu te ressembles à toi-même. — C'était bien là l'armure qu'il portait — quand il combattit l'ambitieux Norwégien. — Ainsi, il fronçait le sourcil alors que dans une entrevue furieuse, — il écrasa sur la glace les Polonais en traîneaux. — C'est étrange.

MARCELLUS.

Deux fois déjà, et justement à cette heure sépulcrale, — il a passé avec cette démarche martiale à travers notre porte.

HORATIO.

Quel sens particulier donner à ceci ? Je n'en sais rien ; — mais, dans ma pensée, à en juger de prime abord, — c'est le présage de quelque catastrophe dans l'État.

MARCELLUS.

Eh bien ! asseyons-nous, et que celui qui le sait me dise — pourquoi ces gardes si strictes et si rigoureuses — fatiguent ainsi toutes les nuits les sujets de ce royaume. — Pourquoi tous ces canons de bronze fondus chaque jour, — et toutes ces munitions de guerre achetées à l'étranger ? — Pourquoi ces presses faites sur les charpentiers de navire, dont la rude tâche — ne distingue plus le dimanche du reste de la semaine ? — Quel peut être le but de ces marches haletantes — qui font de la nuit le compagnon de travail du jour ? — Qui pourra m'expliquer cela ?

HORATIO.

Pardieu, je puis le faire, du moins d'après la rumeur qui court. — Notre feu roi fut, comme vous savez, provoqué à un combat — par Fortinbras de Norwége, — que piquait un motif de jalousie. — Dans ce combat, notre vaillant Hamlet — (car cette partie du monde connu l'estimait pour tel), — tua ce Fortinbras. — En vertu d'un contrat bien scellé, — dûment ratifié par la justice — et par les hérauts, Fortinbras perdit avec la vie — toutes les terres qu'il possédait et qui revinrent aux vainqueurs. — Contre ce gage, une portion équivalente — avait été risquée par notre roi. — Maintenant, mon cher, le jeune Fortinbras, — écervelé tout plein d'une ardeur fougueuse, — a ramassé çà et là, sur les frontières de Norwége, — une bande d'aventuriers sans lois, — enrôlés moyennant les vivres et la paye, pour quelque entreprise — hardie. Et voilà, je pense, — le motif principal et l'objet des gardes qu'on nous fait monter.

Entre LE SPECTRE.

Mais, regardez! là! Voyez, il revient encore! — Je vais lui barrer le passage, dût-il me foudroyer. Arrête, illusion. — S'il y a à faire quelque bonne action — qui puisse contribuer à ton soulagement et à mon salut, — parle-moi. — Si tu es dans le secret de quelque malheur national — qu'un avertissement pourrait peut-être empêcher, — oh! parle-moi! — Ou, si pendant ta vie tu as extorqué — et enfoui un trésor dans le sein de la terre, — ce pourquoi, vous autres esprits, vous errez souvent, dit-on, après la mort, — parle-moi; arrête et parle! parle! Retiens-le, Marcellus.

Sort le spectre.

DEUXIÈME SENTINELLE.

Il est ici!

HORATIO.

Il est ici!

MARCELLUS.

Il est parti! — Oh! nous avons tort de faire à un être si majestueux des menaces de violence, — car il est, comme l'air, invulnérable, — et nos vains coups ne seraient qu'une vaine moquerie.

DEUXIÈME SENTINELLE.

Il allait parler quand le coq a chanté.

HORATIO.

Et alors il s'est évanoui, comme un être coupable — à une effrayante sommation. J'ai ouï dire — que le coq, qui est le clairon de l'aurore, — avec son chant matinal et aigu, — éveille le dieu du jour, et qu'à ce bruit, — qu'ils soient dans la terre ou dans l'air, dans la mer ou dans le feu, — les esprits égarés et errants regagnent en hâte — leurs retraites ; et la preuve — nous en est donnée par ce que nous venons de voir.

MARCELLUS.

Il s'est évanoui au chant du coq. — On dit qu'aux approches de la saison — où l'on célèbre la naissance de notre Sauveur, — l'oiseau de l'aube chante toute la nuit, — et alors, dit-on, aucun esprit n'ose s'aventurer dehors. — Les nuits sont saines ; alors, pas d'étoile qui frappe, — pas de fée qui jette des sorts, pas de sorcière qui ait le pouvoir de charmer, — tant cette époque est pleine de grâce et bénie !

HORATIO.

C'est aussi ce que j'ai ouï dire, et j'en crois quelque chose. — Mais voyez, le soleil, vêtu de son manteau roux, — s'avance sur la rosée au faîte de cette haute montagne, là-bas. — Finissons notre faction ; et si vous m'en croyez, — faisons part de ce que nous avons vu cette nuit — au jeune Hamlet; car, sur ma vie, — cet esprit, muet pour nous, lui parlera. — Consentez-vous à cette confidence — aussi impérieuse à notre dévouement que conforme à notre devoir ?

MARCELLUS.

Faisons cela, je vous prie : je sais où ce matin — nous avons le plus chance de le trouver.

SCÈNE II

[Salle d'État dans le château.]

Entrent LE ROI, LA REINE, HAMLET, LÉARTES, CORAMBIS, les deux
AMBASSADEURS et leur suite.

LE ROI.

Messeigneurs, nous avons écrit sous ce pli, à Fortinbras, — neveu du vieux roi de Norwége. Celui-ci, impotent — et retenu au lit, connaît à peine les intentions — de son neveu ; aussi, nous vous dépêchons, — vous, brave Cornélius, et vous, Voltemar, — pour porter ces compliments écrits au vieux Norwégien, — et nous limitons vos pouvoirs personnels, — dans vos négociations avec le roi, aux articles ici relatés. — Adieu ; et que votre diligence prouve votre dévouement.

LES AMBASSADEURS.

En cela comme en tout nous vous montrerons notre dévouement.

LE ROI.

Nous n'en doutons pas ; adieu de tout cœur.

Les ambassadeurs sortent.

Et maintenant, Léartes, qu'avez-vous de nouveau à nous dire ? — Vous avez une requête, avez-vous dit ; quelle est-elle, Léartes ?

LÉARTES.

Mon bon seigneur, daignez, — maintenant que toutes les cérémonies funèbres sont accomplies, — m'autoriser à retourner en France. — Car bien que la faveur de votre grâce puisse me retenir, — quelque chose qui me murmure au cœur — fait tourner vers la France mes idées et mes désirs.

LE ROI.

Avez-vous la permission de votre père, Léartes ?

CORAMBIS.

Il a arraché de moi, monseigneur, un consentement forcé, — et je supplie votre altesse de lui donner congé.

LE ROI.

De tout mon cœur. Léartes, adieu.

LÉARTES.

Je prends congé de vous en toute affection et loyauté.

Il sort.

LE ROI.

Et maintenant, mon royal fils, Hamlet, — que veut dire cette humeur triste et mélancolique? — Quant à votre intention d'aller à Wittemberg, — nous la tenons pour inopportune et funeste, — car vous êtes la joie et la moitié du cœur de votre mère. — Laissez-moi donc vous engager à rester à la cour, — vous, espoir unique du Danemark, notre cousin et très-cher fils.

HAMLET.

Monseigneur, ni le vêtement noir que je porte, — ni les larmes qui restent encore dans mes yeux, — ni la mine effarée de mon visage, — ni aucun semblant extérieur — n'équivalent au chagrin de mon cœur. — Je sens, malgré moi, l'absence de celui que j'ai perdu; — ceci n'est que l'ornement et l'habit de la douleur.

LE ROI.

Voilà qui montre en vous une aimante sollicitude, fils Hamlet; — mais, pensez-y bien, votre père avait perdu son père, — ce père défunt avait perdu le sien, et il en sera ainsi — jusqu'à la fin du monde. Cessez donc vos lamentations. — C'est une offense envers le ciel, une offense envers les morts, — une offense envers la nature. Et, selon la raison, — c'est le cours inévitable des choses; — nul ne vit sur la terre qui ne soit né pour mourir.

LA REINE.

Que les prières de ta mère ne soient pas perdues,

Hamlet. — Reste avec nous ici; ne va pas à Wittemberg.

HAMLET.

Je ferai de mon mieux pour vous obéir en tout, madame.

LE ROI.

C'est parler comme un fils aimable et tendre. — Je veux que le roi ne boive pas aujourd'hui — sans que les gros canons disent aux nuages — que le roi boit au prince Hamlet.

Tous sortent excepté Hamlet.

HAMLET.

Oh! si cette chair trop endolorie et trop souillée pouvait se fondre en néant! Si l'universel — globe du ciel pouvait se changer en chaos! — O Dieu! en deux mois; non, pas même! mariée, — à mon oncle! Oh! ne pensons pas à cela. — Le frère de mon père, mais pas plus semblable — à mon père que moi à Hercule. — En deux mois! Avant même que le sel — de ses larmes menteuses eût cessé d'irriter — ses yeux rougis, elle s'est mariée! O ciel! une bête — dénuée de raison n'aurait pas eu — une telle hâte.... Fragilité, ton nom est femme! — Quoi! elle se pendait à lui comme si ses désirs — grandissaient en le regardant. — O criminelle, criminelle ardeur! Aller avec une telle vivacité à des draps incestueux! — Avant même d'avoir usé les souliers — avec lesquels elle suivait le cadavre de mon père mort, — comme Niobé, toute en pleurs. Mariée! Mauvais — mariage qui ne peut mener à rien de bon! — Mais, tais-toi, mon cœur, car il faut que je retienne ma langue.

Entrent Horatio et Marcellus.

HORATIO.

La santé à votre seigneurie!

HAMLET.

Je suis charmé de vous voir... Horatio? — si j'ai bonne mémoire.

HORATIO.

Lui-même, monseigneur, et votre humble serviteur toujours.

HAMLET.

Oh! dites : mon bon ami! j'échangerai ce titre avec vous. — Mais que faites-vous loin de Wittemberg, Horatio? — Marcellus?

MARCELLUS.

Mon bon seigneur!

HAMLET.

Je suis charmé de vous voir; bonsoir, monsieur. — Mais quelle affaire avez-vous à Elseneur? — Nous vous apprendrons à boire avant notre départ.

HORATIO.

Un caprice de vagabond, mon bon seigneur.

HAMLET.

Non, vous ne me forcerez pas à croire — votre propre déposition contre vous-même. — Monsieur, je sais que vous n'êtes point un vagabond. — Mais quelle affaire avez-vous à Elseneur?

HORATIO.

Monseigneur, j'étais venu pour assister aux funérailles de votre père.

HAMLET.

Oh! ne te moque pas de moi, je t'en prie, camarade étudiant. — Je crois que c'est pour assister aux noces de ma mère.

HORATIO.

Il est vrai, monseigneur, qu'elles ont suivi de bien près.

HAMLET.

Économie! économie, Horatio! Les viandes cuites

pour les funérailles — ont été servies froides sur les tables du mariage. — Que n'ai-je été rejoindre mon plus intime ennemi dans le ciel — avant d'avoir vu ce jour, Horatio! — O, mon père! mon père! il me semble que je vois mon père !

HORATIO.

Où, monseigneur?

HAMLET.

Eh bien! avec les yeux de la pensée, Horatio.

HORATIO.

Je l'ai vu jadis, c'était un vaillant roi.

HAMLET.

C'était un homme auquel, tout bien considéré, — je ne retrouverai pas de pareil.

HORATIO.

Monseigneur, je crois l'avoir vu la nuit dernière.

HAMLET.

Vu? qui?

HORATIO.

Monseigneur, le roi votre père.

HAMLET.

Ha! ha! le roi mon père! vous!

HORATIO.

Calmez pour un moment votre surprise — par l'attention, afin que je puisse — avec le témoignage de ces messieurs, — vous raconter ce miracle.

HAMLET.

Pour l'amour de Dieu, parle.

HORATIO.

Pendant deux nuits de suite, tandis que ces messieurs, — Marcellus et Bernardo, étaient de garde, — au milieu du désert funèbre de la nuit, — voici ce qui leur est arrivé. Une figure semblable à votre père, — armée de toute pièce, de pied en cap, — leur est apparue; trois fois elle s'est promenée — devant leurs yeux affaiblis et épouvantés, — à la distance du bâton qu'elle tenait. — Et eux, dissous en une sueur glacée — par la terreur, sont restés muets, — et ils n'ont osé lui parler. Ils m'ont — fait part de ce secret effrayant, — et, la nuit suivante, j'ai monté la garde avec eux. — Alors, juste sous la forme qu'ils m'avaient indiquée, — sans qu'il y manquât un détail, — l'apparition est revenue. J'ai reconnu votre père; — ces deux mains ne sont pas plus semblables.

HAMLET.

C'est très-étrange.

HORATIO.

C'est aussi vrai que j'existe, mon honoré seigneur; — et nous avons pensé bien agir — selon notre devoir en vous en instruisant.

HAMLET.

Où cela s'est-il passé?

MARCELLUS.

Monseigneur, sur la plate-forme où nous étions de garde.

HAMLET.

Et vous ne lui avez pas parlé?

HORATIO.

Si fait, monseigneur; mais il n'a fait aucune réponse. — Une fois, pourtant, il m'a semblé qu'il allait parler — et qu'il levait la tête avec le mouvement — de quelqu'un qui veut parler; mais alors justement — le coq matinal a jeté un cri aigu, et tout en hâte, — en hâte, le spectre s'est enfui, et s'est évanoui — de notre vue.

HAMLET.

Mais vraiment, vraiment, messieurs, ceci me trouble. — Êtes-vous de garde cette nuit?

TOUS.

Oui, monseigneur.

HAMLET.

Armé, dites-vous?

TOUS.

Armé, mon bon seigneur.

HAMLET.

De pied en cap?

TOUS.

Mon bon seigneur, de la tête aux pieds.

HAMLET.

Eh bien! alors vous n'avez pas vu sa figure!

HORATIO.

Oh! si, monseigneur, il portait sa visière levée.

HAMLET.

Quel air avait-il? farouche?

HORATIO.

Plutôt l'aspect de la tristesse que de la colère.

HAMLET.

Pâle ou rouge?

HORATIO.

Ah! très-pâle.

HAMLET.

Et il fixait les yeux sur vous?

HORATIO.

Constamment.

HAMLET.

Je voudrais avoir été là.

HORATIO.

Vous auriez été bien stupéfait.

HAMLET.

C'est très-probable, très probable. Est-il resté longtemps?

HORATIO.

Le temps qu'il faudrait pour compter jusqu'à cent — sans se presser.

MARCELLUS.

Oh! plus longtemps! plus longtemps!

HAMLET.

Sa barbe était grisonnante, n'est-ce pas?

HORATIO.

Elle était comme je la lui ai vue de son vivant, — d'un noir argenté.

HAMLET.

Je veillerai cette nuit; peut-être reviendra-t-il encore.

HORATIO.

Oui, je le garantis.

HAMLET.

S'il se présente sous la figure de mon noble père, — je lui parlerai, dût l'enfer, bouche béante, — m'ordonner de me taire. Messieurs, — si vous avez jusqu'ici tenu cette vision secrète, — gardez toujours le silence ; — et, quoi qu'il advienne cette nuit, — confiez-le à votre réflexion, mais pas à votre langue ; — je récompenserai vos dévouements. Ainsi, adieu. — Sur la plate-forme, entre onze heures et minuit, j'irai vous voir.

TOUS.

Nos hommages à votre seigneurie.

Ils sortent.

HAMLET.

Votre amitié! à moi votre amitié, comme la mienne à vous! — Adieu! L'esprit de mon père en armes! — Ah! tout cela va mal! Je soupçonne quelque hideuse tragédie. — Que la nuit n'est-elle déjà venue! — Jusque-là, reste calme, mon âme. Les noires actions, — fussent-elles couvertes par le monde entier, se dresseront aux yeux des hommes.

Il sort.

SCÈNE III.

[Une chambre dans la maison de Corambis.]

Entrent Leartes et Ofélia.

LEARTES.

Mes bagages sont embarqués ; il faut que j'aille à bord. — Mais, avant que je parte, réfléchis bien à ce que je te dis. — Je vois que le prince Hamlet te fait des démonstrations d'amour. — Prends garde, Ofélia ; ne te fie pas à ses serments, — peut-être aujourd'hui t'aime-t-il, et sa langue — parle-t-elle du cœur ; mais pourtant fais attention, ma sœur. — La vierge la plus chiche est assez prodigue, — si elle démasque sa beauté pour la lune ; — la vertu même n'échappe pas aux calomnieuses pensées. — Crois-moi, Ofélia, tiens-toi hors de portée, — de peur qu'il ne jette à bas ton honneur et ta réputation.

OFÉLIA.

Frère, je vous ai prêté une oreille attentive, — et je suis bien résolue à garder ferme mon honneur. — Mais, mon cher frère, ne faites pas — comme ce sophiste retors — qui enseigne le sentier et le plus court chemin du ciel, — tandis que lui-même, insouciant libertin, — satisfait pleinement les appétits de son cœur, — sans se soucier beaucoup que son honneur périsse.

LEARTES.

Non, n'aie pas peur de cela, ma chère Ofélia. — Voici mon père. L'occasion sourit à de seconds adieux.

Entre Corambis.

CORAMBIS.

Encore ici, Leartes ? A bord ! à bord ! Quelle honte !

— Le vent est assis sur l'épaule de votre voile, — et l'on vous attend. Voici ma bénédiction. — Et puis ces quelques préceptes pour ta mémoire : — Sois familier, mais nullement vulgaire ; — quand tu as adopté et éprouvé un ami, — accroche-le à ton âme avec un anneau d'acier, — mais ne durcis pas ta main au contact — de chaque nouveau camarade frais éclos. — Garde-toi d'entrer dans une querelle, mais une fois dedans, — comporte-toi de manière que l'adversaire se garde de toi. — Que ton vêtement soit aussi coûteux que ta bourse te le permet, — sans être de mode excentrique ; — car le vêtement révèle souvent l'homme, — et, en France, les gens de qualité et du meilleur rang — ont sous ce rapport le goût le plus exquis et le plus digne. — Avant tout, sois loyal envers toi-même ; — et aussi infailliblement que la nuit suit le jour, — tu ne pourras être déloyal envers personne. — Adieu. Que ma bénédiction soit avec toi.

LEARTES.

Je prends humblement congé de vous. Adieu Ofélia, — et souvenez-vous bien de ce que je vous ai dit.

Il sort.

OFÉLIA.

Tout est enfermé dans mon cœur, — et vous en garderez vous-même la clef.

CORAMBIS.

Que vous a-t-il dit, Ofélia ?

OFÉLIA.

Quelque chose touchant le seigneur Hamlet.

CORAMBIS.

Bonne idée, pardieu ! On m'a donné à entendre — que vous aviez été trop prodigue de votre virginale présence — envers le prince Hamlet. S'il en est ainsi, — et l'on me l'a confié par voie de précaution, — je dois vous dire que vous ne comprenez pas bien vous-même — ce qui sied à mon honneur et à votre renom.

OFÉLIA.

Monseigneur, il m'a fait maintes offres de son amour.

CORAMBIS.

Des offres! oui, oui, vous pouvez appeler cela des offres.

OFÉLIA.

Et avec des serments si sérieux!

CORAMBIS.

Piéges à attrapper des grues. — Quoi! ne sais-je pas, alors que le sang brûle, — avec quelle prodigalité l'âme prête des serments à la langue? — Bref, soyez plus avare de votre virginale présence, — ou, en vous donnant ainsi, vous me donnerez pour un niais.

OFÉLIA.

Je vous obéirai, monseigneur, de tout mon possible.

CORAMBIS.

Ofélia, ne recevez plus ses lettres, — car les lignes d'un amant sont un filet pour attraper le cœur; — refusez ses présents. Autant de clefs — pour ouvrir la chasteté au désir. — Rentrez, Ofélia. De pareils hommes se montrent souvent — grands dans leurs paroles, mais petits dans leur amour.

OFÉLIA.

Je rentre, monseigneur.

Ils sortent.

SCÈNE IV

[La plate-forme.]

Entrent HAMLET, HORATIO et MARCELLUS.

HAMLET.

L'air pince rudement. Il fait un vent aigre — et piquant. Quelle heure est-il?

HORATIO.
Pas loin de minuit, je crois.
MARCELLUS.
Non, il est déjà sonné.
HORATIO.
Vraiment ? Je ne l'ai pas entendu.

Des trompettes sonnent.

Que signifie ceci, monseigneur ?
HAMLET.
Oh ! le roi passe cette nuit à boire, — au milieu de l'orgie et des danses aux contorsions effrontées ; — et, à mesure qu'il boit les rasades de vin du Rhin, — la timbale et la trompette proclament ainsi — le triomphe de ses toasts.
HORATIO.
Est-ce la coutume ici ?
HAMLET.
Oui pardieu ! Et quoique je sois — né dans ce pays et fait pour ses usages, — c'est une coutume qu'il est plus honorable — de violer que d'observer.

Entre le Spectre.

HORATIO.
Regardez, monseigneur, le voilà !
HAMLET.
Anges, ministres de grâce, défendez-nous ! — Qui que tu sois, esprit salutaire ou lutin damné, — que tu apportes avec toi les brises du ciel ou les rafales de l'enfer, — que tes intentions soient perverses ou charitables, — tu te présentes sous une forme si provoquante — que je veux te parler. — Je t'invoque, Hamlet, sire, mon père, royal Danois. — Oh ! réponds-moi ! ne me laisse pas déchirer par le doute ; — mais dis-moi pourquoi tes os sanctifiés, ensevelis dans la mort, — ont déchiré

leur suaire, pourquoi le sépulcre — où nous t'avons vu enterré en paix — a desserré ses lourdes mâchoires de marbre — pour te rejeter dans ce monde! Que signifie ceci? — Pourquoi toi, corps mort, viens-tu, tout couvert d'acier, — revoir ainsi les clairs de lune — et rendre effrayante la nuit? Et nous, bouffons de la nature, — pourquoi ébranles-tu si horriblement notre imagination — par des pensées inaccessibles à nos âmes? — Dis, parle, pourquoi? que veut dire cela?

HORATIO.

Il vous fait signe, comme s'il avait quelque chose — à vous communiquer, à vous seul.

MARCELLUS.

Voyez avec quel geste courtois — il vous appelle vers un lieu plus écarté. — Mais n'allez pas avec lui.

HORATIO.

Non, gardez-vous-en bien.

HAMLET.

Il ne veut pas parler ici; alors, je veux le suivre.

HORATIO.

Eh quoi! monseigneur, s'il allait vous attirer vers les flots — ou sur la cime effrayante de ce rocher — qui s'avance au-dessus de sa base dans la mer? — et là prendre quelque autre forme horrible — pour détruire en vous la souveraineté de la raison — et vous jeter en démence? Songez-y.

HAMLET.

Il m'appelle encore... Va, je te suis.

MARCELLUS.

Vous n'irez pas, monseigneur.

HAMLET.

Pourquoi? Qu'ai-je à craindre? — Je n'estime pas ma vie au prix d'une épingle. — Et, quant à mon âme, que peut-il lui faire, — puisqu'elle est immortelle comme lui-même? — Va, je te suis.

HORATIO.

Monseigneur, soyez raisonnable; vous n'irez pas.

HAMLET.

Ma fatalité me hêle et rend ma plus petite artère — aussi robuste que les muscles du lion néméen. — Il m'appelle encore... Lâchez-moi, messieurs. — Par le ciel, je ferai un spectre de qui m'arrêtera. — Arrière, vous dis-je!... Marche, je te suis.

HORATIO.

L'imagination le rend furieux.

MARCELLUS.

Il y a quelque chose de pourri dans l'empire du Danemark.

HORATIO.

Allons sur ses pas. A quelle issue aboutira ceci?

MARCELLUS.

Suivons-le; il n'est pas prudent de lui obéir à ce point.

Ils sortent.

SCÈNE V

(Une autre partie de la plate-forme.)

Entrent le Spectre et Hamlet.

HAMLET.

Je n'irai pas plus loin; où veux-tu me conduire?

LE SPECTRE.

Écoute-moi bien.

HAMLET.

J'écoute.

LE SPECTRE.

Je suis l'esprit de ton père, condamné pour un temps — à errer la nuit, et, tout le jour, — à être enfermé dans un feu ardent — jusqu'à ce que la flamme m'ait purgé des crimes noirs — commis aux jours de ma vie mortelle.

HAMLET.

Hélas! pauvre ombre!

LE SPECTRE.

Ne me plains pas; mais à mes révélations — prête une oreille attentive. S'il ne m'était pas interdit — de dire les secrets de ma prison, — je ferais un récit dont le moindre mot — labourerait ton âme, glacerait ton jeune sang, — ferait sortir de leur sphère tes yeux comme deux étoiles, — déferait le nœud de tes boucles tressées, — et hérisserait chacun de tes cheveux sur ta tête — comme des aiguillons sur un porc-épic furieux. — Mais ces descriptions ne sont pas faites pour des oreilles de chair et de sang. — Hamlet, si tu as jamais aimé ton tendre père...

HAMLET.

O Dieu!

LE SPECTRE.

Venge-le d'un meurtre horrible et monstrueux.

HAMLET.

D'un meurtre!

LE SPECTRE.

Oui, d'un meurtre horrible au plus haut degré; — le moindre est bien coupable, — mais celui-ci fut le plus horrible, le plus bestial, le plus monstrueux.

HAMLET.

Fais-le-moi vite connaître; pour qu'avec des ailes rapides comme l'idée ou la pensée du but, je vole à la vengeance.

LE SPECTRE.

Tu es prêt, je le vois. Sinon, tu serais plus inerte — que la ronce qui s'engraisse et pourrit à l'aise — sur la rive du Léthé. Soyons bref. — On a fait croire que, tandis que je dormais dans mon jardin, — un serpent m'avait piqué. Ainsi, toutes les oreilles du Danemark — ont été grossièrement abusées par un récit forgé de ma mort. — Mais sache-le, toi, noble jeune homme, celui qui a mordu — le cœur de ton père, porte aujourd'hui sa couronne.

HAMLET.

Oh! mon âme prophétique! mon oncle! mon oncle!

LE SPECTRE.

Oui, lui. Ce misérable incestueux a, par des dons, entraîné à ses désirs — (oh! maudits soient les désirs et les dons qui ont le pouvoir — de séduire ainsi!) entraîné ma reine, la plus vertueuse des femmes en apparence. — Mais, ainsi que la vertu reste toujours inébranlable, — même quand le vice la courtise sous une forme céleste, — de même la luxure, bien qu'accouplée à un ange rayonnant, — aura beau s'assouvir sur un lit divin, — elle n'aura pour proie que l'immondice. Mais doucement, il me semble — que je respire la brise du matin. Abrégeons. — Je dormais dans mon jardin, selon mon habitude constante — dans l'après-midi. A cette heure de pleine sécurité, — ton oncle vint près de moi avec une fiole pleine — du jus de la jusquiame, et m'en versa dans le creux de l'oreille — la liqueur pestilentielle. L'effet en — est funeste pour le sang de l'homme : — rapide comme le vif argent, elle s'élance à travers — les portes et les allées naturelles du corps, — et fait tourner le sang le plus limpide et le plus pur, — comme une goutte d'acide fait du lait. — Ainsi, elle couvrit partout de lèpre la surface lisse de mon corps. — Voilà comment, dans mon sommeil, la main d'un frère — m'ôta à la fois couronne, reine, existence, — dignité, sans que je me fusse mis en règle. — J'ai été envoyé dans mon tombeau, — ayant tous mes comptes et tous mes péchés sur ma tête. — Oh! horrible! bien horrible!

HAMLET.

O Dieu!

LE SPECTRE.

Si tu n'es pas dénaturé, ne supporte pas cela : — mais quoi que tu fasses, que ton cœur — ne complote rien contre ta mère. — Abandonne-la au ciel — et au poids que sa conscience porte. — Il faut que je parte! Le ver luisant annonce que le matin — est proche, et commence à pâlir ses feux impuissants. — Hamlet, adieu, adieu, adieu! souviens-toi de moi.

Sort le Spectre.

HAMLET.

O vous toutes, légions du ciel! ô terre! quoi encore? — y accouplerai-je l'enfer? Infamie!... Me souvenir de toi! — Oui, pauvre ombre! des tablettes — de ma mémoire je veux effacer tous les dictons des livres, — toutes les idées vulgaires et frivoles — qu'y ont notées la jeunesse et l'étude; — et ton souvenir y siégera tout seul. — Oui, par le ciel! oui, voilà un damné scélérat! perfide! — meurtrier! obcène! souriant et damné scélérat! — Mes tablettes!... Il est bon d'y noter — qu'un homme peut sourire, et sourire, et n'être qu'un scélérat. — Je suis sûr, du moins, que c'est possible en Danemark. — Ainsi, mon oncle, vous êtes là, vous êtes là. — Maintenant le mot d'ordre, c'est : Adieu! adieu! adieu! souviens-toi de moi! — Il suffit. Je l'ai juré.

Entrent Horatio et Marcellus.

HORATIO.

Monseigneur! monseigneur!

MARCELLUS.

Seigneur Hamlet!

HORATIO.

Ill! lo! lo! ho! ho!

MARCELLUS.

Ill! lo! lo! so! ho! so! Viens, mon page, viens!

HORATIO.

Le ciel le préserve!

MARCELLUS.

Que s'est-il passé, mon noble seigneur?

HORATIO.

Quelle nouvelle, monseigneur?

HAMLET.

Oh! prodigieuse! prodigieuse!

HORATIO.

Mon bon seigneur, dites-nous la!

HAMLET.

Non, non, vous la révéleriez.

HORATIO.

Pas moi, monseigneur, j'en jure par le ciel.

MARCELLUS.

Ni moi, monseigneur.

HAMLET.

Qu'en dites-vous donc? Quel cœur d'homme — l'eût jamais pensé?... Mais vous serez discrets.

HORATIO ET MARCELLUS.

Oui, par le ciel, monseigneur.

HAMLET.

S'il y a dans tout le Danemark un scélérat... — c'est un coquin fieffé.

HORATIO.

Il n'était pas besoin qu'un fantôme sortît de la tombe pour vous apprendre cela.

HAMLET.

C'est vrai, vous êtes dans le vrai. Ainsi — je trouve bon, sans plus de circonlocutions, — que nous nous serrions la main et que nous nous quittions; vous, — pour aller où vos affaires et vos besoins vous conduiront (car, voyez-vous, — chacun a ses affaires et ses besoins, quels — qu'ils soient), et moi, pauvre garçon, — pour aller prier.

HORATIO.

Ce sont là des paroles égarées et vertigineuses, monseigneur.

HAMLET.

Je suis fâché qu'elles vous offensent, fâché du fond du cœur; — là, vrai, du fond du cœur.

HORATIO.

n'y a pas d'offense, monseigneur.

HAMLET.

Si, par saint Patrick, il y en a une, Horatio, — une offense bien grave encore! En ce qui touche cette vision, — c'est un honnête fantôme, permettez-moi de vous le dire. — Quant à votre désir de connaître ce qu'il y a entre nous, — maîtrisez-le de votre mieux. — Et maintenant, mes bons amis, si vous êtes vraiment des amis, — des condisciples et des gentilshommes, — accordez-moi une pauvre faveur.

HORATIO ET MARCELLUS.

Qu'est-ce, monseigneur?

HAMLET.

Ne faites jamais connaître ce que vous avez vu cette nuit.

HORATIO ET MARCELLUS.

Jamais, monseigneur.

HAMLET.

Bien, mais jurez-le.

HORATIO.
Sur ma foi, monseigneur, je n'en dirai rien.
MARCELLUS.
Ni moi, monseigneur, sur ma foi.
HAMLET.
Eh bien! jurez sur mon épée, oui, sur mon épée.

LE SPECTRE sous la scène.
Jurez!
HAMLET.
Ha! ha! vous ici! Ce gaillard-là est dans la cave! — Maintenant consentez à jurer.
HORATIO.
Prononcez la formule, monseigneur!
HAMLET.
Ne jamais dire un mot de ce que vous avez vu cette nuit; — jurez-le sur mon épée.
LE SPECTRE.
Jurez!
HAMLET.
Hic et ubique. Alors changeons de place. — Venez ici, messieurs, et étendez encore — les mains sur cette épée. Jamais vous ne parlerez — de ce que vous avez vu. Jurez-le sur mon épée.
LE SPECTRE.
Jurez!
HAMLET.
Bien dit, vieille taupe! Peux-tu donc travailler si vite — sous la terre! L'excellent pionnier! Éloignons-nous encore une fois.
HORATIO.
Nuit et jour! voilà un prodige bien étrange.
HAMLET.
Donnez-lui donc la bienvenue qu'on doit à un étran-

ger. — Il y a plus de choses sur la terre et dans le ciel, Horatio, — qu'il n'en est rêvé dans votre philosophie. — Mais venez : jurez ici, comme tout à l'heure. — Quelque étrange ou bizarre que soit ma conduite, — car il se peut que plus tard je juge convenable — d'affecter une allure fantasque, — jurez que, me voyant alors, jamais il ne vous arrivera, — en croisant les bras de cette façon, en secouant la tête ainsi, — ou en prononçant quelque phrase trop concluante, — comme : « Bien! bien! nous savons.... » ou « Nous pourrions, si nous voulions.... » — ou « Il ne tiendrait qu'à nous.... » ou tel autre mot ambigu, — de donner à entendre que vous avez un secret de moi. — Jurez de n'en rien faire, et que pour cela la grâce et la merci du ciel — vous assistent au besoin! Jurez!

LE SPECTRE.

Jurez!

HAMLET.

Calme-toi, calme-toi, âme en peine!... Sur ce, messieurs, — je me recommande à vous de toute mon amitié; — et tout ce qu'un pauvre homme comme Hamlet pourra faire — pour vous être agréable sera fait, Dieu aidant. — Maintenant rentrons ensemble, — et toujours le doigt sur vos lèvres, je vous prie. — Notre époque est détraquée. Maudite fatalité! — que je sois jamais né pour la remettre en ordre! — Eh bien! allons, partons ensemble!

Ils sortent.

SCÈNE VI

[Une chambre dans la maison de Corambis.]

Entrent Corambis et Montano.

CORAMBIS.

Tenez, Montano, portez ces lettres à mon fils, — et cet

argent, avec ma bénédiction, et dites-lui de bien travailler, Montano.

MONTANO.

Oui, monseigneur.

CORAMBIS.

Pour vous enquérir de sa conduite, — vous ferez très-bien, Montano, de dire ceci : — J'ai connu ce gentilhomme ou je connais son père. — Étant parmi ses connaissances, — vous pourrez dire que vous l'avez vu à telle époque, écoutez-moi bien, — jouer ou boire, jurer ou courir les filles. — Vous pouvez aller jusque-là.

MONTANO.

Monseigneur, cela compromettra sa réputation.

CORAMBIS.

Pas du tout, ma foi, pas du tout. — Alors peut-être tombera-t-on d'accord avec vous, — si vous tempérez la chose de façon à ne le point déshonorer... — Qu'est-ce que j'allais dire?

MONTANO.

Peut-être tombera-t-on d'accord avec moi?...

CORAMBIS.

Oui, c'est cela, peut-être tombera-t-on d'accord avec vous. — Alors on vous dira... Voyons donc ce qu'on vous dira... — On vous dira ceci, pardieu : Je l'ai vu hier, ou l'autre jour; — ou alors, ou à tel moment, jouant aux dés, — ou à la paume, ou buvant ou ivre, ou entrant — dans une maison légère, autrement dit bordel. — C'est ainsi, monsieur, que nous, hommes de portée qui connaissons le monde, — nous trouvons indirectement notre direction. — Et voilà comment vous connaîtrez mon fils. Vous m'avez compris, n'est-ce pas?

MONTANO.

Oui, monseigneur.

SCÈNE VI.

CORAMBIS.

Maintenant, bon voyage! recommandez-moi bien à lui.

MONTANO.

Oui, monseigneur.

CORAMBIS.

Et laissez-le exécuter sa musique.

MONTANO.

Oui, monseigneur.

CORAMBIS.

Adieu.

Sort Montano.

Entre Ofélia.

CORAMBIS.

Eh bien! Ofélia? qu'avez-vous donc?

OFÉLIA.

Oh! mon cher père, un tel changement de nature! — une si grande altération dans un prince! — si déplorable pour lui, si effrayante pour moi! — Jamais l'œil d'une vierge n'a rien vu de pareil.

CORAMBIS.

Eh bien! qu'y a-t-il, mon Ofélia?

OFÉLIA.

O jeune prince Hamlet, fleur unique du Danemark! — le voilà dépouillé de tous ses biens! — Le joyau qui ornait le plus sa physionomie — est volé, emporté! Sa raison enlevée! — Il m'a trouvée me promenant toute seule dans la galerie; — il est venu à moi, le regard égaré, — les jarretières traînant, les souliers dénoués, — et il a si fermement fixé ses yeux sur mon visage — qu'ils semblaient avoir juré que ce fût là leur objet suprême. — Il est resté ainsi quelque temps, puis il m'a saisie par le poignet, — et il m'a serré le pouls jusqu'au moment où, avec un soupir, — il a lâché prise; et il s'est éloigné — silencieux comme le milieu de la nuit. — Quand il s'en est allé, ses yeux étaient toujours sur moi ; — car il regardait par-dessus son épaule, — et semblait trouver le chemin sans y voir, — car il a franchi les portes sans l'aide de ses yeux, — et il m'a quittée.

CORAMBIS.

Son amour pour toi l'a rendu fou ! — Çà, lui avez-vous adressé récemment des paroles maussades ?

OFÉLIA.

J'ai repoussé ses lettres, refusé ses présents, — comme vous me l'aviez ordonné.

CORAMBIS.

Eh bien ! voilà ce qui l'a rendu fou ! — Par le ciel ! c'est le propre de notre âge, — de voir trop loin, comme c'est le propre de la jeunesse — de se livrer à ses caprices. Ah ! je suis fâché — d'avoir été si exagéré ; mais quel remède ? — Allons trouver le roi. Cette folie n'est peut être, — dans son égarement passager, qu'un amour plus vrai pour toi.

Ils sortent.

SCÈNE VII

[Une salle dans le château.]

Entrent le Roi et la Reine, Rossencraft et Gilderstone.

LE ROI.

Très-nobles amis, que notre cher cousin Hamlet — a perdu tout à fait son bon sens, — cela est très-vrai, et nous en sommes bien affligés pour lui. — Nous vous demandons en conséquence, au nom de l'intérêt — que vous lui portez et de la grande affection que nous avons pour vous, — de tâcher d'arracher de lui — la cause et les motifs de son dérangement. — Faites cela, le roi de Danemark vous sera reconnaissant.

SCÈNE VII.

ROSSENCRAFT.

Monseigneur, tout ce qu'il est en notre pouvoir de faire — votre majesté peut le commander d'un mot, — sans employer la persuasion, à ses hommes liges, liés envers elle — par le dévouement, la loyauté, l'obéissance.

GILDERSTONE.

Ce que nous pourrons faire pour vos majestés, — afin de connaître la douleur qui égare le prince votre fils, — nous l'essayerons de notre mieux. — Sur ce, nous prenons congé de vous, en vous rendant hommage.

LE ROI.

Merci, Gilderstone; merci, gentil Rossencraft.

LA REINE.

Merci Rossencraft ; merci, gentil Gilderstone.

Entrent CORAMBIS et OFÉLIA.

CORAMBIS.

Monseigneur, les ambassadeurs sont joyeusement — revenus de Norwége.

LE ROI.

Tu as toujours été le père des bonnes nouvelles.

CORAMBIS.

Vraiment, monseigneur ? Que votre grâce soit sûre — que mes services, comme ma vie, sont voués — en même temps à mon Dieu et à mon roi souverain. — Et je crois (à moins que ma cervelle — ne sache plus suivre la piste d'une affaire aussi bien — que d'habitude) que j'ai découvert — le vrai fond du dérangement d'Hamlet.

LA REINE.

Fasse Dieu qu'il dise vrai!

Entrent les AMBASSADEURS.

LE ROI.

Eh bien ! Voltemar, quelle est la réponse de notre frère de Norwége ?

VOLTEMAR.

Le plus ample renvoi de compliments et de vœux. — Dès notre première entrevue, il a envoyé l'ordre de suspendre — les levées de son neveu, qu'il avait prises — pour des préparatifs contre les Polonais, — mais qu'après meilleur examen, il a reconnues — menaçantes pour votre altesse. Indigné — de ce qu'on eût ainsi abusé de sa maladie, de son âge, — de son impuissance, il a fait arrêter — Fortinbras, lequel s'est soumis sur-le-champ, a — reçu les réprimandes du Norwégien, et enfin — a fait vœu devant son oncle de ne jamais diriger — de tentative armée contre votre majesté. — Sur quoi le vieux Norwégien, accablé de joie, — lui a accordé trois mille couronnes de traitement annuel, — ainsi que le commandement pour employer les soldats, — levés par lui, contre les Polonais. — En même temps il vous prie, par les présentes, — de vouloir bien accorder un libre passage — à travers vos domaines pour cette expédition, — sous telles conditions de sûreté et de garantie — qui sont proposées ici.

LE ROI.

Cela ne nous déplaît pas : à nos heures de loisir — nous lirons ces articles et nous répondrons. — En attendant, nous vous remercions de votre bonne — besogne. Allez vous reposer. Ce soir nous nous attablerons ensemble. — Soyez les bienvenus chez nous !

Sortent les ambassadeurs.

CORAMBIS.

Voilà une affaire très-bien dépêchée. Maintenant, monseigneur, pour revenir au jeune prince Hamlet, — il est certain qu'il est fou. Donc fou, accordons qu'il l'est. — Maintenant pour connaître la cause de cet effet, — ou plutôt la cause de ce méfait, — car cet effet est le méfait d'une cause....

SCÈNE VII.

LA REINE.

Mon bon seigneur, soyez bref.

CORAMBIS.

Oui, madame. Monseigneur, j'ai une fille, — je l'ai tant qu'elle est mienne ; car, ce dont nous nous croyons — le plus sûr, souvent nous le perdons : maintenant au prince. — Monseigneur, veuillez seulement parcourir cette lettre — que ma fille, par obéissance, — a remise entre mes mains.

LE ROI.

Lisez, mylord.

CORAMBIS.

Suivez-bien, monseigneur.

> « Doute que le feu soit dans la terre,
> « Doute que les astres se meuvent,
> « Doute que la vérité soit la vérité,
> « Mais ne doute pas de mon amour.

« A la belle Ofélia : — A toi pour jamais, le très-malheureux prince Hamlet. » — Monseigneur, que pensez-vous de moi ? — Oui, que pensez-vous de moi, quand j'ai vu ceci ?

LE ROI.

Ce que je dois penser d'un véritable ami, d'un sujet dévoué.

CORAMBIS.

Je serais heureux de l'être toujours. — Sur ce, quand j'ai vu cette lettre, j'ai dit ceci à ma fille : — « Le seigneur Hamlet est un prince hors de votre étoile, — un trop grand personnage pour votre amour. » — Conséquemment je lui ai ordonné de refuser ses lettres, — de renvoyer ses cadeaux, et de disparaître. — Elle m'a obéi comme un enfant obéissant. — Quant à lui, depuis cette époque, se voyant ainsi traversé dans son amour,

— que je prenais tout simplement pour un caprice futile, — il a été immédiatement pris de mélancolie, — — puis d'inappétence, puis d'égarement, — puis de tristesse, puis de folie, — et en conséquence de la faiblesse du cerveau, — de cette frénésie qui le possède maintenant. Et, si cela n'est pas vrai (montrant sa tête et ses épaules), séparez ceci de cela.

LE ROI.

Pensez-vous qu'il en soit ainsi?

CORAMBIS.

Comment? ainsi! monseigneur. Je voudrais bien savoir — quand il m'est arrivé de dire : *cela est*, positivement, — lorsque cela n'était pas. — Non! pourvu que les circonstances me guident, — je découvrirai toujours une chose, fût-elle cachée — à la profondeur du centre de la terre.

LE ROI.

Mais comment vérifier ce que tu dis?

CORAMBIS.

Pardieu, monseigneur, comme ceci : — La promenade du prince est ici, dans la galerie; — qu'Ofélia s'y promène jusqu'à ce qu'il arrive. — Vous et moi, nous nous tiendrons à portée dans le cabinet. — Là vous entendrez le secret de son cœur; — et si c'est autre chose que de l'amour, — que mon jugement soit déclaré faillible à l'avenir.

LE ROI.

Tenez, le voici qui vient versant sa pensée sur un livre.

Entre HAMLET.

CORAMBIS, à la reine.

Madame, plairait-il à votre grâce — de nous laisser ici?

SCÈNE VII.

LA REINE.

Très-volontiers.

Elle sort.

CORAMBIS.

Et maintenant, Ofélia, lisez dans ce livre — en vous promenant à distance. Le roi restera inaperçu.

HAMLET.

Être ou ne pas être, voilà le problème. — Mourir, dormir, est-ce là tout? Oui, tout. — Non, dormir, c'est rêver. Oui, pardieu, ce n'est que cela. — Et puis, quand nous nous éveillons de ce rêve de la mort, — c'est pour être portés devant un juge éternel, — dans la région inexplorée d'où nul voyageur — n'est jamais revenu, et à la vue de laquelle — l'heureux sourit et le maudit est damné. — Sans cela, sans l'espérance des joies futures, — qui voudrait supporter les dédains et les flatteries de ce monde, — le mépris du riche pour le pauvre, la malédiction du pauvre au riche, — l'oppression de la veuve, l'injustice envers l'orphelin? — Qui voudrait supporter la faim, le règne d'un tyran, — et mille autres calamités? — Qui voudrait geindre et suer sous cette vie accablante, — s'il pouvait s'en affranchir à jamais — avec un simple poinçon? Qui endurerait tout cela, — sans cette appréhension de quelque chose après la mort, — qui trouble le cerveau, confond les sens, — et nous fait supporter les maux que nous avons, — par peur de nous lancer dans ceux que nous ne connaissons pas [1]! — Oh! c'est cette conscience qui fait de nous tous des lâches. — Belle dame, en tes oraisons, souviens-toi de tous mes péchés.

---

[1] Ce monologue glorieux et l'entrevue entre Hamlet et Ofélia, qui le suit, se retrouvent à la scène VIII du *second Hamlet*, après la grande scène où Hamlet fait répéter les comédiens.

OFÉLIA.

Monseigneur, j'ai longtemps cherché l'occasion que voici de remettre entre vos dignes mains un petit souvenir, les cadeaux que j'ai reçus de vous.

HAMLET.

Vous êtes belle?

OFÉLIA.

Monseigneur?

HAMLET.

Vous êtes vertueuse?

OFÉLIA.

Que veut dire monseigneur?

HAMLET.

Que si vous êtes vertueuse et belle, — votre beauté ne doit pas avoir de relations avec votre vertu.

OFÉLIA.

Mylord, la beauté peut-elle avoir un plus noble privilége que le contact de la vertu?

HAMLET.

Oui, pardieu! car la beauté peut faire — de la vertu une maquerelle, — avant que la vertu puisse transformer la beauté. — Ceci était jadis un paradoxe; — mais aujourd'hui le temps en fait un lieu commun. — Je ne vous ai jamais rien donné.

OFÉLIA.

Monseigneur, vous savez très-bien que si. — Et vous accompagniez vos présents de protestations d'amour si passionnées — qu'elles eussent ému jusqu'à la vie un cœur de pierre; — mais maintenant, je ne le vois que trop, — le plus riche don devient pauvre quand celui qui donne n'aime plus.

HAMLET.

Je ne vous ai jamais aimée.

SCÈNE VII.

OFÉLIA.

Vous m'avez fait croire que si.

HAMLET.

Oh! tu n'aurais pas dû me croire! — Va-t'en dans un couvent, va. A quoi bon — être nourrice de pécheurs? Je suis moi-même passablement vertueux, — et pourtant je pourrais m'accuser de tels crimes, — que mieux vaudrait que ma mère ne m'eût pas enfanté. — Oh! je suis fort vaniteux, ambitieux, dédaigneux; — d'un signe je puis évoquer plus de péchés que je n'ai de pensées — pour les méditer. A quoi sert-il que des gaillards — comme moi rampent entre le ciel et la terre? — Va dans un couvent. Nous sommes tous des gueux fieffés; — ne te fie à aucun de nous. Va dans un couvent.

OFÉLIA.

O cieux! sauvez-le.

HAMLET.

Où est ton père?

OFÉLIA.

Chez lui, monseigneur.

HAMLET.

Au nom de Dieu, qu'on ferme les portes sur lui, — qu'il ne joue pas le rôle de niais ailleurs que dans sa — propre maison. Va dans un couvent.

OFÉLIA.

Bon Dieu, secourez-le!

HAMLET.

Si tu te maries, je te donnerai — cette vérité empoisonnée pour dot : — sois aussi chaste que la glace, aussi pure que la neige, — tu n'échapperas pas à la calomnie. Va dans un couvent.

OFÉLIA.

Hélas! quel changement!

HAMLET.

Pourtant, si tu veux absolument te marier, épouse un imbécile; — car les hommes sensés savent trop bien — quels monstres vous faites d'eux. Va dans un couvent.

OFÉLIA.

Je vous prie, mon Dieu, guérissez-le!

HAMLET.

Ah! j'ai entendu parler de vos peintures aussi! — Dieu vous a donné un visage, — et vous vous en faites un autre vous-mêmes. — Vous sautillez, vous trottinez, vous affublez de sobriquets — les créatures de Dieu, et vous donnez — votre galanterie pour de l'ignorance. — Morbleu! c'est pitoyable. Je ne veux plus de cela : — cela m'a rendu fou. Je ne veux plus de mariages. — Ceux qui sont mariés déjà vivront tous, excepté un : — les autres resteront comme ils sont. Allez au couvent! — au couvent! allez!

Il sort.

OFÉLIA.

Dieu du ciel, quel rapide changement! — Le courtisan! le savant! le soldat! tout en lui — est brisé! Tout a volé en éclats! Oh! malheur à moi! — avoir vu ce que j'ai vu et voir ce que je vois!

Elle sort.

Entrent le ROI et CORAMBIS.

LE ROI.

L'amour! Non, non, ce n'est pas là la cause. — C'est quelque chose de plus profond qui le trouble.

CORAMBIS.

Sans doute, c'est quelque chose. Monseigneur, un peu de patience. — Je vais moi-même le tâter — laissez-moi faire, — je le sonderai dans tous les sens. Justement le voici. — Envoyez ici ces gentilshommes, et laissez-moi seul — découvrir la profondeur de tout ceci. Vite, sortez.

Sort le roi.

A Hamlet.

Maintenant, monseigneur, me reconnaissez-vous [1]?

HAMLET.

Oui, très-bien, vous êtes un marchand de poisson.

CORAMBIS.

Non, monseigneur.

HAMLET.

Alors je voudrais que vous fussiez honnête comme ces gens-là. — Pour trouver un honnête homme par le temps qui court, — il faut choisir entre dix mille.

CORAMBIS.

Que lisez-vous là, monseigneur?

HAMLET.

Des mots, des mots.

CORAMBIS.

De quoi est-il question, monseigneur?

HAMLET.

Entre qui?

CORAMBIS.

Je demande de quoi il est question dans ce que vous lisez, monseigneur?

HAMLET.

Morbleu! une hérésie infâme! — ce satyre satirique ose écrire ici — que les vieux hommes ont les yeux creux, le dos faible, — la barbe grise, les jarrets pitoyables, les jambes goutteuses. — Toutes choses, monsieur, que je ne crois pas... très-fermement; — car vous-même, monsieur, vous auriez le même âge que

---

[1] Dans le *Second Hamlet*, ce dialogue entre Hamlet et Corambis (Polonius) a lieu à la scène vii, immédiatement après que Polonius a raconté au roi les amours d'Hamlet et d'Ofélia.

moi, — si, comme une écrevisse, vous pouviez marcher à reculons.

CORAMBIS.

Comme ses répliques sont grosses de sens et pleines d'esprit! — Pourtant il m'a pris d'abord pour un marchand de poisson. — Tout cela vient de l'amour, de la véhémence de l'amour. — De même, quand j'étais jeune, j'étais fort frivole, — et l'amour m'a réduit à une démence bien voisine de celle-ci. — Irez-vous changer d'air, monseigneur?

HAMLET.

Oui, dans mon tombeau!

CORAMBIS.

Par la messe! ce serait en réalité changer d'air. — Très-malicieuse repartie! — Monseigneur, je vais prendre congé de vous.

HAMLET.

Vous ne sauriez, monsieur, rien prendre — dont je fasse plus volontiers l'abandon. — Vieux fou radoteur!

Entrent GILDERSTONE et ROSSENCRAFT.

CORAMBIS.

Vous cherchez le prince Hamlet; tenez, le voilà.

Sort Corambis.

GILDERSTONE.

Salut à votre seigneurie.

HAMLET.

Eh quoi! Gilderstone et Rossencraft! — Chers camarades d'école, soyez les bienvenus à Elseneur.

GILDERSTONE.

Nous remercions votre grâce, et nous serions heureux — que vous fussiez comme quand nous étions à Wittemberg.

HAMLET.

Merci. Mais venez-vous me voir spontanément, — de

vous-mêmes, ou vous a-t-on envoyé chercher? — Dites-moi la vérité, allons. Je le sais, le bon roi et la bonne reine — vous ont envoyé chercher. Il y a une sorte d'aveu dans vos yeux. — Allons, je le sais, on vous a envoyé chercher.

GILDERSTONE.

Que dites-vous?

HAMLET.

Oh! je vois bien de quel côté est le vent. — Allons, on vous a envoyé chercher.

ROSSENCRAFT.

C'est vrai, monseigneur, et nous voudrions, s'il est possible, — connaître la cause et l'objet de votre mécontentement.

HAMLET.

Eh bien! je veux de l'avancement.

ROSSENCRAFT.

Je ne le crois pas, monseigneur.

HAMLET.

Si, ma foi! Ce grand univers que vous voyez ne me satisfait pas, — non, ni les cieux pailletés, ni la terre, ni la mer, — non, l'homme, cette glorieuse créature, — ne me satisfait pas, ni la femme non plus, quoique vous riiez.

GILDERSTONE.

Monseigneur, nous ne rions pas de cela.

HAMLET.

Pourquoi donc avez-vous ri, — quand j'ai dit que l'homme ne me satisfait pas?

GILDERSTONE.

Monseigneur, nous avons ri quand vous avez dit que l'homme ne vous satisfait pas; — car quel accueil ferez-vous aux comédiens — que nous avons abordés en route et qui viennent pour vous?

HAMLET.

Des comédiens? Quels sont ces comédiens?

ROSSENCRAFT.

Monseigneur, ce sont les tragédiens de la Cité, ceux que vous avez été si souvent charmé de voir.

HAMLET.

Comment se fait-il qu'ils deviennent ambulants? Est-ce qu'ils commencent à se rouiller?

GILDERSTONE.

Non, monseigneur, leur réputation reste à la même hauteur.

HAMLET.

Comment cela se fait-il alors?

GILDERSTONE.

Ma foi, monseigneur, c'est la nouveauté qui l'emporte; — car le public qui d'habitude allait les voir, — a pris en goût les représentations particulières — et les plaisanteries des enfants.

HAMLET.

Je ne m'étonne pas grandement de cela. — Tenez, ceux qui auraient fait la grimace — à mon oncle, du vivant de mon père, — donnent maintenant cent, deux cents livres — pour son portrait. Ces acteurs seront les bienvenus : — celui qui joue le roi recevra tribut de moi; — le chevalier errant aura le fleuret et l'écu; — l'amoureux soupirera gratis, — le bouffon fera rire ceux — que leur poumon chatouille, dût le vers blanc en être estropié; — et la princesse exprimera librement sa passion.

Les trompettes sonnent.

Entre CORAMBIS.

Voyez-vous là-bas ce grand bambin? — il n'est pas encore hors de ses langes.

GILDERSTONE.

C'est possible, car on dit qu'un vieillard — est enfant pour la seconde fois.

HAMLET.

Je vous prédis qu'il vient pour me parler des comédiens. — Vous avez raison, c'était effectivement lundi dernier.....

CORAMBIS.

Monseigneur, j'ai une nouvelle à vous apprendre.

HAMLET.

Monseigneur, j'ai une nouvelle à vous apprendre. — Du temps que Roscius était acteur à Rome...

CORAMBIS.

Les acteurs viennent d'arriver ici, monseigneur.

HAMLET.

Bah! bah!

CORAMBIS.

Ce sont les meilleurs acteurs de la chrétienté — pour la comédie, la tragédie, le drame historique, la pastorale, — la pastorale historique, la comédie historique, — la pastorale comico-historique, la tragédie historique. — Sénèque ne peut leur être trop lourd, ni Platon trop léger. — Pour les règles écrites ils n'ont pas leurs pareils.

HAMLET.

O Jephté, juge d'Israël,

Quel trésor tu avais!

CORAMBIS.

Eh bien! quel trésor avait-il, monseigneur?

HAMLET.

Eh bien!

Une fille unique charmante
Qu'il aimait passionnément.

CORAMBIS.

Toujours à rabâcher de ma fille! Bien, monseigneur, — si vous m'appelez Jephté, c'est que j'ai une fille que —j'aime passionnément.

HAMLET.

Non, cela ne s'ensuit pas.

CORAMBIS.

Qu'est-ce donc qui s'ensuit, monseigneur?

HAMLET.

Eh bien! — *mais, par hasard, Dieu sait pourquoi,* — ou *il — arriva comme c'était probable....* — Les premiers vers de cette excellente ballade — vous apprendront tout ; mais, regardez, voici qui me fait abréger.

Entrent les COMÉDIENS.

Soyez les bienvenus, mes maîtres, bienvenus tous. — Eh quoi! mon vieil ami! comme ta figure s'est aguerrie — depuis que je ne t'ai vu ; viens-tu en Danemark pour me faire la barbe? — Ma jeune dame, ma princesse! Par notre Dame! — votre grâce a grandi de toute la hauteur d'un sabot vénitien. — Priez Dieu, monsieur, que votre voix, comme une pièce d'or — qui n'a plus cours, ne se fêle pas dans le cercle de votre gosier. — Allons mes maîtres! Vite à la besogne, comme les fauconniers français, — et élançons-nous après la première chose venue. Allons, — un échantillon de votre talent. Une tirade! une tirade passionnée!

LES COMÉDIENS.

Quelle tirade, mon bon seigneur?

HAMLET, à l'un d'eux.

Je t'ai entendu un jour déclamer une tirade — qui n'a jamais été dite sur la scène, ou dans tous les cas, — ne l'a été que deux fois. Car la pièce, je m'en souviens, — ne plaisait pas au vulgaire ; c'était du *caviar* — pour la foule; mais pour moi — et pour d'autres qui partageaient mon opinion, — pour les bons juges, il n'y avait qu'un cri, c'était une excellente pièce, — écrite avec autant de réserve que de talent. On disait qu'il n'y avait pas assez d'épices dans les vers pour lui donner saveur, — mais on la trouvait d'un goût honnête, aussi saine que suave. — Tenez, je me souviens surtout d'un passage, — c'était le récit d'Énée à Didon, — spécialement l'endroit où il parle du meurtre de Priam. — Si ce morceau vit dans ta mémoire.... — Voyons.... — *Pyrrhus, hérissé comme la bête d'Hyrcanie.* — Ce n'est pas cela; cela commence par Pyrrhus... — Oh! j'y suis!

Le hérissé Pyrrhus avait une armure de sable
Qui, noire comme ses desseins, ressemblait à la nuit,
Quant il était couché dans le cheval sinistre.
Mais maintenant son physique affreux et noir est barbouillé
D'un blason plus effrayant; des pieds à la tête
Il est tout gueules; il est horriblement coloré
Du sang des mères, des pères, des filles et des fils,
Desséché et cuit sur lui en caillot coagulé.
Rôti par la colère et le feu, il cherche l'ancêtre Priam...

— Va, maintenant!

CORAMBIS.

Par Dieu! monseigneur, voilà qui est bien dit : bon accent!

LE COMÉDIEN.

Bientôt il le trouve lançant sur les Grecs des coups trop courts;
Son antique épée, rebelle à son bras,
Reste où elle tombe, incapable de combattre.
Pyrrhus pousse à Priam; mais dans sa rage,
Il frappe à côté; mais le sifflement et le vent
De sa cruelle épée font tomber l'aïeul énervé...

CORAMBIS.

Assez, mon ami, c'est trop long.

HAMLET.

Nous l'enverrons chez le barbier avec votre barbe. —

Peste soit de lui ! il lui faut une gigue ou une histoire de mauvais lieu, — sinon il s'endort. Allons ! arrive à Hécube:

LE COMÉDIEN.

Mais celui, oh ! celui qui eût vu la reine emmitouflée...

CORAMBIS.

La reine emmitouflée est bien, très-bien, ma foi !

LE COMÉDIEN.

Se lever dans l'alarme et dans la crainte de la mort,
Ayant une couverture sur ses reins faibles et par trop fécondés,
Et un mouchoir sur cette tête où était naguère un diadème,
Celui qui eût vu cela eût, dans une apostrophe envenimée,
Crié à la trahison ;
Car si les dieux eux-mêmes l'avaient vue alors
Qu'elle voyait Pyrrhus occupé par des coups malicieux
A émincer les membres de son époux,
Cela eût trait les larmes des yeux brûlants du ciel;
Et la passion des dieux.

CORAMBIS.

Voyez donc, monseigneur, s'il n'a pas changé de couleur ! — il a des larmes dans les yeux. Assez, brave cœur, assez !

HAMLET.

C'est bien, c'est très-bien. — De grâce, monseigneur, — veillez à ce que ces comédiens soient bien traités ; — je vous le dis, ils sont la chronique, le résumé des temps. — Mieux vaudrait pour vous, je vous assure, — une méchante épitaphe après votre mort — que leur blâme pendant votre vie.

CORAMBIS.

Monseigneur, je les traiterai conformément à leurs mérites.

HAMLET.

Oh ! beaucoup mieux, l'ami ! Traitez chacun d'après son mérite, — qui donc échappera aux étrivières ? —

Traitez-les conformément à votre propre rang, à votre dignité. — Moins vos égards sont mérités, plus ils vous font honneur.

CORAMBIS.

Vous êtes les bienvenus, mes braves enfants.

Il sort.

HAMLET.

Approchez, mes maîtres. Ne pourriez-vous pas jouer le *Meurtre de Gonzague?*

LES COMÉDIENS.

Si, monseigneur,

HAMLET.

Et ne pourrais-tu pas, toi, au besoin, m'étudier — douze ou quinze vers — que j'écrirais et que j'intercalerais?

LE COMÉDIEN.

Oui, très-facilement, mon bon seigneur.

HAMLET.

C'est bien, merci... Suivez ce seigneur, — et, vous m'entendez, messieurs, ayez soin de ne pas vous moquer de lui... — Messieurs, je vous remercie de votre obligeance, — je voudrais être seul un moment.

GILDERSTONE.

Notre affection et nos services sont à vos ordres.

Tous sortent, excepté Hamlet.

HAMLET.

Ah! niais de basse-cour, rustre que je suis! — Quoi! voici un comédien qui vous arrache les larmes des yeux, — pour Hécube! Que lui est Hécube et qu'est-il à Hécube? — Que ferait-il donc, s'il avait perdu ce que j'ai perdu, — s'il avait eu son père assassiné, sa couronne volée? — il changerait toutes ses larmes en gouttes de sang, — il étourdirait les assistants de ses lamentations, — il frapperait de stupeur les oreilles judicieuses, — confondrait les ignorants, rendrait muets les sages, — et ferait partager par tous sa passion. — Et moi, pourtant, espèce d'âne et de Jeannot rêveur, — moi dont le père a été égorgé par un scélérat, — je me tiens tranquille et je laisse passer cela. Ah! lâche que je suis! — qui veut me tirer par la barbe ou me tordre le nez, — me jeter un démenti par la gorge en pleine poitrine? Pour sûr, je garderais la chose. Il faut que je n'aie pas de fiel! — autrement, j'aurais engraissé tous les milans du ciel — avec les entrailles de ce drôle! Damné scélérat! — traître! luxurieux! meurtrier scélérat! — Oui-dà, il est brave à moi, le fils de ce père chéri, — de me borner, comme une coureuse, comme un marmiton, — à ces invectives!... En campagne, ma cervelle! — J'ai entendu dire que des créatures coupables, assistant à une pièce de théâtre, — ont été amenées par l'action seule de la scène — à avouer un meurtre commis longtemps auparavant. — L'esprit que j'ai vu pourrait bien être le démon : — et peut-être, abusant de ma faiblesse et de ma mélancolie, — grâce au pouvoir qu'il a sur des hommes comme moi, — cherche-t-il à me damner. Je veux avoir des preuves plus fortes. — Cette pièce est la chose — où j'attrapperai la conscience du roi.

Il sort.

SCÈNE VIII

[Une autre salle dans le château.]

Entrent le Roi, la Reine et les Seigneurs.

LE ROI.

Seigneurs, vous ne pouvez donc, par aucun moyen, trouver — la cause de la démence de notre fils Hamlet? — Vous que l'affection rapproche de lui depuis sa jeunesse, — vous devriez, ce me semble, obtenir plus qu'un étranger.

GILDERSTONE.

Monseigneur, nous avons fait de notre mieux — pour arracher de lui la cause de toute sa douleur, — mais il nous tient toujours à l'écart, et il n'y a pas moyen — de lui faire répondre à ce que nous lui expliquons.

ROSSENCRAFT.

Cependant, il était un peu plus disposé à la gaieté — quand nous l'avons laissé, et il a, je crois, — donné l'ordre de jouer ce soir une pièce — pour laquelle il implore la présence de votre altesse.

LE ROI.

De tout notre cœur. Nous en sommes enchanté ; — messieurs, cherchez encore à accroître sa gaieté ; — n'épargnez pas la dépense, nos coffres vous seront ouverts, — et nous vous serons toujours reconnaissant.

ROSSENCRAFT ET GILDERSTONE.

Soyez sûr que vous serez obéi en tout ce que nous pourrons.

LA REINE.

Merci, messieurs, et ce que la reine de Danemark — peut pour vous être agréable, sera fait, soyez-en sûrs.

GILDERSTONE.

Nous retournons près du noble prince.

LE ROI.

Merci à vous deux. Gertrude, vous verrez cette pièce ?

Gilderstone et Rossencraft sortent.

LA REINE.

Oui, monseigneur, et j'ai la joie dans l'âme — de le voir en humeur de s'égayer.

CORAMBIS.

Madame, laissez-vous, de grâce, diriger par moi. — Mon bon souverain, permettez-moi de le dire, — nous ne pouvons pas découvrir la véritable cause — de son dérangement. En conséquence, — j'ai trouvé une bonne idée, si elle vous convient ; — sinon, elle n'est pas bonne. La voici.

LE ROI.

Qu'est-ce, Corambis ?

CORAMBIS.

Pardieu ! voici, monseigneur. Après le spectacle, — que madame l'envoie vite chercher pour lui parler, — et moi, je me tiendrai derrière la tapisserie. — Là, qu'elle lui demande la cause de toute sa douleur, — et alors l'amour filial lui fera tout dire. — Monseigneur, que pensez-vous de ça ?

LE ROI.

Cela ne nous déplaît pas. Gertrude, qu'en dites-vous ?

LA REINE.

Très-volontiers. Je l'enverrai chercher aussitôt.

CORAMBIS.

Et moi-même je serai cet heureux messager. — J'espère qu'il lui révélera son mal.

Tous sortent.

SCÈNE IX

[La grand'salle du château.]

Entrent HAMLET et les COMÉDIENS.

HAMLET.

Prononcez-moi cette tirade, légèrement, — comme je vous l'ai appris; morbleu ! ne la braillez pas, comme font beaucoup de vos acteurs. — J'aimerais mieux entendre un taureau mugir mes vers — qu'un de ces gens-là les déclamer. — Ne sciez pas l'air ainsi avec votre bras, —

mais donnez à toute chose son geste avec sobriété. —
Oh! cela me blesse jusque dans l'âme — d'entendre un
robuste gaillard en perruque — mettre une passion en
lambeaux, voire en haillons, — et fendre les oreilles des
ignorants qui, généralement, — n'aiment que les pantomimes et les bruits. — Je voudrais faire fouetter ce gaillard-là — qui charge ainsi les matamores, et outrehérode Hérode.

LES COMÉDIENS.

Monseigneur, nous avons réformé cela passablement.

HAMLET.

Le plus sera le mieux. Réformez cela tout à fait. —
Oh! j'ai vu jouer des acteurs, — j'en ai entendu vanter
hautement — qui n'avaient la tournure ni d'un chrétien,
ni d'un païen, — ni d'un Turc. Ils s'enflaient et hurlaient de telle façon — que vous les auriez crus enfantés
par des journaliers de la nature, — qui, voulant faire des
hommes, les avaient manqués, — et avaient produit une
abominable contrefaçon de l'humanité. — Ayez soin d'éviter cela.

LES COMÉDIENS.

Nous vous le promettons, monseigneur.

HAMLET.

Et entendez-vous? Que votre clown — ne dise rien en
dehors de son rôle. Car il en est, je puis vous le dire, —
qui se mettent à rire d'eux-mêmes pour faire rire —
avec eux un certain nombre de spectateurs stupides,
au moment même où il faudrait observer — quelque
point essentiel de la pièce. Oh! cela est ignoble, cela
montre — une ambition pitoyable chez le bouffon dont
c'est l'usage. — Et puis il en est d'autres qui s'en tiennent au même choix — de plaisanteries, comme des gens
qui porteraient toujours le même choix — de vêtements,
et dont des spectateurs citent à table — les bons mots,

avant de venir au théâtre. Et quels bons mots! — « Ne pouvez-vous attendre que j'aie pris mon potage? » — Ou bien : « Vous me devez trois mois de gages! » Ou « Mon habit a besoin d'une pièce! » — Ou : « Votre bière est sure! » Bavardage des livres — qui s'en tient toujours aux mêmes facéties ; — car Dieu le sait, un clown en train ne fait une plaisanterie nouvelle — que par hasard, comme un aveugle attrape un lièvre. Dites cela au vôtre, mes maîtres.

LES COMÉDIENS.

Oui, monseigneur.

HAMLET.

C'est bien. Allez vous préparer.

Sortent les comédiens.

Entre HORATIO.

HORATIO.

Me voici, monseigneur.

HAMLET.

Entre tous ceux avec qui j'ai été en rapport, — Horatio, tu es par excellence l'homme juste.

HORATIO.

Oh! monseigneur!

HAMLET.

Allons! pourquoi te flatterais-je? — A quoi bon flatter le pauvre? — quel gain puis-je faire en te flattant, — toi qui n'as rien que ton bon caractère? — Que la flatterie soit sur les langues complaisantes, — et carresse ceux qui aiment à entendre leur éloge. — Elle n'est pas faite pour toi, Horatio. — On joue ce soir une pièce dont une scène — rappelle beaucoup le meurtre de mon père. — Quand tu verras cet acte-là en train, — fais attention au roi, observe constamment ses traits ; — quant à moi, je riverai mes yeux à son visage ; — et s'il ne pâlit pas, s'il ne change pas, alors, — ce que nous avons vu n'est qu'un spectre infernal. — Horatio, prends bien garde, observe-le bien.

HORATIO.

Monseigneur, mes regards seront constamment sur sa face; — et pas une altération, si légère qu'elle soit, — ne paraîtra en lui, sans que je la remarque.

HAMLET.

Écoute! Ils viennent.

Entrent le Roi, la Reine, Corambis et autres Seigneurs.

LE ROI.

Eh bien! fils Hamlet, comment vous portez-vous? Aurons nous une comédie?...

HAMLET.

Je vis du plat du caméléon : ce n'est pas du chapon farci, — c'est de l'air que je mange. — Oui, père... monseigneur, vous jouâtes à l'Université?

CORAMBIS.

Oui, monseigneur, et je passais pour bon acteur.

HAMLET.

Et que jouâtes-vous là?

CORAMBIS.

Monseigneur, je jouai Jules César, je fus tué — au Capitole; Brutus me tua.

HAMLET.

C'était un acte de brute — de tuer un veau si capital. — Allons! les acteurs sont-ils prêts?

LA REINE.

Hamlet! venez vous asseoir près de moi.

HAMLET.

Non, ma foi! mère. — Voici un métal plus attractif. — Madame, voulez-vous me permettre — de mettre ma tête entre vos genoux?

OFÉLIA.

Non, monseigneur.

HAMLET.

Sur vos genoux! Pensez-vous que j'eusse dans l'idée des choses inconvenantes?

Entrent dans une pantomime le Roi et la Reine. Le roi s'assied au pied d'un arbre: la reine le quitte. Alors entre Lucianus avec du poison dans une fiole; il la vide dans l'oreille du roi, et s'en va. Alors la reine arrive et le trouve mort, puis va rejoindre l'autre.

OFÉLIA.

Que veut dire ceci, monseigneur?

HAMLET.

C'est une embûche ténébreuse qui veut dire crime.

OFÉLIA.

Qu'est-ce que cela veut dire, monseigneur?

Entre le Prologue.

HAMLET.

Vous allez le savoir, ce gaillard-là va tout vous dire.

OFÉLIA.

Nous dira-t-il ce que signifie cette pantomime?

HAMLET.

Oui, et toutes les pantomimes que vous lui ferez voir. — Montrez-lui sans scrupule n'importe laquelle, il vous l'expliquera sans scrupule. — Oh! ces comédiens ne peuvent garder un secret; ils diront tout.

LE PROLOGUE.

Pour nous et pour notre tragédie,
Ici inclinés devant votre clémence,
Nous demandons une attention patiente.

HAMLET.

Est-ce un prologue ou une devise pour une bague?

OFÉLIA.

C'est court, monseigneur.

HAMLET.

Comme l'amour d'une femme.

Entrent, sur le second théâtre, le Duc et la Duchesse.

LE DUC.

Quarante années se sont écoulées, dates évanouies,
Depuis l'heureux moment qui a réuni nos deux cœurs en un seul.
Et maintenant le sang qui remplissait mes jeunes veines
Coule faiblement dans ses tuyaux; et tous les chants
De la musique qui jadis charmaient mon oreille,
Sont maintenant un refrain que l'âge ne peut plus supporter.
Aussi, ma bien-aimée, la nature doit-elle payer sa dette :
Il faut que j'aille au ciel et te laisse sur la terre.

LA DUCHESSE.

Oh! ne dites pas cela, si vous ne voulez pas me frapper au cœur
Quand la mort vous emportera, puisse la vie me quitter!

LE DUC.

Résigne-toi; quand mon existence sera finie,
Tu pourras peut-être trouver un compagnon plus noble,
Plus sage, plus jeune, un.....

LA DUCHESSE.

Oh! tais-toi! Alors je serais maudite.
Nulle n'épouse un second mari sans tuer le premier.
Je donne une seconde fois la mort à mon seigneur,
Quand un second époux m'embrasse dans mon lit.

HAMLET.

Oh! absinthe! absinthe!

LE DUC.

Je crois que vous pensez ce que vous dites-là;
Mais on brise souvent une détermination,
Car nos projets sont toujours renversés;
Nos pensées sont nôtres, mais leur fin, non pas!

Ainsi vous croyez ne jamais prendre un second mari,
Mais meure ton premier maître, tes idées mourront avec lui!

LA DUCHESSE.

Qu'en ce monde et dans l'autre une éternelle adversité me poursuive
Si, une fois veuve, je redeviens épouse!

HAMLET.

Si maintenant elle rompt cet engagement-là!

LE DUC.

Voilà un serment profond. Chère, laisse-moi un moment;
Ma tête s'appesantit, et je tromperais volontiers les ennuis
Du jour par le sommeil.

LA DUCHESSE.

Que le sommeil berce ton cerveau,
Et que jamais le malheur ne se mette entre nous deux!

Sort la Duchesse.

HAMLET.

Madame, comment trouvez-vous cette pièce?

LA REINE.

La dame fait trop de protestations.

HAMLET.

Oh! pourvu qu'elle tienne parole!.

LE ROI.

Connaissez-vous le sujet de la pièce? Tout y est-il inoffensif?

HAMLET.

Rien que d'inoffensif. Du poison pour rire! du poison pour rire!

LE ROI.

Quel est le nom de la pièce?

HAMLET.

La Souricière. Comment? pardieu! au figuré. Cette pièce est — le tableau d'un meurtre commis en Guyane. Le duc — s'appelle Albertus; sa femme, Baptista. —

Père, c'est une œuvre perfide. Mais qu'importe ? — Cela ne nous touche pas ; vous et moi, nous avons — la conscience libre. Que les rosses que ça écorche ruent !... Celui-ci est un certain — Lucianus, neveu du roi.

OFÉLIA.

Vous remplacez parfaitement le chœur, monseigneur.

HAMLET.

Je pourrais expliquer comment vous faites l'amour, — si je voyais remuer vos marionnettes.

OFÉLIA.

Vous êtes très-plaisant, monseigneur.

HAMLET.

Qui ? moi ! je ne suis que votre baladin. Qu'a un homme de mieux à faire que d'être gai ? Tenez, voyez comme ma mère a l'air joyeux, il n'y a que deux heures que mon père est mort.

OFÉLIA.

Non, il y a deux fois deux mois, monseigneur.

HAMLET.

Deux mois ! Oh ! alors, que le diable se mette en noir ; — moi, je veux porter la plus éclatante zibeline. Jésus ! mort — depuis deux mois, et pas encore oublié ! Alors il y a quelque — chance que la mémoire d'un gentilhomme lui survive. — Mais, par ma foi, il faut qu'il bâtisse force églises, — sans quoi il méritera la vieille épitaphe : — « Hélas ! hélas ! le cheval de bois est oublié. »

OFÉLIA.

Vos plaisanteries sont piquantes, monseigneur.

HAMLET.

Il ne vous en coûterait qu'un cri pour qu'elles fussent émoussées.

OFÉLIA.

De mieux en pire.

HAMLET.

C'est comme cela qu'il vous faut un mari. — Commence, meurtrier, commence! Morbleu! laisse là tes pitoyables grimaces — et allons! Le corbeau croasse : vengeance!

LE MEURTRIER, sur le second théâtre.

Noires pensées, bras dispos, drogue prête, heure favorable.
L'occasion complice; pas une créature qui regarde.
Mixture infecte, extraite de ronces arrachées à minuit,
Trois fois flétrie, trois fois empoisonnée par l'imprécation d'Hécate,
Que ta magique puissance, que tes propriétés terribles
Chassent immédiatement la santé et la vie.

Il sort.

HAMLET.

Il l'empoisonne pour lui prendre ses États.

LE ROI.

Des lumières! Je vais au lit.

CORAMBIS.

Le roi se lève. Des lumières, holà!

Sortent le Roi et les Seigneurs.

HAMLET.

Quoi, effrayé par des feux follets! — Allons!

> Que le daim blessé fuie et pleure,
> Le cerf épargné folâtre;
> Les uns doivent rire et les autres pleurer:
> Ainsi va le monde.

HORATIO.

Le roi est ému, monseigneur.

HAMLET.

Oui, Horatio; je tiendrais sur la parole du fantôme — plus d'or qu'il n'y en a dans tout le Danemark.

Entrent Rossencraft et Gilderstone.

ROSSENCRAFT.

Eh bien! monseigneur, comment vous trouvez-vous?

SCÈNE IX.

HAMLET.

Et si le roi n'aime pas la tragédie,
C'est sans doute qu'il ne l'aime pas, pardi !

ROSSENCRAFT.

Nous sommes enchantés de voir votre grâce aussi gaie. — Mon bon seigneur, laissez-nous vous conjurer encore — de nous faire connaître la cause de votre trouble.

GILDERSTONE.

Monseigneur, votre mère vous supplie de venir lui parler.

HAMLET.

Nous lui obéirons, fût-elle dix fois notre mère.

ROSSENCRAFT.

Mon bon seigneur, parviendrai-je à vous décider ?

HAMLET.

De grâce, voulez-vous jouer de cette flûte ?

GILDERSTONE.

Hélas ! monseigneur; je ne sais pas.

HAMLET.

Je vous en prie, voulez-vous ?

GILDERSTONE.

Je n'ai pas ce talent, monseigneur.

HAMLET.

Eh bien ! voyez, ce n'est rien. — Il n'y a qu'à boucher ces trous, — et avec un léger souffle de vos lèvres, — cela fera une musique très-délicate.

GILDERSTONE.

Mais nous ne savons pas le faire, monseigneur.

HAMLET.

Je vous en prie, je vous en prie instamment, je vous en supplie.

ROSSENCRAFT.

Monseigneur, nous ne savons pas le faire.

HAMLET.

Eh bien! quel peu de cas faites-vous donc de moi? — Vous voulez avoir l'air de connaître mes trous; vous voulez jouer de moi; — vous voulez fouiller le fond de mon cœur, — et plonger dans le secret de mon âme. — Morbleu! croyez-vous qu'il soit plus aisé de jouer — de moi que d'une flûte? Prenez-moi pour l'instrument — que vous voudrez, vous pourrez bien me froisser, mais vous ne saurez jamais — jouer de moi. Et puis, être questionné par une éponge!

ROSSENCRAFT.

Comment? une éponge, monseigneur?

HAMLET.

Oui, monsieur, une éponge [1] qui absorbe les grâces, — les faveurs, les récompenses du roi, lequel fait — de vous le magasin de ses libéralités. Mais des gens comme vous — finissent par rendre au roi le plus grand service. — Il vous garde, comme un singe garde des noisettes, — dans un coin de sa mâchoire. Il vous mâche d'abord — et vous avale ensuite. Aussi, quand il aura besoin — de vous, il n'aura qu'à vous presser, — éponges, et vous redeviendrez à sec.

ROSSENCRAFT.

Bien, monseigneur. Nous prenons congé de vous.

HAMLET.

Adieu, adieu! Dieu vous bénisse.

Sortent Rossencraft et Gilderstone.

---

[1] Le passage où Hamlet compare les courtisans à des éponges a été transposé dans le *second Hamlet*. Il se retrouve là à la fin de la scène XIII, après le meurtre de Polonius, quand Rosencrantz et Guildenstern viennent demander à Hamlet où il a caché le cadavre. Cette transposition montre le goût exquis du correcteur qui n'a pas voulu que la comparaison entre les courtisans et des éponges suivît immédiatement le rapprochement entre Hamlet et une flûte.

SCÈNE IX.

Entre CORAMBIS.

CORAMBIS.

Monseigneur, la reine voudrait vous parler.

HAMLET.

Voyez-vous ce nuage là-bas en forme de chameau?

CORAMBIS.

On dirait que c'est un chameau, vraiment.

HAMLET.

Eh bien! je le prendrais pour une belette.

CORAMBIS.

Oui, il est tourné comme une belette.

HAMLET.

Ou comme une baleine.

CORAMBIS.

Tout à fait comme une baleine.

Sort Corambis.

HAMLET.

Eh bien! dites à ma mère que j'y vais tout à l'heure. — Bonne nuit, Horatio.

HORATIO.

Bonne nuit à votre seigneurie.

Sort Horatio.

HAMLET.

Ma mère! Elle m'a envoyé chercher. — O Dieu! que jamais le cœur de Néron n'entre — dans cette douce poitrine! — Soyons inflexible, mais non dénaturé. — J'aurai des poignards dans la voix, mais, quand j'aurai épuisé les paroles acérées, — mon âme ne consentira jamais à frapper ma mère.

Il sort.

SCÈNE X [1]

[Une chambre dans le château.]

Entre le ROI.

LE ROI.

Oh! si ces larmes qui tombent sur ma face — pouvaient laver ma conscience du crime! — Quand je lève les yeux au ciel, j'y vois ma faute. — La terre crie à mon forfait : — Paie-moi le meurtre du roi ton frère — et l'adultère que tu as commis. — Oh! ce sont des péchés impardonnables. — Ah! dites! quand mes péchés seraient plus noirs que le jais, — la contrition pourrait encore les rendre blancs comme la neige. — Mais, si je persévère dans le péché, — ce sera un acte de révolte contre l'universelle puissance. — Courbe-toi, malheureux, plie-toi à la prière, — demande grâce au ciel pour échapper au désespoir.

Il s'agenouille.

Entre HAMLET.

HAMLET.

Oui, c'est cela, approche et achève ton œuvre. — Ainsi, il meurt et je suis vengé. — Non pas ainsi. Il a surpris mon père endormi, gorgé de péchés; — et qui sait, hormis les puissances immortelles, — comment son âme s'est présentée dans l'empire des cieux? — Et moi, tuerai-je celui-ci, maintenant, — au moment où il purifie

---

[1] Dans le *second Hamlet*, la scène x commence par un entretien entre le roi et ses deux confidents, Rosencrantz et Guildenstern, où ceux-ci reçoivent la mission de conduire Hamlet en Angleterre. Cet entretien ne se trouve pas dans le *premier Hamlet*.

son âme? — Lui ouvrir le chemin du ciel, c'est un bienfait — et non une vengeance. Non, qu'il se relève! — Quand il sera en train de jouer, de jurer, — de faire une orgie, de boire, de se soûler, — ou dans les plaisirs incestueux de son lit, — ou occupé d'une action qui n'ait pas même — l'arrière-goût du salut, alors, culbutons-le, — de façon que ses talons ruent contre le ciel, — et qu'il tombe aussi bas que l'enfer. Ma mère m'attend. — Ce remède-là ne fait que prolonger ton agonie.

Sort Hamlet.

LE ROI.
Mes paroles s'envolent; mes péchés restent en bas. — Nul roi n'est en sûreté sur terre, s'il a Dieu pour ennemi.

Sort le Roi.

SCÈNE XI

[La chambre de la reine.]

Entrent la REINE et CORAMBIS.

CORAMBIS.
Madame, j'entends venir le jeune Hamlet; — je vais me cacher derrière la tapisserie.

LA REINE.
Faites, monseigneur.

Sort Corambis.

Entre HAMLET.

HAMLET.
Mère! mère! Oh! où êtes-vous? — qu'avez-vous, mère?

LA REINE.
Qu'avez-vous?

HAMLET.

Je vous le dirai, mais d'abord prenons bien nos précautions.

LA REINE.

Hamlet, tu as gravement offensé ton père.

HAMLET.

Mère, vous avez gravement offensé mon père.

LA REINE.

Comment, enfant?

HAMLET.

Comment, mère? Venez ici, asseyez-vous, car vous m'entendrez parler.

LA REINE.

Que veux-tu faire? veux-tu pas m'assassiner? — Au secours, holà!

CORAMBIS.

Au secours!

HAMLET.

Ah! un rat!

Il frappe dans la tapisserie et tue Corambis.

Un ducat qu'il est mort! — Impudent! indiscret imbécile!-adieu! — je t'ai pris pour un plus grand que toi.

LA REINE.

Hamlet, qu'as-tu fait?

HAMLET.

Quelque chose de moins coupable, bonne mère, — que de tuer un roi et d'épouser son frère.

LA REINE.

Comment? De tuer un roi!

HAMLET.

Oui, un roi. Ça, asseyez-vous, et avant que vous partiez, — si vous n'êtes pas faite d'étoffe impénétrable, —

SCÈNE XI.

je vous ferai regarder dans votre cœur, — et voir comme il est noir et horrible.

LA REINE.

Hamlet! que veux-tu dire par ces mots meurtriers?

HAMLET.

Eh bien! je veux dire ceci. Tenez, examinez cette peinture : — c'est le portrait de votre défunt mari. — Voyez cette face qui efface celle même de Mars, — cet œil qui faisait trembler l'ennemi, — ce front où sont inscrites toutes les vertus — propres à orner un roi et à dorer une couronne. — En lui [1] le dévouement marchait la main dans la main — avec la foi conjugale! Et il est mort! — assassiné, odieusement assassiné. C'était votre mari! — Regardez ici maintenant : c'est votre mari! — Un visage comme Vulcain [2], — le regard du meurtre et du viol, — un regard baissé et funèbre; des yeux de démon, — faits pour effrayer les enfants et étonner le monde! — Et vous avez quitté celui-là pour prendre celui-ci. — Quel diable vous a ainsi attrapée à colin-maillard? — Ah! vous avez des yeux, et vous pouvez regarder celui — qui a tué mon père, votre cher mari, — et vivre dans les plaisirs incestueux de son lit!

LA REINE.

O Hamlet! ne parle plus!

---

[1] Cette belle image se retrouve dans le *second Hamlet*, à la scène v. Au moment où le roi devenu spectre raconte à Hamlet, sur la plate-forme d'Elseneur, comment il a été empoisonné, il lui dit :

« O Hamlet! quelle chute! De moi *en qui l'amour, toujours digne, mar-
» chait la main dans la main, avec la foi conjugale,* descendre à ce misé-
» rable! »

[2] En révisant son œuvre, Shakespeare a bien fait de supprimer cette comparaison. Après avoir comparé le défunt roi à Mars, il n'était pas juste que Hamlet comparât le roi usurpateur à Vulcain; car si, dans sa rivalité avec Mars, Vulcain avait la laideur contre lui, il avait du moins la légitimité pour lui.

HAMLET.

Quitter celui qui portait l'âme d'un monarque — pour un roi de tréteau et de chiffons!

LA REINE.

Cesse, mon doux Hamlet!

HAMLET.

Et tout cela pour mener une vie continuelle de péché, — pour suer sous le joug de l'infamie, — pour avoir une postérité de honte et sceller la damnation.

LA REINE.

Hamlet, assez!

HAMLET.

Ah! le désir chez vous bat la campagne, — votre sang a des retours de jeunesse. — Qui blâmera dans un cœur de vierge l'ardeur du sang, — lorsque la luxure remplit ainsi le sein d'une matrone?

LA REINE.

Hamlet, tu me brises le cœur en deux.

HAMLET.

Oh! rejetez-en la mauvaise moitié, — et gardez la bonne.

Entre le Spectre *dans sa robe de nuit* [1].

Sauvez-moi! sauvez-moi, vous, gracieuses — puissances de là-haut, et couvrez-moi — de vos ailes célestes! — Ne venez-vous pas gronder votre fils tardif — d'avoir différé si longtemps la vengeance? — Oh! ne m'éclairez pas de ces regards douloureux, — de peur que mon cœur de pierre ne cède à la compassion — et que toutes les parties de mon être qui doivent aider à la vengeance — ne perdent leur force et ne succombent à la pitié.

LE SPECTRE.

Hamlet! Je t'apparais encore une fois — pour te rap-

---

[1] Cette indication curieuse a été supprimée dans l'œuvre définitive.

SCÈNE XI.

peler ma mort. — Ne diffère pas, n'attends pas plus longtemps. — Mais j'aperçois que tes regards effarés — épouvantent ta mère, et qu'elle reste interdite. — Parle-lui, Hamlet, car elle est d'un sexe faible, — console ta mère, Hamlet, pense à moi.

HAMLET.

Qu'avez-vous, madame ?

LA REINE.

Non, qu'avez-vous, vous-même ? — Pourquoi vos yeux sont-ils fixés dans le vide, — et échangez-vous des paroles avec ce qui n'est que de l'air ?

HAMLET.

Comment ! vous n'entendez rien ?

LA REINE.

Non.

HAMLET.

Et vous ne voyez rien ?

LA REINE.

Non plus.

HAMLET.

Non ? tenez, regardez le roi mon père, mon père vêtu comme — de son vivant. Regardez comme il est pâle ! — Tenez ! le voilà qui glisse hors du portail ! — regardez, il s'en va.

Sort le Spectre.

LA REINE.

Hélas ! c'est la faiblesse de ton cerveau — qui fait que ta langue décrit le chagrin de ton cœur ; — mais, aussi vrai que j'ai une âme, je jure par le ciel — que je n'ai jamais rien su de cet horrible meurtre : — Hamlet, ceci n'est que de l'imagination ; — par amour pour moi, oublie ces vaines visions.

HAMLET.

Vaines ! non, ma mère ; mon pouls bat comme le vôtre !

— ce n'est pas la folie qui possède Hamlet. — O ma mère, si vous avez jamais aimé mon père chéri, — renoncez pour cette nuit au lit adultère ; — triomphez de vous-même petit à petit, — et un jour viendra peut-être où vous n'aurez pour lui que du dégoût. — Alors, mère, aidez-moi à me venger de cet homme, — et votre infamie mourra par sa mort.

LA REINE.

Hamlet, je le jure par cette majesté — qui connaît nos pensées et voit dans nos cœurs, — je cacherai, j'accepterai, j'exécuterai de mon mieux — le stratagème, quel qu'il soit, que tu imagineras.

HAMLET.

Cela suffit. Ma mère, bonne nuit. — Allons, monsieur, je vais vous pourvoir d'un tombeau, — vous qui, vivant, étiez un drôle, si niais et si bavard.

Hamlet sort entraînant le cadavre.

SCÈNE XII

[La salle d'État dans le château.]

Entrent le Roi, la Reine et les Seigneurs.

LE ROI.

Eh bien! Gertrude, que dit notre fils? comment l'avez-vous trouvé?

LA REINE.

Hélas! Monseigneur, furieux comme la mer. — Dès qu'il est venu, j'ai commencé par lui parler nettement, — mais alors il m'a renversée et m'a secouée — comme s'il oubliait que j'étais sa mère. — A la fin, j'ai appelé au secours : à mon appel Corambis — a crié. A peine Hamlet l'a-t-il entendu qu'il a fait siffler — son épée en criant : Un rat! un rat! et, dans sa rage, — il a tué le bon vieillard.

LE ROI.

Ah! sa folie ruinera notre empire. — Seigneurs, allez le trouver et cherchez le cadavre.

GILDERSTONE.

Nous y allons, monseigneur.

Sortent les Seigneurs.

LE ROI.

Gertrude, votre fils partira sur-le-champ pour l'Angleterre. — Les préparatifs de son embarquement sont déjà faits. — Nous avons envoyé par Rossencraft et Gilderstone — à notre frère d'Angleterre nos lettres de recommandation — pour le bien-être et le bonheur d'Hamlet. — Peut-être l'air et le climat de cette contrée — lui conviendront-ils mieux que le pays natal. — Justement, le voici.

Entrent HAMLET *et les* SEIGNEURS.

GILDERSTONE.

Monseigneur, nous ne pouvons par aucun moyen — savoir de lui où est le corps [1].

LE ROI.

Eh bien! fils Hamlet, où est le corps du mort [2]?

HAMLET.

A un souper, où il ne mange pas, — mais où il est mangé : une certaine société de vers politiques — est attablée autour de lui. — Père, le roi gras et le mendiant maigre — ne sont que des services différents, deux plats pour la même table. — Un homme peut pêcher avec

---

[1] Dans le *second Hamlet*, Guildenstern et Rosencrantz demandent à Hamlet où est le corps de Polonius, dans une scène à part, la scène XIII, qui ne se trouve pas ici.

[2] Voir la scène XIV du *second Hamlet*.

un des vers — qui ont mangé d'un roi, — et un mendiant manger le poisson — que ce ver a servi à attraper.

LE ROI.

Où veux-tu en venir?

HAMLET.

A rien, père, si ce n'est à vous dire comment un roi — peut faire un voyage à travers les boyaux d'un mendiant.

LE ROI.

Mais, fils Hamlet, où est le corps?

HAMLET.

Au ciel. Si par hasard vous ne l'y rencontrez pas, — père, vous feriez bien de le chercher dans les autres régions — au-dessous, et, si vous ne l'y trouvez pas, — vous pourrez peut-être le flairer en montant dans la galerie.

LE ROI.

Qu'on aille vite le chercher là.

HAMLET.

Eh bien! entendez-vous? ne vous dépêchez par trop. — Je vous garantis qu'il attendra votre arrivée.

LE ROI.

C'est bien, fils Hamlet, nous sommes inquiets de vous. Aussi, — pour préserver votre chère santé — qui nous est aussi précieuse que la nôtre, — c'est notre intention de vous envoyer immédiatement en Angleterre. — Le vent est favorable, vous vous embarquerez ce soir. — Les seigneurs Rossencraft et Gilderstone partiront avec vous.

HAMLET.

Oh! bien volontiers. Adieu, ma mère.

LE ROI.

Et votre père qui vous aime, Hamlet?

HAMLET.

Je dis ma mère. Vous avez épousé ma mère; — ma mère

est votre femme : mari et femme, c'est même chair. — Donc, adieu, ma mère ! En Angleterre, allons !...

Tous sortent excepté le roi.

LE ROI.

Laissez-moi, Gertrude, — et faites vos adieux à Hamlet. — Une fois en Angleterre, il n'en reviendra plus : — nos lettres au roi d'Angleterre — le somment, au nom de son allégeance, — d'avoir, aussitôt la dépêche lue, — immédiatement, sans demander pourquoi, — à faire tomber la tête d'Hamlet. Cet homme doit mourir, — car il y a en lui plus de choses que n'en voit l'œil superficiel. — Lui une fois mort, eh bien ! notre empire sera délivré.

Il sort.

SCÈNE XIII [1]

[Une plaine en Danemark.]

Entre FORTINBRAS, suivi de tambours et de soldats.

FORTINBRAS.

Capitaine, allez saluer de notre part — le roi de Danemark : — dites-lui que Fortinbras, neveu du vieux Norwège, — réclame un sauf-conduit pour traverser ses terres, — conformément à la convention faite. — Vous connaissez notre rendez-vous. Allons ! en marche !

Tous sortent.

SCÈNE XIV

[La salle d'État dans le château.]

Entrent le ROI et la REINE.

LE ROI [2].

Hamlet est embarqué pour l'Angleterre. Bon voyage !

---

[1] Voir la scène xv du *second Hamlet*.
[2] La scène xvi du *second Hamlet*, qui correspond à la scène xiv du *premier Hamlet*, commence par un dialogue entre Horatio et la reine, et non par

— J'espère avoir, avant peu, de bonnes nouvelles de lui, — si toute chose s'accomplit à notre satisfaction, — comme je n'en fais pas de doute.

LA REINE.

Dieu le veuille! Cieux! veillez sur mon Hamlet. — Mais la perte douloureuse du vieux Corambis — a percé à ce point le cœur de la jeune Ofélia — que la pauvre fille a tout à fait perdu l'esprit.

LE ROI.

Hélas! cher cœur! D'un autre côté, — nous apprenons que son frère est revenu de France; — il a pour lui la moitié des cœurs de tout notre royaume, — et il n'oubliera pas facilement la mort de son père, — s'il n'est pas pacifié par quelque moyen [1].

LA REINE.

Oh! voyez! voici la jeune Ofélia!

Entre OFÉLIA, les cheveux tombants. Elle chante en jouant du luth.

OFÉLIA.

Comment puis-je reconnaître votre amoureux
    D'un autre homme? —
A son chapeau de coquillages, à son bâton,
    A ses sandales.

Son linceul, blanc comme la neige des monts,
    Est garni de fleurs suaves.
Il est allé au tombeau sans recevoir la pluie
    Des larmes de l'amoureuse.

    Il est mort et parti, madame,
    Il est mort et parti,

---

un dialogue entre le roi et la reine. Ici, Ofélia entre seule; là, elle entre introduite par Horatio, après avoir en quelque sorte forcé la porte de Gertrude.

[1] Dans le *second Hamlet*, c'est après la sortie d'Ophélia que le roi annonce à la reine l'arrivée inattendue de Laertes. V. la scène XVI du drame corrigé.

SCÈNE XIV.

A sa tête une motte de gazon vert,
A ses talons une pierre.

LE ROI.

Comment vous trouvez-vous, douce Ofélia?

OFÉLIA.

Bien. Dieu vous récompense! — Je souffre de voir comme ils l'ont mis dans la froide terre. — Je ne puis m'empêcher de pleurer.

Et ne reviendra-t-il pas?
Et ne reviendra-t-il pas?
Non, non, il est parti,
Et nous perdons nos cris,
Et il ne reviendra jamais.
Sa barbe était blanche comme neige,
Toute blonde était sa tête.
Il est parti! il est parti!
Et nous perdons nos cris.
Dieu ait pitié de son âme!

Sort Ofélia.

LE ROI.

Jolie malheureuse! Voilà un changement, en vérité! O temps! comme nos joies s'enfuient vite. — Le bonheur ne s'apprivoise pas à coup sûr sur la terre. — Aujourd'hu nous vivons et nous rions, demain morts! — Eh bien! quel est ce bruit?

Bruit derrière le théâtre.

Entre LÉARTES.

LÉARTES.

Restez là jusqu'à ce que je vienne. — O toi, roi vil, rends-moi mon père. — Parle! dis-moi où est mon père.

LE ROI.

Mort.

LÉARTES.

Qui l'a assassiné? Parle, je ne veux pas — qu'on jongle avec moi. Car il a été assassiné.

LA REINE.

C'est vrai, mais pas par lui.

LÉARTES.

Par qui? Par le ciel! je le saurai.

LE ROI.

Lâchez-le, Gertrude! Arrière! Je ne le crains pas; — une telle divinité entoure un roi — que la trahison n'ose pas le regarder en face. — Lâchez-le, Gertrude... Que votre père a été assassiné, — cela est vrai, et nous en sommes désolé, — car il était le principal pilier de notre empire. — Est-ce une raison pour que, comme un joueur désespéré; — vous vouliez, par un coup suprême, ruiner amis et ennemis?

LÉARTES.

Ses bons amis, je les recevrai à bras tout grands ouverts, — et je les enfermerai dans mon cœur; mais avec ses ennemis, — je ne veux de réconciliation que par le sang.

LE ROI.

Ah! voilà que vous parlez comme un fils excellent. — Nous sommes désolé dans l'âme de sa mort; — vous en aurez vous-même la preuve avant longtemps. — Jusque-là, soyez patient et résignez-vous.

Entre OFÉLIA, vêtue comme tout à l'heure.

LÉARTES.

Qui est-ce? Ofélia! ô ma sœur chérie! — Est-il possible que la raison d'une jeune fille — soit aussi mortelle que la vie d'un vieillard? — O cieux! Comment te trouves-tu, Ofélia?

OFÉLIA.

Bien. Dieu vous garde! Je viens de cueillir des fleurs. — Tenez, voici de la rue pour vous. — Vous pouvez l'appeler herbe de grâce les dimanches; — en voici aussi pour moi; vous devez porter votre rue — avec quelque chose qui la varie : voici une pâquerette. — Tenez, amour, voici pour vous du romarin — comme souvenir : de grâce, amour, souvenez-vous ; — et voici une pensée en guise de pensée.

LÉARTES.

Leçon donnée par la folie! les pensées près du souvenir! — Ô Dieu! ô Dieu!

OFÉLIA.

Voici du fenouil pour vous : j'aurais bien voulu vous donner — des violettes, mais elles se sont toutes fanées, quand — mon père est mort. Hélas! on dit que la chouette a été — jadis la fille d'un boulanger. Nous voyons ce que nous sommes, — mais nous ne pouvons dire ce que nous serons.

Car le bon cher Robin est toute ma joie.

LÉARTES.

Afflictions de la pensée, tourments pires que l'enfer!

OFÉLIA.

Eh bien! amour, je vous prie, pas un mot sur ceci, maintenant. — De grâce, chantez :

Ah bas ! à bas !

C'est l'histoire de la fille du roi — et de l'intendant traître. Et si quelqu'un — demande ce que c'est, dites ceci :

> Bonjour! c'est la Saint-Valentin.
> Tous sont levés de grand matin;
> Me voici, vierge, à votre fenêtre,
> Pour être votre Valentine.

> Le jeune homme se leva, et mit ses habits,
> Et ouvrit la porte de sa chambre,
> Et vierge, elle y entra, et puis oncques vierge
> Elle n'en sortit.

Maintenant, attention, je vous prie,

> Par saint Gilles ! par sainte Charité !
> Arrière ! ah ! fi ! quelle honte !
> Tous les jeunes gens font ça quand ils en viennent là !
> Par Priape, ils sont à blâmer.
>
> Avant de me chiffonner, dit-elle,
> Vous me promîtes de m'épouser,
> — C'est ce que j'aurais fait, par ce soleil, là-bas,
> Si tu n'étais venue dans mon lit¹.

Sur ce, que Dieu soit avec vous tous ! Adieu, mesdames. — Adieu, mon amour.

Sort Ofélia.

LÉARTES.

Douleur sur douleur ! mon père assassiné, — ma sœur ainsi rendue folle ! — Maudite soit l'âme qui a fait cette criminelle action !

LE ROI.

Ayez un peu de patience, bon Léartes. — Je sais que votre douleur est un torrent — qui déborde de chagrins, mais attendez un peu, — et pensez que déjà vous êtes vengé — de celui qui a fait de vous un fils si malheureux.

LÉARTES.

Vous m'avez décidé, monseigneur. J'essaierai quelque temps — d'enterrer mon désespoir dans la tombe de ma colère ; — mais une fois qu'elle sera ressuscitée, le monde apprendra — que Léartes avait un père qu'il adorait.

---

¹ Ofélia, devenue folle, chante deux chansons, l'une funèbre, l'autre érotique, qui semblent exprimer sa double douleur de fille orpheline et d'amoureuse délaissée. Dans le *premier Hamlet*, Ofélia chante ces deux chansons tout entières, l'une après l'autre ; dans le *second Hamlet*, elle en mêle les couplets et confond les deux airs, comme si elle confondait les deux malheurs. Ce désordre est l'œuvre d'un correcteur magistral.

LE ROI.

Plus un mot sur ceci. Avant peu de jours, — vous apprendrez ce à quoi vous ne songez pas.

Tous sortent.

SCÈNE XV

[La chambre de la Reine.]

Entrent HORATIO et la REINE [1].

HORATIO.

Madame, votre fils est arrivé sain et sauf en Danemark. — Je viens de recevoir de lui une lettre — où il m'écrit comment il a échappé au plus grand danger, — à un guet-apens subtil que le roi avait comploté — et qu'ont retardé les vents contraires. — Il a découvert les dépêches envoyées au roi d'Angleterre, — et il y a vu la trahison ourdie contre sa vie. — Dans sa prochaine entrevue avec votre majesté, — il vous racontera tout au long les détails.

LA REINE.

J'ai déjà remarqué chez l'autre une mine hypocrite — qui dissimulait sa scélératesse sous des airs sucrés ; — mais je continuerai quelque temps à le flatter et à le caresser, — car les âmes meurtrières sont toujours soupçonneuses. — Mais savez-vous, Horatio, où trouver Hamlet ?

HORATIO.

Oui, madame, il m'a donné rendez-vous — du côté oriental de la cité, — pour demain matin.

LA REINE.

Oh ! n'y manquez pas, mon bon Horatio ; et puis con-

---

[1] Cette scène n'existe pas dans le *second Hamlet*. Shakespeare y a substitué, dans l'œuvre définitive, la scène xvii où Horatio reçoit la lettre d'Hamlet, qui lui apprend comment il a été pris par des corsaires.

fiez-lui mes inquiétudes — de mère à son égard; dites-lui qu'il soit — quelque temps avare de sa présence, de peur qu'il — n'échoue dans ce qu'il entreprend.

HORATIO.

Madame, ne doutez pas de mon obéissance. — Je pense que déjà la nouvelle de son arrivée est — parvenue à la cour. Observez le roi, et vous — découvrirez vite que le retour d'Hamlet le déconcerte.

LA REINE.

Mais qu'est-il advenu de Gilderstone et de Rossencraft ?

HORATIO.

Hamlet une fois débarqué à la côte, ils sont partis pour l'Angleterre. — Et dans les dépêches il est écrit que le supplice, — d'abord destiné à lui, doit leur être infligé. — Par un grand hasard, Hamlet avait sur lui le sceau de son père. — Et tout ce changement a été fait sans qu'on s'en aperçût.

LA REINE.

Que le ciel soit remercié d'avoir protégé le prince. — Horatio, je prends encore une fois congé de toi, — en envoyant à mon fils mille maternelles bénédictions.

HORATIO.

Adieu, madame.

Ils sortent.

SCÈNE XVI [1]

[Dans le château.]

Entrent le Roi et Léartes.

LE ROI.

Hamlet revenu d'Angleterre! est il possible! — Quelle est cette aventure? Ils sont partis, et lui, il revient.

---

[1] Voir la scène xviii dans le *second Hamlet*.

SCÈNE XVI.

LÉARTES.

Oh! il est le bienvenu! Il l'est, sur mon âme! — Mon cœur bondit de joie — de ce que je vivrai pour lui dire : — Vous allez mourir.

LE ROI.

Léartes, prenez patience. Laissez-moi vous guider, — et votre vengeance ne se fera pas attendre.

LÉARTES.

Ma volonté sera faite en dépit du monde entier [1].

LE ROI.

Soit! Mais, Léartes, écoutez le plan que j'ai formé. — J'ai entendu souvent Hamlet, — sur l'éloge qu'on faisait devant lui — de votre lame, souhaiter avidement — de se mesurer avec vous pour éprouver votre savoir.

LÉARTES.

Où voulez-vous en venir?

LE ROI.

Morbleu, Léartes, à ceci : Je parierai — pour Hamlet, et vous l'avantagerez, — afin d'augmenter son désir — de tenter la victoire. Je parierai que, sur douze bottes, — vous n'en prendrez pas trois de plus que lui. Ceci étant convenu, — quand vous serez échauffés, au milieu de l'assaut, — vous prendrez parmi les fleurets une épée affilée, — trempée dans un mélange empoisonné si terrible, — que, si une seule goutte de sang coule — de n'importe quelle partie de son corps, il est sûr de mourir. — Vous pouvez faire cela sans vous exposer au soup-

---

[1] On retrouve cette pensée dans la scène XVI du *second Hamlet*, au moment où Laertes déclare au roi qu'il est résolu à sacrifier sa vie dans les deux mondes pour venger son père :

« LE ROI.

« Qui donc vous arrêterait?

» LAERTES.

« Ma volonté, non celle du monde entier. »

çon, — et sans que l'ami le plus cher d'Hamlet — tienne jamais Léartes pour suspect.

LÉARTES.

Monseigneur, votre idée me plaît; — mais si le seigneur Hamlet refuse cet assaut?

LE ROI.

Je vous garantis que non. Nous ferons de vous — un rapport si extraordinaire, — que nous l'engagerons, fût-ce malgré lui. — Et de peur que tout cela ne manque, — je tiendrai prête une potion qui, — lorsqu'il demandera à boire dans la chaleur du combat, — fera sa fin et notre bonheur.

LÉARTES.

Voilà qui est excellent. Oh! que le moment n'est-il venu! — Voici venir la reine.

Entre la REINE.

LE ROI.

Eh bien! Gertrude, pourquoi cet air accablé?

LA REINE.

Oh! monseigneur, la jeune Ofélia, — ayant fait une guirlande de diverses sortes de fleurs, — était assise sur un saule près d'un ruisseau; — la tige envieuse s'est cassée, et elle est tombée dans le ruisseau; — pendant quelque temps, ses vêtements, étalés autour d'elle, — ont soutenu la jeune dame; elle est restée ainsi souriant, — comme une sirène, entre le ciel et la terre, chantant maintes vieilles chansons, comme insensible — à sa détresse. Mais cela n'a pu durer longtemps : — ses vêtements, allourdis par ce qu'ils avaient bu, — ont traîné la douce malheureuse à la mort.

LÉARTES.

Ainsi, elle est noyée. — Tu n'as déjà que trop d'eau, Ofélia; — je ne veux donc pas te noyer dans les larmes.

— C'est la vengeance qui doit soulager mon cœur, — car le malheur enfante le malheur, et la douleur est pendue à la douleur.

Ils sortent.

SCÈNE XVII [1]

[Un cimetière.]

Entrent DEUX PAYSANS, l'un après l'autre.

PREMIER PAYSAN.

Je dis que non; elle ne doit pas être ensevelie — en sépulture chrétienne.

DEUXIÈME PAYSAN.

Pourquoi, monsieur?

PREMIER PAYSAN.

Parbleu! parce qu'elle s'est noyée.

DEUXIÈME PAYSAN.

Mais elle ne s'est pas noyée elle-même.

PREMIER PAYSAN.

Non, cela est certain, c'est l'eau qui l'a noyée.

DEUXIÈME PAYSAN.

J'entends, mais c'était contre sa volonté.

PREMIER PAYSAN.

Non, je nie ça. Faites attention, monsieur. Je me tiens ici, — si l'eau vient à moi, ce n'est pas moi-même qui me noie; — mais, si je vais à l'eau et si j'y suis noyé, — *ergò*, je suis coupable de ma propre mort. — Vous y êtes, à présent, vous y êtes, mon cher.

DEUXIÈME PAYSAN.

Tout ce que je vois, c'est qu'elle est ensevelie en chrétienne, — parce que c'est une grande dame.

---

[1] Voir la scène XIX dans le *second Hamlet*.

PREMIER PAYSAN.

Parbleu! et c'est tant pis pour les grands — qu'ils soient autorisés à se pendre ou à se — noyer, plus que les autres gens. — Va me chercher une chopine; mais, avant de partir, — dis-moi une chose : Qui est-ce qui bâtit le plus solidement? — un maçon? un constructeur de navires? un charpentier?

DEUXIÈME PAYSAN.

Eh bien, un maçon, parce qu'il bâtit tout en pierres, — et que ça dure longtemps.

PREMIER PAYSAN.

Joli! Cherche encore, cherche.

DEUXIÈME PAYSAN.

Eh bien, alors, un charpentier, car il bâtit les potences, — et ça fait faire une longue résidence à bien des gens.

PREMIER PAYSAN.

Joli aussi! La potence fait bien, pardieu! Mais comment fait-elle bien? La potence fait bien pour ceux qui font mal. Va, pars, — et si on te demande ça plus tard, réponds : — C'est un fossoyeur, car les maisons qu'il bâtit — durent jusqu'au jugement dernier! Va me chercher une chopine de bière, va.

Entrent Hamlet et Horatio.

PREMIER PAYSAN.

Une pioche et une bêche,
Une bêche et un drap pour linceul!
Il importe de faire le trou,
C'est tout ce qu'il faut pour un tel hôte.

Il jette une pelletée de terre.

HAMLET.

Ce gaillard-là n'a donc pas le sentiment de ce qu'il

SCÈNE XVII.

est, — qu'il chante en faisant une fosse. — Vois comme le drôle heurte les têtes contre terre.

HORATIO.

L'habitude fait que ça ne lui semble plus rien.

PREMIER PAYSAN.

> Une pioche et une bêche,
> Une bêche... et un drap pour linceul.
> Il importe de faire le trou,
> C'est tout ce qu'il faut pour un tel hôte.

HAMLET.

Regardez ! en voici un autre, Horatio. — Qui sait si ce n'est pas le crâne d'un homme de loi ? — Il devrait, ce me semble, poursuivre ce gaillard — pour voies de fait, puisqu'il lui cogne ainsi — sa caboche avec sa pelle. A présent, où sont vos — argüties et vos subtilités, vos garanties et — vos doubles garanties, vos baux, vos francs-alleux, — et vos droits seigneuriaux?... C'est à peine si ce coffre — contiendrait ses titres de propriété, et il faut que son honneur — s'y couche tout de son long ! O douloureux changement ! — De grâce, dis-moi, Horatio, — est-ce que le parchemin n'est pas fait de peau de mouton ?

HORATIO.

Oui, monseigneur, et de peau de veau aussi.

HAMLET.

Ma foi, ce sont eux-mêmes des moutons et des veaux, — ceux qui ont recours ou se fient à un titre pareil !... — En voici un autre. Pourquoi ne serait-ce pas le crâne — d'un tel qui vantait le cheval de monseigneur un tel, — quand il voulait l'obtenir? Horatio, de grâce, — interrogeons ce garçon là-bas. — Ah çà ! mon ami, à qui est cette fosse ?

PREMIER PAYSAN.

A moi, monsieur.

HAMLET.

Mais qui doit-on mettre dedans?

PREMIER PAYSAN.

Si je vous disais que c'est moi, c'est vous que je mettrais dedans.

HAMLET.

Quel homme doit-on enterrer ici?

PREMIER PAYSAN.

Ce n'est pas un homme, monsieur.

HAMLET.

Quelle femme?

PREMIER PAYSAN.

Ce n'est pas une femme non plus, monsieur, mais une créature — qui était femme.

HAMLET.

Un drôle excellent! Par le ciel, Horatio, — voilà sept ans que je le remarque, l'orteil du paysan — touche de si près le talon de l'homme de cour — qu'il l'écorche... Dis-moi une chose, je te prie : — combien de temps un homme peut-il être en terre avant de pourrir?

PREMIER PAYSAN.

Ma foi, monsieur, s'il n'est pas pourri avant — d'y être mis (car nous avons tous les jours des corps vérolés), — il peut vous durer huit ans; un tanneur — vous durera huit ou neuf ans pleins.

HAMLET.

Et pourquoi un tanneur?

PREMIER PAYSAN.

Ah! sa peau est tellement tannée par le métier qu'il a fait — qu'elle ne prend pas l'eau; et l'eau vous dévore — furieusement un corps mort, c'est une grande buveuse! — Tenez! voici un crâne qui est ici depuis douze ans; — voyons, oui, depuis le jour où notre dernier roi Hamlet

— tua Fortinbras en duel, vous savez, le père du jeune Hamlet, — celui qui est fou.

HAMLET.

Oui-dà, comment est-il devenu fou?

PREMIER PAYSAN.

Eh bien, d'une façon très-étrange, en perdant la raison.

HAMLET.

Sous l'empire de quelle cause?

PREMIER PAYSAN.

Tiens! sous l'empire de notre roi, en Danemark.

HAMLET.

Où est-il à présent?

PREMIER PAYSAN.

Eh bien, à présent, ils l'ont envoyé en Angleterre.

HAMLET.

En Angleterre! Dans quel but?

PREMIER PAYSAN.

Eh bien, ils disent qu'il aura sa raison là-bas; — ou, s'il ne l'a pas, il n'y aura pas grand mal, — ça ne se verra pas là-bas.

HAMLET.

Pourquoi pas là-bas?

PREMIER PAYSAN.

Parce que, dit-on, là-bas tous les hommes sont aussi fous que lui.

HAMLET.

A qui est ce crâne?

PREMIER PAYSAN.

Celui-ci? Peste soit de lui! C'était celui d'un enragé farceur. — Un jour il m'a versé un flacon entier de vin du Rhin sur la tête. — Ah! vous ne le reconnaissez pas! C'était le crâne d'un certain Yorick.

HAMLET.

Celui-ci? Laisse-le-moi voir, je t'en prie! Hélas! pauvre Yorick! Je l'ai connu, Horatio! — C'était un garçon d'une gaieté infinie; il m'a porté vingt fois sur son dos. Ici pendaient ces lèvres que j'ai baisées cent fois! et maintenant elles me font horreur à regarder. Où sont vos plaisanteries maintenant, Yorick? Vos éclairs de gaieté? Allez maintenant trouver madame dans sa chambre, et dites lui qu'elle a beau se mettre un pouce de fard, il faudra qu'elle en vienne à ceci, Yorick. Horatio, je t'en prie, dis-moi une chose, crois-tu qu'Alexandre ait eu cette mine-là?

HORATIO.

Oui, sans doute, monseigneur.

HAMLET.

Et cette odeur-là?

HORATIO.

Oui, monseigneur, justement la même.

HAMLET.

Eh bien, qui empêcherait l'imagination de raisonner comme ceci sur Alexandre : Alexandre est mort, Alexandre a été enterré, Alexandre est devenu terre; avec la terre, nous faisons de l'argile, et Alexandre n'étant plus qu'argile, qui empêche que, par l'effet du temps, il n'arrive à fermer le trou d'un baril de bière?

> L'impérial César une fois mort et changé en boue,
> Pourrait boucher un trou et arrêter le vent du dehors.

Entrent le Roi, la Reine, Léartes, des Seigneurs, un Prêtre suivant un cercueil.

HAMLET.

Quelles sont ces funérailles dont toute la cour se lamente? — Il faut que la morte soit d'une noble famille. — Tenons-nous à l'écart un moment.

SCÈNE XVII.

LÉARTES.

Quelle cérémonie reste-t-il encore? dites, quelle cérémonie encore?

LE PRÊTRE.

Monseigneur, nous avons fait tout ce qui était en notre pouvoir, — au delà même de ce que l'Église peut tolérer. — Des prières ont été chantées pour son âme virginale; — et si ce n'avait été par égard pour le roi et pour vous; — elle eût été enterrée en plein champ, — au lieu de l'être en terre sainte.

LÉARTES.

Eh bien, je te le dis, prêtre dur, ma sœur sera un ange gardien, quand tu seras dans l'abîme à hurler.

HAMLET.

La belle Ofélia morte!

LA REINE.

Des fleurs à la fleur! adieu! — Je croyais orner ton lit nuptial, belle enfant, — et non suivre ton cercueil.

LÉARTES

Arrêtez la terre un moment : adieu, sœur.

Il saute dans la fosse.

Maintenant jetez votre terre jusqu'à la hauteur de l'Olympe, — et faites ici une colline qui dépasse le vieux Pélion. — Quel est ce revenant?

Hamlet saute dans la fosse après Léartes.

HAMLET.

Regarde, c'est moi, Hamlet le Danois.

LÉARTES.

Que le démon prenne ton âme!

HAMLET.

Oh! voilà une mauvaise prière. — De grâce, ôte ta main de ma gorge, — car il y a en moi quelque chose de dangereux — que tu feras sagement de craindre. Écarte ta main. J'aimais Ofélia aussi tendrement que vingt frères. — Montre-moi ce que tu es prêt à faire pour elle. — Veux-tu te battre? veux-tu jeûner? veux-tu prier? — Veux-tu avaler des vases? manger un crocodile? J'en ferai autant. — Viens-tu ici pour geindre? — Tu parles de t'enterrer vivant; — eh bien, restons ici, et qu'on jette sur nous — des monts entiers de terre jusqu'à ce que leur entassement — fasse l'Ossa comme une verrue!

LE ROI.

Retiens-toi, Léartes! Maintenant il est furieux comme la mer; — tout à l'heure il sera doux et calme comme une colombe; — laisse donc quelque temps carrière à son humeur égarée.

HAMLET.

Pour quelle cause me maltraitez-vous ainsi, monsieur? — Je ne vous en ai jamais donné de motif. Mais attendez un peu, — le chat peut miauler, le chien aura sa revanche.

Sortent Hamlet et Horatio.

LA REINE.

Hélas! c'est sa folie qui le rend ainsi, — et non son cœur, Léartes.

LE ROI.

C'est vrai, seigneur. — Mais ne nous amusons plus. — Aujourd'hui même Hamlet videra son dernier verre. — Nous allons lui envoyer le cartel immédiatement. — Ainsi, Léartes, tenez-vous prêt.

LÉARTES.

Monseigneur, jusque-là mon âme n'aura pas de repos.

LE ROI.

Venez, Gertrude. Nous referons de Léartes et de notre fils — les meilleurs amis du monde, comme ils doivent l'être, — s'ils ont pour nous du respect, et de l'amour pour leur pays.

LA REINE.

Dieu le veuille!

Tous sortent.

SCÈNE XVIII [1]

[Dans le château.]

Entrent HAMLET et HORATIO.

HAMLET.

Crois-moi, Horatio, je suis fort affligé — de m'être ainsi oublié vis-à-vis de Léartes; — car il me semble que nous ressentons les mêmes douleurs, — bien qu'il y ait différence dans nos maux.

Entre UN GENTILHOMME MATAMORE [2].

Horatio, regarde donc ce moucheron là-bas. — La cour le connaît, mais il ne connaît pas la cour.

LE GENTILHOMME.
Dieu vous garde, mon doux prince Hamlet!

HAMLET.
Et vous aussi, monsieur... Pouah! comme il sent le musc!

LE GENTILHOMME.
Je viens avec une ambassade de sa majesté pour vous.

HAMLET.
Monsieur, je vous donnerai toute mon attention. — Sur ma foi, il me semble qu'il fait très-froid.

LE GENTILHOMME.
Il fait vraiment un froid bien aigre.

---

[1] Voir la scène xx dans le *second Hamlet*.
[2] Ce gentilhomme matamore (*bragart gentleman*) s'appelle Osric, dans le drame définitif.

HAMLET.
Il fait chaud, ce me semble.
LE GENTILHOMME.
Une chaleur étouffante! — Le roi, doux prince, a parié pour vous — six chevaux barbes contre six rapières françaises, — avec toutes leurs montures, et les trains — qui sont, ma foi, d'un travail très-délicat.
HAMLET.
Les trains, monsieur? je ne sais ce que vous appelez les trains.
LE GENTILHOMME.
Ce sont les ceinturons, et leurs pendants, monsieur, et tous ces accessoires.
HAMLET.
Le mot serait plus proche cousin de la pensée, si nous portions une pièce de canon au côté. — Et qu'a-t-on parié? Je vous comprends maintenant.
LE GENTILHOMME.
Eh bien, seigneur, que le jeune Léartes, sur douze passes — avec épée et dague, n'en prendrait pas trois de plus que vous. — Le roi a parié de votre côté, — et désire que vous vous prépariez.
HAMLET.
Fort bien! si le roi risque son enjeu, — je risquerai mon savoir : et quand cela?
LE GENTILHOMME.
Immédiatement, monseigneur; le roi et la reine, — et les meilleurs juges de leur suite, — descendent dans la cour du palais.
HAMLET.
Allez dire à sa majesté que je vais la rejoindre.
LE GENTILHOMME.
Je vais lui transmettre votre suave réponse.

Il sort.

SCÈNE XVIII.

HAMLET.

Personne ne le peut mieux que vous, car vous êtes parfumé ; — sans cela il faudrait avoir le nez bouché pour ne pas sentir en vous un imbécile.

HORATIO.

Il se révèle de lui-même sans qu'il soit besoin d'enquête.

HAMLET.

Crois-moi, Horatio, je me sens au cœur — un malaise soudain, partout ici.

HORATIO.

Eh bien, monseigneur, refusez le défi.

HAMLET.

Non, Horatio, non. Si l'heure du danger est venue pour moi, — c'est qu'elle n'est pas à venir. Il y a une providence prédestinée — pour la chute d'un moineau. Voici le roi.

Entrent le Roi, la Reine, Léartes, des Seigneurs.

LE ROI.

Maintenant, fils Hamlet, nous avons mis l'enjeu sur votre tête, — et nous ne doutons pas que nous ne gagnions.

HAMLET.

Votre majesté a parié du côté le plus faible.

LE ROI.

Je n'ai pas de doute. Remettez-leur les fleurets.

HAMLET.

Et d'abord, Léartes, voici ma main et mon amitié, — comme preuve que je n'ai jamais outragé Léartes. — Si Hamlet, dans sa folie, a mal agi, — ce n'est pas Hamlet qui a agi, c'est sa folie. — Tout le tort que j'ai jamais eu envers Léartes, — je le proclame ici acte de folie. Faisons donc la paix, — et voyez en moi un homme qui, lançant une flèche par-dessus la maison, — a blessé son frère.

LÉARTES.

Mon cœur est satisfait ; — mais sur le terrain de l'honneur je reste à l'écart, — et je ne veux pas de réconciliation, — jusqu'à ce que des arbitres plus âgés — m'aient déclaré satisfait.

LE ROI.

Donnez-leur les fleurets.

HAMLET.

Je vais être votre plastron, Léartes. Ces fleurets — ont tous la même longueur?... En garde, monsieur.

Ils commencent l'assaut.

Touché !

LÉARTES.

Non pas.

HAMLET.

Jugement !

UN GENTILHOMME.

Touché ! très-positivement touché !

LÉARTES.

Soit. Recommençons.

Ils recommencent.

HAMLET.

Encore une ! — Jugement.

LÉARTES.

Oui, j'en conviens ; touché, touché.

LE ROI.

Ici, Hamlet, le roi boit à ta santé.

LA REINE.

Tiens, Hamlet, prends mon mouchoir et essuie-toi le visage.

LE ROI.

Donnez-lui le vin.

SCÈNE XVIII.

HAMLET.

Mettez-le de côté. Je veux tirer une autre botte d'abord, — je boirai tout à l'heure.

LA REINE.

Tiens, Hamlet, la reine boit à toi.

Elle boit.

LE ROI.

Ne buvez pas, Gertrude! Oh! c'est la coupe empoisonnée!

HAMLET.

Léartes! allons! vous vous amusez avec moi; — je vous en prie, tirez votre botte la plus savante.

LÉARTES.

Ah! vous dites cela? A vous maintenant! — Je vais vous toucher, monseigneur, — et pourtant c'est presque contre ma conscience.

HAMLET.

En garde, monsieur!

*Ils échangent leurs épées. Tous deux sont blessés. Léartes tombe.
La reine tombe et meurt.*

LE ROI.

Secourez la reine.

LA REINE.

Oh! le breuvage! le breuvage! Hamlet, le breuvage!

HAMLET.

Trahison! holà! qu'on garde les portes!

LES SEIGNEURS.

Comment êtes-vous, seigneur Léartes?

LÉARTES.

Comme un niais, — tué follement par ma propre épée! — Hamlet, tu n'as pas en toi une demi-heure de vie. — L'arme fatale est dans ta main, — démouchetée et venimeuse. Ta mère est empoisonnée; — ce breuvage était préparé pour toi!

HAMLET.

L'arme empoisonnée dans ma main! — Alors, poison pour poison. Meurs, damné scélérat. — Tiens, bois! Voici qui nous unit tous deux! tiens!

Le roi meurt.

LÉARTES.

Oh! il a ce qu'il mérite! — Hamlet, avant que je meure, tiens, prends ma main — et en même temps mon amitié : je te pardonne!

Léartes meurt.

HAMLET.

Et moi aussi! Oh! je suis mort! Horatio, adieu.

HORATIO.

Non! je suis plus un Romain antique — qu'un Danois. Il reste encore ici du poison.

HAMLET.

Au nom de notre amour, je te somme de le jeter. — Oh! fi, Horatio! si tu meurs, — que de calomnies tu laisseras après toi! — Quelle langue pourra dire l'histoire vraie de nos morts, — si ce n'est d'après ton récit? Oh! le cœur me manque, Horatio. — Mes yeux ont perdu la vue, ma langue la parole : adieu, Horatio! — Le ciel reçoive mon âme!

Hamlet meurt [1].

Entrent VOLTEMAR *et les* AMBASSADEURS *d'Angleterre.*

Entre FORTINBRAS *avec sa suite.*

FORTINBRAS.

Où est ce spectacle sanglant?

---

[1] Ici s'arrête le texte de l'exemplaire in-quarto, appartenant au duc de Devonshire, qui a servi à notre traduction. La dernière page de cet exemplaire manquant, on n'aurait jamais connu les derniers vers du *premier Hamlet*, si un hasard n'avait fait découvrir en 1856 un second exemplaire de l'édition de 1603, qui contient la dernière page de l'œuvre primitive de Shakspeare. C'est cette découverte qui nous met à même d'achever jusqu'au bout notre traduction. — *Habent sua fata libelli.*

SCÈNE XVIII.

HORATIO.

Si c'est un malheur ou un prodige que vous voulez voir, — regardez cette scène tragique.

FORTINBRAS.

Oh! impérieuse mort! que de princes — tu as tués tout sanglants d'un seul trait!

LES AMBASSADEURS.

Le message que nous avons rapporté d'Angleterre, — à quels princes le communiquerons-nous? — O événements inattendus! Malheureux pays!

HORATIO.

Prenez patience. Je montrerai au public entier — l'origine première de cette tragédie. — Qu'un échafaud soit dressé sur la place du marché, — et que l'élite du monde soit là — pour entendre l'histoire la plus triste — que jamais mortel ait pu raconter.

FORTINBRAS.

J'ai sur ce royaume des droits non oubliés — que l'occasion m'invite maintenant à réclamer. — Que quatre de nos premiers capitaines — portent Hamlet, comme un combattant, à son tombeau; — car probablement, s'il eût vécu, — c'eût été un grand roi. — Enlevez les corps : un tel spectacle — ne sied qu'aux champs de bataille; ici il fait mal.

FIN DU PREMIER HAMLET.

LE

SECOND HAMLET

LA
Tragique Histoire de
HAMLET,

Prince de Danemark,

Par William Shakespeare.

Imprimée de nouveau et augmentée presque du double, conformément à la vraie et parfaite copie.

A LONDRES.

Imprimée par I. R. pour N. L. et en vente à sa boutique sous l'église Saint Dunstan dans

PERSONNAGES :

LE SPECTRE.
CLAUDIUS, roi de Danemark.
HAMLET, fils du précédent roi, neveu du roi actuel.
POLONIUS, chambellan.
HORATIO, ami d'Hamlet.
LAERTES, fils de Polonius.
VOLTIMAND
CORNÉLIUS
ROSENCRANTZ ⎬ courtisans.
GUILDENSTERN
OSRIC
UN AUTRE COURTISAN.
UN PRÊTRE.
MARCELLUS, officier.
BERNARDO, officier.
FRANCISCO, soldat.
REYNALDO, serviteur de Polonius.
FORTINBRAS, prince de Norwége.
UN CAPITAINE.
UN AMBASSADEUR.

GERTRUDE, reine de Danemark et mère d'Hamlet.
OPHÉLIA, fille de Polonius.

SEIGNEURS, DAMES, OFFICIERS, SOLDATS, FOSSOYEURS, MATELOTS, MESSAGERS, GENS DE SUITE.

La scène est en Danemark.

SCÈNE I

[Elseneur. — Une plate-forme devant le château (1).]

Francisco est en faction. Bernardo vient à lui.

BERNARDO.
Qui est là ?

FRANCISCO.
Non, répondez-moi, vous ! Halte ! faites-vous reconnaître — vous-même.

BERNARDO.
Vive le roi !

FRANCISCO.
Bernardo !

BERNARDO.
Lui-même.

FRANCISCO.
— Vous venez très-exactement à votre heure.

BERNARDO.
— Minuit vient de sonner ; va te mettre au lit, Francisco.

FRANCISCO.
— Grand merci de venir ainsi me relever. Le froid est aigre, — et je suis transi jusqu'au cœur.

BERNARDO.
— Avez-vous eu une faction tranquille ?

FRANCISCO.
Pas même une souris qui ait remué !

BERNARDO.

Allons, bonne nuit; — si vous rencontrez Horatio et Marcellus, — mes camarades de garde, dites-leur de se dépêcher.

Entrent HORATIO *et* MARCELLUS.

FRANCISCO.

— Je pense que je les entends... Halte! qui va là?

HORATIO.

— Amis de ce pays.

MARCELLUS.

Hommes liges du roi danois.

FRANCISCO.

— Bonne nuit.

MARCELLUS.

Ah! adieu, honnête soldat; — qui vous a relevé?

FRANCISCO.

Bernardo a pris ma place. — Bonne nuit.

Francisco sort.

MARCELLUS.

Holà! Bernardo!

BERNARDO.

Réponds donc. — Est-ce Horatio qui est là?

HORATIO.

Un peu.

BERNARDO.

— Bienvenu, Horatio! Bienvenu, bon Marcellus!

MARCELLUS.

— Eh bien, cet être a-t-il reparu cette nuit (2)?

BERNARDO.

— Je n'ai rien vu.

MARCELLUS.

Horatio dit que c'est un effet de notre imagination, — et il ne veut pas se laisser prendre par la croyance — à

SCÈNE I.

cette terrible apparition que deux fois nous avons vue. — Voilà pourquoi je l'ai pressé — de faire, avec nous, cette nuit une minutieuse veillée, — afin que, si la vision revient encore, — il puisse confirmer nos regards et lui parler.

HORATIO.

— Bah! bah! elle ne paraîtra pas.

BERNARDO.

Asseyez-vous un moment, — que nous rebattions encore une fois vos oreilles, — si bien fortifiées contre notre histoire, — du récit de ce que nous avons vu deux nuits.

HORATIO.

Soit! asseyons-nous, — et écoutons ce que Bernardo va nous dire.

BERNARDO.

— C'était justement la nuit dernière, — alors que cette étoile, là-bas, qui va du pôle vers l'ouest, — avait terminé son cours pour illuminer cette partie du ciel — où elle flamboie maintenant. Marcellus et moi, — la cloche tintait alors une heure...

MARCELLUS.

— Paix, interromps-toi!.... Regarde! le voici qui revient.

Le Spectre entre.

BERNARDO.

— Avec la même forme, semblable au roi qui est mort.

MARCELLUS.

— Tu es un savant, parle-lui, Horatio (3).

BERNARDO.

— Ne ressemble-t-il pas au roi? Regarde-le bien, Horatio.

HORATIO.

— Tout à fait! Je suis bouleversé par la peur et par l'étonnement.

BERNARDO.

— Il voudrait qu'on lui parlât.

MARCELLUS.

Questionne-le, Horatio.

HORATIO.

— Qui es-tu, toi qui usurpes cette heure de la nuit — et cette forme noble et guerrière — sous laquelle la majesté ensevelie du Danemark — marchait naguère? Je te somme au nom du ciel, parle.

MARCELLUS.

— Il est offensé.

BERNARDO.

Vois, il s'en va fièrement.

HORATIO.

— Arrête; parle! je te somme de parler; parle!

Le Spectre sort.

MARCELLUS.

— Il est parti et ne veut pas répondre.

BERNARDO.

— Eh bien, Horatio, vous tremblez et vous êtes tout pâle : — ceci n'est-il rien de plus que de l'imagination? — Qu'en pensez-vous?

HORATIO.

— Devant mon Dieu, je n'aurais pu le croire, — sans le témoignage sensible et évident — de mes propres yeux.

MARCELLUS.

Ne ressemble-t-il pas au roi?

HORATIO.

— Comme tu te ressembles à toi-même. — C'était bien là l'armure qu'il portait, — quand il combattit l'ambitieux Norwégien ; — ainsi il fronçait le sourcil alors que, dans une entrevue furieuse, — il écrasa sur la glace les Polonais en traîneaux. — C'est étrange !

MARCELLUS.

— Deux fois déjà, et justement à cette heure sépulcrale, — il a passé avec cette démarche martiale près de notre poste.

HORATIO.

— Quel sens particulier donner à ceci? Je n'en sais rien, — mais, à en juger en gros et de prime abord, — c'est le présage de quelque étrange catastrophe dans l'État.

MARCELLUS.

— Eh bien, asseyons-nous, et que celui qui le sait me dise — pourquoi ces gardes si strictes et si rigoureuses — fatiguent ainsi toutes les nuits les sujets de ce royaume. — Pourquoi tous ces canons de bronze fondus chaque jour, — et toutes ces munitions de guerre achetées à l'étranger? — Pourquoi ces presses faites sur les charpentiers de navire, dont la rude tâche — ne distingue plus le dimanche du reste de la semaine? — Quel peut être le but de cette activité toute haletante, — qui fait de la nuit la compagne de travail du jour? — Qui pourra m'expliquer cela?

HORATIO.

Je puis le faire, — du moins d'après la rumeur qui court. Notre feu roi, — dont l'image vient de nous apparaître, — fut, comme vous savez, provoqué à un combat par Fortinbras de Norwége, — que stimulait une orgueilleuse émulation. — Dans ce combat, notre vaillant Hamlet — (car cette partie du monde connu l'estimait pour tel) — tua ce Fortinbras. En vertu d'un contrat bien scellé, — dûment ratifié par la justice et par les hérauts, — Fortinbras perdit avec la vie toutes les terres —

qu'il possédait et qui revinrent au vainqueur. — Contre ce gage, une portion équivalente — avait été risquée par notre roi, à charge d'être réunie — au patrimoine de Fortinbras, — si celui-ci eût triomphé. Ainsi les biens de Fortinbras, d'après le traité — et la teneur formelle de certains articles, — ont dû échoir à Hamlet. Maintenant, mon cher, le jeune Fortinbras, — écervelé, tout plein d'une ardeur fougueuse, — a ramassé çà et là, sur les frontières de Norwége, — une bande d'aventuriers sans feu ni lieu, — enrôlés moyennant les vivres et la paie, pour quelque entreprise — hardie : or, il n'a d'autre but — (et cela est prouvé à notre gouvernement) — que de reprendre sur nous, par un coup de main — et par des moyens violents, les terres susdites, — ainsi perdues par son père. Et voilà, je pense, — la cause principale de nos préparatifs, — la raison des gardes qu'on nous fait monter, et le grand motif — de tant d'activité et du tumulte que vous voyez dans le pays.

BERNARDO.

— Je pense que ce ne peut être autre chose ; tu as raison. — Cela pourrait bien expliquer pourquoi cette figure prodigieuse — passe toute armée à travers nos postes, si semblable au roi — qui était et qui est encore l'occasion de ces guerres.

HORATIO.

— C'est un phénomène qui trouble l'œil de l'esprit. — A l'époque la plus glorieuse et la plus florissante de Rome, — un peu avant que tombât le tout-puissant Jules-César, — les tombeaux laissèrent échapper leurs hôtes, et les morts en linceul — allèrent, poussant des cris rauques, dans les rues de Rome. — On vit aussi des astres avec des queues de flamme, des rosées de sang, — des signes désastreux dans le soleil ; et l'astre humide — sous l'influence duquel est l'empire de Neptune — s'évanouit dans une éclipse, à croire que c'était le jour du jugement. — Ces mêmes signes précurseurs d'événements terribles, — messagers toujours en avant des destinées, — prologue des catastrophes imminentes, — le ciel et la terre les ont fait apparaître — dans nos climats à nos compatriotes.

Le Spectre reparaît.

— Mais, chut! regardez, là! il revient encore! — Je vais lui barrer le passage, dût-il me foudroyer. Arrête, illusion! — Si tu as un son, une voix dont tu fasses usage, — parle-moi! — S'il y a à faire quelque bonne action — qui puisse contribuer à ton soulagement et à mon salut, — parle-moi! — Si tu es dans le secret de quelque fatalité nationale, — qu'un avertissement pourrait peut-être prévenir, — oh! parle! — Ou, si tu as enfoui pendant ta vie — dans le sein de la terre un trésor extorqué, — ce pourquoi, dit-on, vous autres esprits vous errez souvent après la mort, — dis-le moi.

Le coq chante.

Arrête et parle... Retiens-le, Marcellus.

MARCELLUS.

— Le frapperai-je de ma pertuisane?

HORATIO.

— Oui, s'il ne veut pas s'arrêter.

BERNARDO.

Il est ici!

HORATIO.

Il est ici!

Le Spectre sort.

MARCELLUS.

— Il est parti! — Nous avons tort de faire à un être si majestueux — ces menaces de violence; — car il est, comme l'air, invulnérable, — et nos vains coups ne seraient qu'une méchante moquerie.

BERNARDO.

— Il allait parler quand le coq a chanté.

HORATIO.

— Et alors il a tressailli comme un être coupable — à une effrayante sommation. J'ai ouï dire — que le coq, qui est le clairon du matin, — avec son cri puissant et aigu, — éveille le dieu du jour, et qu'à ce signal, — qu'il soient dans la mer ou dans le feu, dans la terre ou dans l'air, — les esprits égarés et errants regagnent en hâte — leurs retraites; et la preuve — nous en est donnée par ce que nous venons de voir.

MARCELLUS.

— Il s'est évanoui au chant du coq. — On dit qu'aux approches de la saison — où l'on célèbre la naissance de notre Sauveur, — l'oiseau de l'aube chante toute la nuit, — et alors, dit-on, aucun esprit n'ose s'aventurer dehors. — Les nuits sont saines; alors pas d'étoile qui frappe, — pas de fée qui jette des sorts, pas de sorcière qui ait le pouvoir de charmer, — tant cette époque est sanctifiée et pleine de grâce!

HORATIO.

— C'est aussi ce que j'ai ouï dire, et j'en crois quelque chose. — Mais, voyez, le matin, vêtu de son manteau roux, — s'avance sur la rosée de cette haute colline, là à l'orient. — Finissons notre faction, et, si vous m'en croyez, — faisons part de ce que nous avons vu cette nuit — au jeune Hamlet; car, sur ma vie, — cet esprit, muet pour nous, lui parlera. — Consentez-vous à cette confidence, — aussi impérieuse à notre dévouement que conforme à notre devoir?

MARCELLUS.

— Faisons cela, je vous prie : je sais où, ce matin, — nous avons le plus de chance de le trouver.

Ils sortent.

SCÈNE II

[Salle d'État dans le château.]

Entrent le Roi, la Reine, Hamlet, Polonius, Laertes, Voltimand, Cornélius, des Seigneurs et leur suite.

LE ROI.

Bien que la mort de notre cher frère Hamlet — soit un souvenir toujours vert, bien qu'il soit convenable pour nous — de maintenir nos cœurs dans le chagrin, et, pour tous nos sujets, — d'avoir sur le front la même contraction de douleur, — cependant la raison, en lutte avec la nature, veut — que nous pensions à lui avec une sage tristesse, — et sans nous oublier nous-mêmes. — Voilà pourquoi celle qui fut jadis notre sœur, qui est maintenant notre reine, — et notre associée à l'empire de ce belliqueux État, — a été prise par nous pour femme. C'est avec une joie douloureuse, — en souriant d'un œil et en pleurant de l'autre, — en mêlant le chant des funérailles au chant des noces, — et en tenant la balance égale entre le plaisir et le deuil, — que nous nous sommes mariés ; nous n'avons pas résisté — à vos sages conseils qui ont été librement donnés — dans toute cette affaire. Nos remercîments à tous ! — Maintenant passons outre, et sachez que le jeune Fortinbras, — se faisant une faible idée de nos forces — ou pensant que, par suite de la mort de feu notre cher frère, — notre empire se lézarde et tombe en ruines, — est poursuivi par la chimère de sa supériorité, — et n'a cessé de nous importuner de messages, — par lesquels il nous réclame les terres — très-légalement cédées par son père — à notre frère très-vaillant. Voilà pour lui. — Quant à nous et à l'objet de cette assemblée, — voici quelle est l'affaire. Nous avons écrit sous ce pli — au roi de Norwége, oncle du jeune Fortinbras, — qui, impotent et retenu au lit, connaît à peine — les intentions de son neveu, afin qu'il ait à arrêter — ces menées; car les levées — et les enrôlements nécessaires à la formation des corps se font tous — parmi ses sujets. Sur ce, nous vous dépêchons, — vous, brave Cornélius, et vous, Voltimand, — pour porter ces compliments écrits au vieux Norwégien; — et nous limitons vos pouvoirs personnels, — dans vos négociations avec le roi, à la teneur — des instructions détaillées que voici. — Adieu, et que votre diligence prouve votre dévouement.

CORNÉLIUS ET VOLTIMAND.

— En cela, comme en tout, nous vous montrerons notre dévouement.

LE ROI.

— Nous n'en doutons pas; adieu de tout cœur.

Voltimand et Cornélius sortent.

— Et maintenant, Laertes, qu'avez-vous de nouveau à nous dire? — Vous nous avez parlé d'une requête. Qu'est-ce, Laertes? — Vous ne sauriez parler raison au roi de Danemark — et perdre vos paroles. Que peux-tu désirer, Laertes, — que je ne sois prêt à t'accorder avant que tu le demandes? — La tête n'est pas plus naturellement dévouée au cœur, — la main, plus serviable à la bouche, — que la couronne de Danemark ne l'est à ton père. — Que veux-tu, Laertes?

LAERTES.

Mon redouté seigneur, — je demande votre congé et votre agrément pour retourner en France. — Je suis venu avec empressement en Danemark — pour vous rendre hommage à votre couronnement; — mais maintenant, je dois l'avouer, ce devoir une fois rempli, —

mes pensées et mes vœux se tournent de nouveau vers la France — et s'inclinent humblement devant votre gracieux congé.

LE ROI.

— Avez-vous la permission de votre père? que dit Polonius?

POLONIUS.

— Il a fini, monseigneur, par me l'arracher — à force d'importunités; mais, enfin, — j'ai à regret mis à son désir le sceau de mon consentement. — Je vous supplie de le laisser partir.

LE ROI.

— Pars quand tu voudras, Laertes : le temps t'appartient, — emploie-le au gré de tes plus chers caprices. — Eh bien ! Hamlet, mon cousin et mon fils...

HAMLET, à part.

— Un peu plus que cousin et un peu moins que fils.

LE ROI.

— Pourquoi ces nuages qui pèsent encore sur votre front?

HAMLET.

— Il n'en est rien, seigneur; je suis trop près du soleil.

LA REINE.

— Bon Hamlet, dépouille ces couleurs nocturnes — et jette au roi de Danemark un regard ami. — Ne t'acharne pas, les paupières ainsi baissées, — à chercher ton noble père dans la poussière. — Tu le sais, c'est la règle commune : tout ce qui vit doit mourir, — emporté par la nature dans l'éternité.

HAMLET.

— Oui, madame, c'est la règle commune.

LA REINE.

S'il en est ainsi, — pourquoi, dans le cas présent, te semble-t-elle si étrange?

HAMLET.

— Elle me semble, madame? non, elle est! Je ne connais pas les semblants. — Ce n'est pas seulement ce manteau noir comme l'encre, bonne mère, — ni ce costume obligé d'un deuil solennel, — ni le souffle violent d'un soupir forcé, — ni le ruisseau débordant des yeux, — ni la mine abattue du visage, — ni toutes ces formes, tous ces modes, toutes ces apparences de la douleur — qui peuvent révéler ce que j'éprouve. Ce sont là des semblants, — car ce sont des actions qu'un homme peut jouer; — mais j'ai en moi ce qui ne peut se feindre. — Tout le reste n'est que le harnais et le vêtement de la douleur.

LE ROI.

— C'est chose touchante et honorable pour votre caractère, Hamlet, — de rendre à votre père ces funèbres devoirs. — Mais, rappelez-vous-le, votre père avait perdu son père, — celui-ci avait perdu le sien. C'est pour le survivant — une obligation filiale de garder pendant quelque temps — la tristesse du deuil; mais persévérer — dans une affliction obstinée, c'est le fait — d'un entêtement impie; c'est une douleur indigne d'un homme; — c'est la preuve d'une volonté en révolte contre le ciel, — d'un cœur sans humilité, d'une âme sans résignation, — d'une intelligence simple et inculte. — Car, pour un fait qui, nous le savons, doit nécessairement arriver, — et est aussi commun que la chose la plus vulgaire, — à quoi bon, dans une opposition morose, — nous émouvoir à ce point? Fi! c'est une offense au ciel, — une offense aux morts, — une offense à la nature, — une offense absurde à la raison, pour qui la mort des pères — est un lieu commun et qui n'a cessé de crier, depuis le premier cadavre jusqu'à l'homme qui meurt aujourd'hui : — *Cela doit être ainsi!* Nous vous en prions, jetez à terre — cette impuissante douleur, et regardez-nous — comme un père. Car, que le monde le sache bien, — vous êtes de tous le plus proche de notre trône ; — et la noble affection — que le plus tendre père a pour son fils, — je l'éprouve pour vous. Quant à votre projet — de retourner aux écoles de Wittemberg, — il est en tout contraire à notre désir; — nous vous en supplions, consentez à rester — ici, pour la joie et la consolation de nos yeux, — vous, le premier de notre cour, notre cousin et notre fils.

LA REINE.

— Que les prières de ta mère ne soient pas perdues, Hamlet; — je t'en prie, reste avec nous; ne va pas à Wittemberg.

HAMLET.

— Je ferai de mon mieux pour vous obéir en tout, madame.

LE ROI.

— Allons, voilà une réponse affectueuse et convenable : — Soyez en Danemark comme nous-même... Venez, madame : — cette déférence gracieuse et spontanée d'Hamlet — sourit à mon cœur : en actions de grâces, — je veux que le roi de Danemark ne boive pas aujourd'hui une joyeuse santé, — sans que les gros canons le disent aux nuages, — et que chaque toast du roi soit répété par le ciel, — écho du tonnerre terrestre. Sortons.

Le Roi, la Reine, les Seigneurs, Polonius et Laertes sortent.

HAMLET.

— Ah! si cette chair trop solide pouvait se fondre, — se dissoudre et se perdre en rosée! — si l'Éternel n'avait pas dirigé — ses canons contre le suicide!... O Dieu! O Dieu! — combien pesantes, usées, plates et stériles, —

me semblent toutes les jouissances de ce monde! — Fi de la vie! ah! fi! c'est un jardin de mauvaises herbes — qui montent en graine; une végétation fétide et grossière — est tout ce qui l'occupe. Que les choses en soient venues là! — depuis deux mois seulement qu'il est mort! Non, non, pas même deux mois! — Un roi si excellent; qui était à celui-ci — ce qu'Hypérion est à un satyre; si tendre pour ma mère — qu'il ne voulait pas permettre aux vents du ciel — d'atteindre trop rudement son visage. Ciel et terre! — faut-il que je me souvienne? Quoi, elle se pendait à lui, — comme si ses désirs grandissaient — en se rassasiant. Et pourtant, en un mois... — Ne pensons pas à cela... Fragilité, ton nom est femme! — En un petit mois, avant d'avoir usé les souliers — avec lesquels elle suivait le corps de mon pauvre père, — comme Niobé, toute en pleurs. Eh quoi! elle, elle-même! — O ciel! une bête qui n'a pas de réflexion, — aurait gardé le deuil plus longtemps... Mariée avec mon oncle, — le frère de mon père, mais pas plus semblable à mon père — que moi à Hercule : en un mois! — avant même que le sel de ses larmes menteuses — eût cessé d'irriter ses yeux rougis, — elle s'est mariée! O ardeur criminelle! courir — avec une telle vivacité à des draps incestueux! — C'est une mauvaise action qui ne peut mener à rien de bon. — Mais brise-toi, mon cœur! car il faut que je retienne ma langue.

HORATIO, BERNARDO et MARCELLUS entrent.

HORATIO.

— Salut à votre seigneurie.

HAMLET.

Je suis charmé de vous voir bien portant : — Horatio, si j'ai bonne mémoire!

HORATIO.

—Lui-même, monseigneur, et votre humble serviteur toujours.

HAMLET.

—Dites mon bon ami; j'échangerai ce titre avec vous. — Et que faites-vous loin de Wittemberg, Horatio? — Marcellus?

MARCELLUS.

Mon bon seigneur.

HAMLET.

— Je suis charmé de vous voir; bonsoir, monsieur. — Mais vraiment pourquoi avez-vous quitté Wittemberg?

HORATIO.

— Un caprice de vagabond, mon bon seigneur.

HAMLET.

— Je ne laisserais pas votre ennemi parler de la sorte; — vous ne voudrez pas faire violence à mon oreille — pour la forcer à croire votre propre déposition — contre vous-même. Je sais que vous n'êtes point vagabond. — Mais quelle affaire avez-vous à Elseneur? — Nous vous apprendrons à boire sec avant votre départ.

HORATIO.

— Monseigneur, j'étais venu pour assister aux funérailles de votre père.

HAMLET.

— Ne te moque pas de moi, je t'en prie, camarade étudiant; — je crois que c'est pour assister aux noces de ma mère.

HORATIO.

— Il est vrai, monseigneur, qu'elles ont suivi de bien près.

HAMLET.

— Économie! économie, Horatio! Les viandes cuites pour les funérailles (4) — ont été servies froides sur les tables du mariage.. — Que n'ai-je été rejoindre mon plus intime ennemi dans le ciel — plutôt que d'avoir jamais vu ce jour, Horatio! — Mon père! — il me semble que je vois mon père!

HORATIO.

Où donc, — monseigneur?

HAMLET.

Avec les yeux de la pensée, Horatio.

HORATIO.

— Je l'ai vu jadis, c'était un magnifique roi.

HAMLET.

— C'était un homme auquel, tout bien considéré, — je ne retrouverai pas de pareil.

HORATIO.

— Monseigneur, je crois l'avoir vu la nuit dernière.

HAMLET.

Vu! qui?

HORATIO.

— Monseigneur, le roi votre père.

HAMLET.

Le roi mon père!

HORATIO.

— Calmez pour un moment votre surprise — par l'attention, afin que je puisse, — avec le témoignage de ces messieurs, — vous raconter ce prodige.

HAMLET.

Pour l'amour de Dieu, parle.

HORATIO.

— Pendant deux nuits de suite, tandis que ces messieurs, — Marcellus et Bernardo, étaient de garde, — au milieu du désert funèbre de la nuit, — voici ce qui leur est arrivé. Une figure semblable à votre père, — armée de toutes pièces, de pied en cap, — leur est apparue, et, avec une démarche solennelle, — a passé lentement et majestueusement près d'eux : trois fois elle s'est promenée — devant leurs yeux interdits et fixes d'épouvante, — à la distance du bâton qu'elle tenait. Et eux, dissous — par la terreur en une sueur glacée, — sont restés muets et n'ont osé lui parler. — Ils m'ont fait part de ce secret effrayant ; — et la nuit suivante j'ai monté la garde avec eux. — Alors, juste sous la forme et à l'heure que tous deux m'avaient indiquées, — sans qu'il y manquât un détail, — l'apparition est revenue. J'ai reconnu votre père ; — ces deux mains ne sont pas plus semblables.

HAMLET.

Mais où cela s'est-il passé?

MARCELLUS.

— Monseigneur, sur la plate-forme où nous étions de garde.

HAMLET.

— Et vous ne lui avez pas parlé?

HORATIO.

Si, monseigneur : — mais il n'a fait aucune réponse. Une fois pourtant, il m'a semblé — qu'il levait la tête et se mettait — en mouvement comme s'il voulait parler : — mais alors justement, le coq matinal a jeté un cri aigu ; — et à ce bruit, le spectre s'est enfui à la hâte — et s'est évanoui de notre vue.

HAMLET.

C'est très-étrange.

HORATIO.

— C'est aussi vrai que j'existe, mon honoré seigneur ; — et nous avons pensé qu'il était écrit dans notre devoir — de vous en instruire.

HAMLET.

— Mais vraiment, vraiment, messieurs, ceci me trouble. — Êtes-vous de garde cette nuit?

TOUS.

Oui, monseigneur.

HAMLET.

— Armé, dites-vous?

TOUS.

Armé, monseigneur.

HAMLET.

De pied en cap?

TOUS.

— De la tête aux pieds, monseigneur.

HAMLET.

Vous n'avez donc pas vu — sa figure?

HORATIO.

Oh! si, monseigneur, il portait sa visière levée.

HAMLET.

— Eh bien! avait-il l'air farouche?

HORATIO.

Plutôt l'aspect — de la tristesse que de la colère.

HAMLET.

Pâle ou rouge?

HORATIO.

— Ah! très-pâle.

HAMLET.

Et il fixait les yeux sur vous?

HORATIO.

— Constamment.

HAMLET.

Je voudrais avoir été là.

HORATIO.

— Vous auriez été bien stupéfait.

HAMLET.

C'est très-probable, — très-probable. Est-il resté longtemps?

HORATIO.

— Le temps qu'il faudrait pour compter jusqu'à cent sans se presser.

BERNARDO ET MARCELLUS.

— Plus lontemps, plus longtemps.

HORATIO.

Pas la fois où je l'ai vu.

HAMLET.

— La barbe était grisonnante, n'est-ce pas?

HORATIO.

— Elle était comme je la lui ai vue de son vivant, — d'un noir argenté.

HAMLET.

Je veillerai cette nuit; — peut-être reviendra-t-il encore.

HORATIO.

Oui, je le garantis.

HAMLET.

— S'il se présente sous la figure de mon noble père, — je lui parlerai, dût l'enfer, bouche béante, — m'ordonner de me taire. Je vous en prie tous, — si vous avez jusqu'ici tenu cette vision secrète, — gardez toujours le silence; — et quoi qu'il arrive cette nuit, — confiez-le à votre réflexion, mais pas à votre langue. — Je récompenserai vos dévouements. Ainsi, adieu. — Sur la plate-forme, entre onze heures et minuit, — j'irai vous voir.

TOUS.

Nos hommages à votre seigneurie.

HAMLET.

— A moi votre amitié, comme la mienne à vous. Adieu.

Horatio, Marcellus et Bernardo sortent.

— L'esprit de mon père en armes! Tout cela va mal! — Je soupçonne quelque hideuse tragédie! Que la nui n'est-elle déjà venue! — Jusque-là, reste calme, mon âme! Les noires actions, — quand toute la terre les couvrirait, se dresseront aux yeux des hommes.

Il sort.

SCÈNE III

[Une chambre dans la maison de Polonius.]

Entrent LAERTES et OPHÉLIA.

LAERTES.

— Mes bagages sont embarqués, adieu. — Ah! sœur, quand les vents seront bons — et qu'un convoi sera prêt à partir, ne vous endormez pas, — mais donnez-moi de vos nouvelles.

OPHÉLIA.

En pouvez-vous douter?

LAERTES.

— Pour ce qui est d'Hamlet et de ses frivoles attentions, — regardez cela comme une fantaisie, un jeu sensuel, — une violette de la jeunesse printanière, — précoce mais éphémère, suave mais sans durée, — dont le parfum remplit une minute; — rien de plus.

OPHÉLIA.

Rien de plus, vraiment?

LAERTES.

Non, croyez-moi, rien de plus. — Car la nature, dans la croissance, ne développe pas seulement — les muscles et la masse du corps; mais, à mesure que le temple est plus vaste, — les devoirs que le service intérieur impose à l'âme — grandissent également. Peut-être, vous aime-t-il aujourd'hui; — peut-être aucune souillure, aucune déloyauté ne ternit-elle — la vertu de ses désirs; mais

vous devez craindre, — en considérant sa grandeur, que
sa volonté ne soit pas à lui ; — en effet, il est lui-même
le sujet de sa naissance. — Il ne lui est pas permis, comme
aux gens sans valeur, — de décider pour lui-même; car
de son choix dépendent — le salut et la santé de tout
l'État ; — et aussi son choix doit-il être circonscrit — par
l'opinion et par l'assentiment du corps — dont il est la
tête. Donc, s'il dit qu'il vous aime, — vous ferez sagement de n'y croire que dans les limites — où son rang
spécial lui laisse la liberté — de faire ce qu'il dit : liberté
— que règle tout entière la grande voix du Danemark.
— Considérez donc quelle atteinte subirait votre honneur — si vous alliez écouter ses chansons d'une oreille
trop crédule, — ou perdre votre cœur, ou bien ouvrir le
trésor de votre chasteté — à son importunité sans frein.
Prenez-y garde, Ophélia, prenez-y garde, ma chère sœur,
— et tenez-vous en arrière de votre affection, — hors de
la portée de ses dangereux désirs. — La vierge la plus
chiche est assez prodigue — si elle démasque sa beauté
pour la lune. — La vertu même n'échappe pas aux coups
de la calomnie ; — le ver ronge les nouveaux-nés du prin-
temps, — trop souvent même avant que leurs boutons
soient éclos ; — et c'est au matin de la jeunesse, à l'heure
des limpides rosées, — que les souffles contagieux sont le
plus menaçants. — Soyez donc prudente : la meilleure
sauvegarde, c'est la crainte ; — la jeunesse trouve la révolte en elle-même, quand elle ne la trouve pas près
d'elle.

OPHÉLIA.

— Je conserverai le souvenir de ces bons conseils —
comme un gardien pour mon cœur. Mais vous, cher frère,
— ne faites pas comme ce pasteur impie qui — indique
une route escarpée et épineuse vers le ciel, — tandis que
lui-même, libertin repu et impudent, — foule les prime-

vères du sentier de la licence, — sans se soucier de ses propres sermons.

LAERTES.

N'ayez pas de crainte pour moi. — Je tarde trop longtemps. Mais voici mon père.

Polonius entre.

— Une double bénédiction est une double grâce ; — l'occasion sourit à de seconds adieux.

POLONIUS.

— Encore ici, Laertes ! à bord ! à bord ! Quelle honte ! — Le vent est assis sur l'épaule de votre voile, — et l'on vous attend. Voici ma bénédiction.

Il met sa main sur la tête de Laertes.

— Maintenant grave dans ta mémoire ces quelques préceptes : — Refuse l'expression à tes pensées — et l'exécution à toute idée irréfléchie. — Sois familier, mais nullement vulgaire. — Quand tu as adopté et éprouvé un ami, — accroche-le à ton âme avec un crampon d'acier, — mais ne durcis pas ta main au contact — du premier camarade frais éclos que tu dénicheras. Garde-toi — d'entrer dans une querelle ; mais, une fois dedans, — comporte-toi de manière que l'adversaire se garde de toi. — Prête l'oreille à tous, mais tes paroles au petit nombre. — Prends l'opinion de chacun, mais réserve ton jugement. — Que ta mise soit aussi coûteuse que ta bourse te le permet, — sans être de fantaisie excentrique ; riche, mais peu voyante ; — car le vêtement révèle souvent l'homme ; — et en France, les gens de qualité et du premier rang — ont, sous ce rapport, le goût le plus exquis et le plus noble. — Ne sois ni emprunteur, ni prêteur ; — car le prêt fait perdre souvent argent et ami, — et l'emprunt émousse l'économie. — Avant tout, sois loyal envers toi-même ; — et aussi infailliblement que la nuit suit le jour, — tu ne pourras être déloyal envers personne. — Adieu. Que ma bénédiction assaisonne pour toi ces conseils (5)!

LAERTES.

— Je prends très-humblement congé de vous, monseigneur.

POLONIUS.

— L'heure vous appelle : allez, vos serviteurs attendent.

LAERTES.

— Adieu, Ophélia; et souvenez-vous bien — de ce que je vous ai dit.

OPHÉLIA.

Tout est enfermé dans ma mémoire, — et vous en garderez vous-même la clef.

LAERTES.

Adieu.

Laertes sort.

POLONIUS.

— Que vous a-t-il dit, Ophélia?

OPHÉLIA.

— C'est, ne vous déplaise, quelque chose touchant le seigneur Hamlet.

POLONIUS.

— Bonne idée, pardieu ! — On m'a dit que, depuis peu, il a eu avec vous de fréquents tête-à-tête; et que vous-même — vous lui avez prodigué très-généreusement vos audiences. — S'il en est ainsi (et l'on me l'a fait entendre — par voie de précaution), je dois vous dire — que vous ne comprenez pas votre position aussi nettement — qu'il convient à ma fille et à votre honneur. — Qu'y a-t-il entre vous? Confiez-moi la vérité.

OPHÉLIA.

— Il m'a depuis peu, monseigneur, fait maintes offres — de son affection.

POLONIUS.

— De son affection ? peuh ! Vous parlez en fille verte, — qui n'a point passé par le crible de tous ces dangers-là. — Croyez-vous à ses offres, comme vous les appelez?

OPHÉLIA.

— Je ne sais pas, Monseigneur, ce que je dois penser.

POLONIUS.

— Eh bien ! moi, je vais vous l'apprendre. Pensez que vous êtes une enfant — d'avoir pris pour argent comptant des offres — qui ne sont pas de bon aloi. Estimez-vous plus chère ; — ou bien, pour ne pas perdre le souffle de ma pauvre parole — en périphrase, vous m'estimez pour un niais.

OPHÉLIA.

— Monseigneur, il m'a importunée de son amour, — mais d'une manière honorable.

POLONIUS.

— Oui, appelez ça une manière ; allez ! allez !

OPHÉLIA.

— Et il a appuyé ses discours, monseigneur, — de tous les serments les plus sacrés.

POLONIUS.

— Bah ! piéges à attraper des grues ! Je sais, — alors que le sang brûle, avec quelle prodigalité l'âme — prête des serments à la langue. Ces incandescences, ma fille, — qui donnent plus de lumière que de chaleur, et qui s'éteignent — au moment même où elles promettent le plus, — ne les prenez pas pour une vraie flamme. Désormais, ma fille, — soyez un peu plus avare de votre virginale présence ; — ne ravalez point votre conversation — à des pourparlers de commande. Quant au seigneur Hamlet, — ce que vous devez penser de lui, c'est qu'il est jeune, — et qu'il a pour ses écarts la corde plus lâche — que vous. En un mot, Ophélia, — ne vous fiez pas à ses serments ; car ils sont, non les interprètes — de l'intention qui se montre sous leur vêtement, — mais les entremetteurs des désirs sacriléges, — qui ne profèrent tant de saintes et pieuses promesses — que pour mieux tromper. Une fois pour toutes, — je vous le dis en termes nets : à l'avenir, — ne calomniez pas vos loisirs en employant une minute — à échanger des paroles et à causer avec le seigneur Hamlet. — Veillez-y, je vous l'ordonne, passez votre chemin.

OPHÉLIA.

— J'obéirai, monseigneur.

Ils sortent.

SCÈNE IV.

[La plate-forme.]

Entrent HAMLET, HORATIO et MARCELLUS.

HAMLET.

— L'air pince rudement. Il fait très-froid.

HORATIO.

— L'air est piquant et aigre.

HAMLET.

— Quelle heure, à présent ?

HORATIO.

Pas loin de minuit, je crois.

MARCELLUS.

— Non, il est déjà sonné.

HORATIO.

— Vraiment ? Je ne l'ai pas entendu ; alors le temps approche — où l'esprit a l'habitude de se promener.

On entend au dehors une fanfare de trompettes et une décharge d'artillerie.

— Qu'est ce que cela signifie, monseigneur?

HAMLET.

— Le roi passe cette nuit à boire, — au milieu de l'orgie et des danses aux élans effrontés; — et à mesure qu'il boit les rasades de vin du Rhin, — la timbale et la trompette proclament ainsi — le triomphe de ses toasts.

HORATIO.

Est-ce la coutume?

HAMLET.

Oui, pardieu! — Mais, selon mon sentiment, quoique je sois né dans ce pays — et fait pour ses usages, c'est une coutume — qu'il est plus honorable de violer que d'observer. — Ces débauches abrutissantes nous font, de l'orient à l'occident, — bafouer et insulter par les autres nations — qui nous traitent d'ivrognes et souillent notre nom — de l'épithète de pourceaux. Et vraiment cela — suffit pour énerver la gloire que méritent — nos exploits les plus transcendants. — Pareille chose arrive souvent aux individus — qui ont quelque vicieux signe naturel. — S'ils sont nés (ce dont ils ne sont pas coupables, — car la créature ne choisit pas son origine) — avec quelque goût excessif — qui renverse souvent l'enceinte fortifiée de la raison, — ou avec une habitude qui couvre de levain — les plus louables qualités; ces hommes, dis-je, — auront beau ne porter la marque que d'un seul défaut, — livrée de la nature ou insigne du hasard, — leurs autres vertus (fussent-elles pures comme la grâce — et aussi infinies que l'humanité le permet) — seront corrompues dans l'opinion générale — par cet unique défaut. Un atome d'impureté — ruine souvent la plus noble substance — par son alliage dégradant (6).

Entre le SPECTRE.

HORATIO.
Regardez, monseigneur, le voilà !

HAMLET.
— Anges, ministres de grâce, défendez-nous ! — Qui que tu sois, esprit salutaire ou lutin damné ; — que tu apportes avec toi les brises du ciel ou les rafales de l'enfer ; — que tes intentions soient perverses ou charitables, — tu te présentes sous une forme si émouvante — que je veux te parler. Je t'invoque, Hamlet, — sire, mon père, royal Danois ! Oh ! réponds-moi. — Ne me laisse pas déchirer par le doute ; mais dis-moi — pourquoi tes os sanctifiés, ensevelis dans la mort, — ont déchiré leur suaire ! pourquoi le sépulcre — où nous t'avons vu inhumé en paix, — a ouvert ses lourdes mâchoires de marbre — pour te rejeter dans ce monde ! Que signifie ceci ? — Pourquoi toi, corps mort, viens-tu, tout couvert d'acier, — revoir ainsi les clairs de lune — et rendre effrayante la nuit ? Et nous, bouffons de la nature, — pourquoi ébranles-tu si horriblement notre imagination — par des pensées inaccessibles à nos âmes ? — dis, pourquoi cela ? dans quel but ? que veux-tu de nous ?

HORATIO.
— Il vous fait signe de le suivre, — comme s'il voulait vous faire une communication — à vous seul.

MARCELLUS.
Voyez avec quel geste courtois — il vous appelle vers un lieu plus écarté : — mais n'allez pas avec lui !

HORATIO.
Non, gardez-vous en bien !

HAMLET.
— Il ne veut par parler ici : alors je veux le suivre.

HORATIO.
N'en faites rien, monseigneur.

HAMLET.
Pourquoi? qu'ai-je à craindre? — je n'estime pas ma vie au prix d'une épingle; — et quant à mon âme, que peut-il lui faire, — puisqu'elle est immortelle comme lui? — Il me fait signe encore; je vais le suivre.

HORATIO.
— Eh quoi! monseigneur, s'il allait vous attirer vers les flots — ou sur la cime effrayante de ce rocher — qui s'avance au-dessus de sa base, dans la mer? — et là, prendre quelque autre forme horrible — pour détruire en vous la souveraineté de la raison — et vous jeter en démence? Songez-y : — l'aspect seul de ce lieu donne des fantaisies de désespoir — au cerveau de quiconque — contemple la mer de cette hauteur — et l'entend rugir au-dessous.

HAMLET.
Il me fait signe encore.

Au Spectre.

— Va! je te suis.

MARCELLUS.
— Vous n'irez pas, monseigneur.

HAMLET.
Lâchez vos mains.

HORATIO.
— Soyez raisonnable; vous n'irez pas!

HAMLET.
Ma destinée me hèle — et rend ma plus petite artère — aussi robuste que les muscles du lion néméen.

Le Spectre lui fait signe.

— Il m'appelle encore.

S'échappant de leurs bras.

Lâchez-moi, messieurs. — Par le ciel, je ferai un spectre de qui m'arrêtera! — Arrière, vous dis-je!

Au Spectre.
Marche, je te suis.

Le Spectre et Hamlet sortent.

HORATIO.
— L'imagination le rend furieux.

MARCELLUS.
— Suivons-le ; c'est manquer à notre devoir de lui obéir ainsi.

HORATIO.
— Allons sur ses pas. Quelle sera l'issue de tout ceci ?

MARCELLUS.
— Il y a quelque chose de pourri dans l'empire du Danemark.

HORATIO.
— Le ciel avisera.

MARCELLUS.
Eh bien ! suivons-le.

Ils sortent.

SCÈNE V

[Une autre partie de la plate-forme.]

Hamlet et le Spectre reviennent.

HAMLET.
— Où veux-tu me conduire ? parle, je n'irai pas plus loin.

LE SPECTRE.
— Écoute-moi bien.

HAMLET.
J'écoute.

LE SPECTRE.
L'heure est presque arrivée — où je dois retourner

dans les flammes sulfureuses — qui servent à mon tourment.

HAMLET.

Hélas! pauvre ombre!

LE SPECTRE.

— Ne me plains pas, mais prête ta sérieuse attention — à ce que je vais te révéler.

HAMLET.

Parle, je suis tenu d'écouter.

LE SPECTRE.

— Comme tu le seras de tirer vengeance, quand tu auras écouté.

HAMLET.

— Comment?

LE SPECTRE.

Je suis l'esprit de ton père, — condamné pour un certain temps à errer la nuit, — et, le jour, à jeûner dans une prison de flamme, — jusqu'à ce que le feu m'ait purgé des crimes noirs — commis aux jours de ma vie mortelle. S'il ne m'était pas interdit — de dire les secrets de ma prison, — je ferais un récit dont le moindre mot — labourerait ton âme, glacerait ton jeune sang, — ferait sortir de leur sphère tes yeux comme deux étoiles, — déferait le nœud de tes boucles tressées, — et hérisserait chacun de tes cheveux sur ta tête — comme des aiguillons sur un porc-épic furieux. — Mais ces descriptions du monde éternel ne sont pas faites — pour des oreilles de chair et de sang.... Écoute, écoute, oh! écoute!
— Si tu as jamais aimé ton tendre père...

HAMLET.

— O ciel!

LE SPECTRE.

Venge-le d'un meurtre horrible et monstrueux.

HAMLET.

— D'un meurtre?

LE SPECTRE.

Un meurtre horrible ! le plus excusable l'est ; — mais celui-ci fut le plus horrible, le plus étrange, le plus monstrueux.

HAMLET.

— Fais-le-moi vite connaître, pour qu'avec des ailes rapides — comme l'idée ou les pensées d'amour, — je vole à la vengeance !

LE SPECTRE.

Tu es prêt, je le vois. — Tu serais plus inerte que la ronce qui s'engraisse — et pourrit à l'aise sur la rive du Léthé, — si tu n'étais pas excité par ceci. Maintenant, Hamlet, écoute : — On a fait croire que, tandis que je dormais dans mon jardin, — un serpent m'avait piqué : ainsi, toutes les oreilles du Danemark — ont été grossièrement abusées par un récit forgé de ma mort. — Mais sache-le, toi, noble jeune homme : — le serpent qui a mordu ton père mortellement — porte aujourd'hui sa couronne.

HAMLET.

O mon âme prophétique ! mon oncle !

LE SPECTRE.

— Oui, ce monstre incestueux, adultère, — par la magie de son esprit, par ses dons perfides — (oh ! maudits soient l'esprit et les dons qui ont le pouvoir — de séduire à ce point !) a fait céder à sa passion honteuse — la volonté de ma reine, la plus vertueuse des femmes en apparence.... O Hamlet, quelle chute ! — De moi en qui l'amour toujours digne — marchait, la main dans la main, avec la foi — conjugale, descendre — à un misérable dont les dons naturels étaient — si peu de chose auprès des miens. — Mais, ainsi que la vertu reste toujours inébranlable, — même quand le vice la courtise sous une forme céleste ; — de même la luxure, bien qu'accouplée à un ange rayonnant, — aura beau s'assouvir sur un lit divin, — elle n'aura pour proie que l'immondice. — Mais doucement! il me semble que je respire la brise du matin. — Abrégeons. Je dormais dans mon jardin, — selon ma constante habitude, dans l'après-midi. — A cette heure de pleine sécurité, ton oncle se glissa près de moi — avec une fiole pleine du jus maudit de la jusquiame, — et m'en versa dans le creux de l'oreille — la liqueur pestilentielle. L'effet — en est funeste pour le sang de l'homme; — rapide comme le vif argent, elle s'élance à travers — les issues et les allées naturelles du corps; — et par une action soudaine, fait figer — et cailler, comme une goutte d'acide fait du lait, — le sang le plus limpide et le plus pur. C'est ce que j'éprouvai; — et tout à coup je sentis, pareil à Lazare, — la lèpre couvrir partout d'une croûte infecte et hideuse — la surface lisse de mon corps. — Voilà comment dans mon sommeil la main d'un frère — me ravit à la fois existence, couronne et reine. — Arraché dans la floraison même de mes péchés, — sans sacrements, sans préparation, sans viatique, — sans m'être mis en règle, j'ai été envoyé devant mon juge, — ayant toutes mes fautes sur ma tête. — O horrible! horrible! oh! bien horrible (7)! — Si tu n'es pas dénaturé, ne supporte pas cela; que le lit royal de Danemark ne soit pas — la couche de la luxure et de l'inceste damné! — Mais, quelle que soit la manière dont tu poursuives cette action, — que ton esprit reste pur, que ton âme s'abstienne — de tout projet hostile à ta mère; abandonne-la au ciel — et à ces épines qui s'attachent à son sein — pour la piquer et la déchirer. Adieu, une fois pour toutes! — Le ver luisant annonce que le matin est proche, — et commence à pâlir ses feux impuissants. — Adieu, adieu, Hamlet, souviens-toi de moi.

Le spectre sort.

HAMLET.

— O vous toutes, légions du ciel! O terre! Quoi encore? — Y accouplerai-je l'enfer?... Infamie!... Contiens-toi, contiens-toi, mon cœur! — et vous, mes nerfs, ne devenez pas brusquement séniles, — et tenez-moi raide!... Me souvenir de toi! — Oui, pauvre ombre, tant que ma mémoire aura son siége — dans ce globe égaré. Me souvenir de toi? — Oui, je veux du registre de ma mémoire — effacer tous les souvenirs vulgaires et frivoles, — tous les dictons des livres, toutes les formes, toutes les impressions — qu'y ont copiées la jeunesse et l'observation; — et ton ordre vivant remplira seul — les feuillets du livre de mon cerveau, — fermé à ces vils sujets. Oui, par le ciel! — O la plus perfide des femmes! — O scélérat! scélérat! scélérat souriant et damné! — Mes tablettes! mes tablettes! Il importe d'y noter — qu'un homme peut sourire, sourire, et n'être qu'un scélérat. — Du moins, j'en suis sûr, cela se peut en Danemark.

Il écrit.

— Ainsi, mon oncle, vous êtes là. Maintenant le mot d'ordre. — C'est : *Adieu! adieu! Souviens-toi de moi!* — Je l'ai juré.

HORATIO, derrière la scène.

Monseigneur! monseigneur!

MARCELLUS, derrière la scène.

Seigneur Hamlet!

HORATIO, derrière la scène.

— Le ciel le préserve!

MARCELLUS, derrière la scène.

Ainsi soit-il!

HORATIO.

Hillo! ho! ho! monseigneur!

HAMLET.

— Hillo! oh! ho! page! viens, mon faucon, viens!

Entrent Horatio et Marcellus.

MARCELLUS.
— Que s'est-il passé, mon noble seigneur?
HORATIO.
Quelle nouvelle, monseigneur?
HAMLET.
— Oh! prodigieuse!
HORATIO.
Mon bon seigneur, dites-nous-la.
HAMLET.
Non ; — vous la révéleriez.
HORATIO.
Pas moi, monseigneur, j'en jure par le ciel.
MARCELLUS.
Ni moi, monseigneur.
HAMLET.
— Qu'en dites-vous donc? quel cœur d'homme l'eût jamais pensé?... — Mais vous serez discrets.
HORATIO ET MARCELLUS.
Oui, par le ciel, monseigneur!
HAMLET.
— S'il y a dans tout le Danemark un scélérat..., — c'est un coquin fieffé.

HORATIO.
— Il n'était pas besoin, monseigneur, qu'un fantôme sortît de la tombe — pour nous apprendre cela.
HAMLET.
Oui, c'est vrai; vous êtes dans le vrai : — ainsi donc, sans plus de circonlocutions, — je trouve à propos que nous nous serrions la main et que nous nous quittions, — vous allez où vos affaires et vos besoins vous appelleront, (car chacun a ses affaires et ses besoins, — quels

qu'ils soient,) et moi, pour ma pauvre petite part, — voyez-vous, je vais prier.

HORATIO.

— Ce sont là des paroles égarées et vertigineuses, monseigneur.

HAMLET.

— Je suis fâché qu'elles vous offensent, fâché du fond du cœur; — oui, vrai, du fond du cœur.

HORATIO.

Il n'y a pas d'offense, monseigneur.

HAMLET.

— Si, par saint Patrick! il y en a une, — une offense bien grave encore. En ce qui touche cette vision, — c'est un honnête fantôme, permettez-moi de vous le dire : — quant à votre désir de connaître ce qu'il y a entre nous, — maîtrisez-le de votre mieux. Et maintenant, mes bons amis, — si vous êtes vraiment des amis, des condisciples, des compagnons d'armes, — accordez-moi une pauvre faveur.

HORATIO.

Q'est-ce, monseigneur? — volontiers.

HAMLET.

Ne faites jamais connaître ce que vous avez vu cette nuit.

HORATIO ET MARCELLUS.

— Jamais, monseigneur.

HAMLET.

Bien, mais jurez-le.

HORATIO.

Sur ma foi, — monseigneur, je n'en dirai rien.

MARCELLUS.

Ni moi, monseigneur, sur ma foi.

HAMLET.

— Jurez sur mon épée.

MARCELLUS.

Nous avons déjà juré, monseigneur.

HAMLET.

— Jurez sur mon épée, jurez!

LE SPECTRE, de dessous terre.

Jurez!

HAMLET.

— Ah! ah! mon garçon, est-ce toi qui parles? es-tu là, sou vaillant? — Allons... vous entendez le gaillard dans la cave, — consentez à jurer.

HORATIO.

Prononcez la formule, monseigneur!

HAMLET.

— Ne jamais dire un mot de ce que vous avez vu; — jurez-le sur mon épée.

LE SPECTRE, de dessous terre.

Jurez!

HAMLET.

— *Hic et ubique*. Alors, changeons de place. — Venez, ici, messieurs, — et étendez encore les mains sur mon épée. — Vous ne parlerez jamais de ce que vous avez entendu, — jurez-le sur mon épée.

LE SPECTRE, de dessous terre.

Jurez!

HAMLET.

— Bien dit, vieille taupe! Peux-tu donc travailler si vite sous terre? — L'excellent pionnier! Éloignons-nous encore une fois, mes bons amis.

HORATIO.

— Nuit et jour! voilà un prodige bien étrange!

HAMLET.

— Donnez-lui donc la bienvenue due à un étranger. — Il y a plus de choses sur la terre et dans le ciel, Horatio, — qu'il n'en est rêvé dans votre philosophie. — Mais venez donc. — Jurez ici, comme tout à l'heure, et que le ciel vous soit en aide! — Quelque étrange ou bizarre que soit ma conduite, — car il se peut que plus tard, je juge convenable — d'affecter une allure fantasque, — jurez que, me voyant alors, jamais il ne vous arrivera, — en croisant les bras de cette façon, en hochant la tête ainsi, — ou en prononçant quelque phrase douteuse, — comme : « Bien! bien! Nous savons! » ou : « Nous pourrions si nous voulions! » — ou : « S'il nous plaisait de parler! » ou : « Il ne tiendrait qu'à nous! » — ou tel autre mot ambigu, de donner à entendre — que vous avez un secret de moi. Jurez cela, — et que la merci divine vous assiste au besoin! — Jurez!

LE SPECTRE, de dessous terre.

Jurez!

HAMLET.

— Calme-toi! calme-toi, âme en peine! Sur ce, messieurs, — je me recommande à vous de toute mon affection; — et tout ce qu'un pauvre homme comme Hamlet — pourra faire pour vous exprimer son affection et son amitié, — sera fait, Dieu aidant. Rentrons ensemble, — et toujours le doigt sur les lèvres, je vous prie. — Notre époque est détraquée. Maudite fatalité — que je sois jamais né pour la remettre en ordre! — Eh bien! allons! partons ensemble!

Ils sortent.

SCÈNE VI

[Une chambre dans la maison de Polonius.]

Entrent POLONIUS et REYNALDO.

POLONIUS.

Donnez-lui cet argent et ces billets, Reynaldo.

REYNALDO.

Oui, monseigneur.

POLONIUS.

— Il sera merveilleusement sage, bon Reynaldo, — avant de l'aller voir, de vous enquérir — de sa conduite.

REYNALDO.

Monseigneur, c'était mon intention.

POLONIUS.

— Bien dit, pardieu! très-bien dit! Voyez-vous, mon cher, — sachez-moi d'abord quels sont les Danois qui sont à Paris; — comment, avec qui, de quelles ressources, où ils vivent; — quelle est leur société, leur dépense; et une fois assuré, — par ces évolutions et ce manége de questions, — qu'ils connaissent mon fils, avancez-vous plus — que vos demandes n'auront l'air d'y toucher. — Donnez-vous comme ayant de lui une connaissance éloignée, — en disant, par exemple : « Je connais son père et sa famille, — et un peu lui-même. » Comprenez-vous bien, Reynaldo?

REYNALDO.

— Oui, très-bien, monseigneur.

POLONIUS.

« Et un peu lui-même; — mais, (pourrez-vous ajou-
» ter) bien imparfaitement; — d'ailleurs, si c'est bien
» celui dont je parle, c'est un jeune écervelé, — adonné
» à ceci ou à cela... » et alors mettez-lui sur le dos — tout ce qu'il vous plaira d'inventer; rien cependant d'assez odieux — pour le déshonorer; faites-y attention; — tenez-vous, mon cher, à ces légèretés, à ces folies, à ces écarts usuels, — bien connus comme inséparables — de la jeunesse en liberté.

REYNALDO.

Par exemple, monseigneur, l'habitude de jouer.

POLONIUS.

— Oui, ou de boire, de tirer l'épée, de jurer, de se quereller, — de courir les filles : vous pouvez aller jusque-là.

SCÈNE VI.

REYNALDO.

— Monseigneur, il y aurait là de quoi le déshonorer !

POLONIUS.

— Non, en vérité; si vous savez tempérer la chose dans l'accusation. — N'allez pas ajouter à sa charge — qu'il est débauché par nature ; — ce n'est pas là ce que je veux dire : mais effleurez si légèrement ses torts, — qu'on n'y voie que les fautes de la liberté, — l'étincelle et l'éruption d'un cerveau en feu, — et les écarts d'un sang indompté, — qui emporte tous les jeunes gens.

REYNALDO.

Mais, mon bon seigneur...

POLONIUS.

— Et à quel effet devrez-vous agir ainsi ?

REYNALDO.

C'est justement, monseigneur, — ce que je voudrais savoir.

POLONIUS.

Eh bien ! mon cher, voici mon but, — et je crois que c'est un plan infaillible. — Quand vous aurez imputé à mon fils ces légères taches — qu'on verrait chez tout être un peu souillé par l'action du monde, — faites bien attention ! — si votre interlocuteur, celui que vous voulez sonder, — a jamais remarqué aucun des vices énumérés par vous — chez le jeune homme dont vous lui parlez vaguement, — il tombera d'accord avec vous de cette façon ; — *Cher monsieur*, ou *mon ami*, ou *seigneur !* — suivant le langage et la formule, — adoptés par le pays ou par l'homme en question.

REYNALDO.

Très-bien, monseigneur.

POLONIUS.

— Eh bien, donc, alors il... alors... Qu'est-ce que j'allais dire ? — J'allais dire quelque chose : où en étais-je ?

REYNALDO.

— Vous disiez : « Il tombera d'accord de cette façon... »

POLONIUS.

— Il tombera d'accord de cette façon... Oui, morbleu, — il tombera d'accord avec vous comme ceci : « Je con- » nais le jeune homme, — je l'ai vu hier ou l'autre jour, » — à telle ou telle époque; avec tel et tel; et, comme » vous disiez, — il était là à jouer; » ou : « Je l'ai surpris » à boire, » — ou « se querellant au jeu de paume; » ou, peut-être : — « Je l'ai vu entrer dans telle maison suspecte — (*videlicet*, un bordel), » et ainsi de suite. — Vous voyez maintenant, — la carpe de la vérité se prend à l'hameçon de vos mensonges; — et c'est ainsi que, nous autres, hommes de bon sens et de portée, — en entortillant le monde et en nous y prenant de biais, — nous trouvons indirectement notre direction. — Voilà comment, par mes instructions et mes avis préalables, — vous connaîtrez mon fils. Vous m'avez compris, n'est-ce pas?

REYNALDO.

— Oui, monseigneur.

POLONIUS.

Dieu soit avec vous! bon voyage!

REYNALDO.

— Mon bon seigneur...

POLONIUS.

Faites par vous-même l'observation de ses penchants.

REYNALDO.

— Oui, monseigneur.

POLONIUS.

Et laissez-le jouer sa musique.

REYNALDO.

Bien, monseigneur.

POLONIUS.

— Adieu.

Reynaldo sort.

Entre Ophélia.

Eh bien! Ophélia, qu'y a-t-il?

OPHÉLIA.

— Oh! monseigneur! monseigneur, j'ai été si effrayée!

POLONIUS.

— De quoi, au nom du ciel?

OPHÉLIA.

— Monseigneur, j'étais à coudre dans ma chambre, — lorsqu'est entré le seigneur Hamlet, le pourpoint tout défait, — la tête sans chapeau, les bas chiffonnés, — sans jarretières et retombant sur la cheville, — pâle comme sa chemise, les genoux s'entrechoquant, — enfin avec un aspect aussi lamentable — que s'il avait été lâché de l'enfer — pour raconter des horreurs... Il se met devant moi.

POLONIUS.

— Son amour pour toi l'a rendu fou!

OPHÉLIA.

Je n'en sais rien, monseigneur, — mais, vraiment, j'en ai peur.

POLONIUS.

Qu'a-t-il dit?

OPHÉLIA.

— Il m'a prise par le poignet et m'a serrée très-fort. — Puis, il s'est éloigné de toute la longueur de son bras; — et, avec l'autre main posée comme cela au-dessus de mon front, — il s'est mis à étudier ma figure comme — s'il voulait la dessiner. Il est resté longtemps ainsi. — Enfin, secouant légèrement mon bras, — et hochant trois fois la tête de haut en bas, — il a poussé un soupir si pitoyable et si profond — qu'on eût dit que tout son corps allait éclater — et que c'était sa fin. Cela fait, il m'a lâchée, — et, la tête tournée par-dessus l'épaule, — il semblait trouver son chemin sans y voir, — car il a franchi les portes sans l'aide de ses yeux, — et jusqu'à la fin, il en a détourné la lumière sur moi.

POLONIUS.

— Viens avec moi : je vais trouver le roi. — C'est bien là le délire de l'amour : — il se frappe lui-même dans sa violence, — et entraîne la volonté à des entreprises désespérées, — plus souvent qu'aucune des passions qui, sous le ciel, — accablent notre nature. Je suis fâché... — Ah çà, lui auriez-vous dit dernièrement des paroles dures ?

OPHÉLIA.

— Non, mon bon seigneur ; mais, comme vous me l'aviez commandé, — j'ai repoussé ses lettres et je lui ai refusé — tout accès près de moi.

POLONIUS.

C'est cela qui l'a rendu fou. — Je suis fâché de n'avoir pas mis plus d'attention et de discernement — à le juger. Je craignais que ce ne fût qu'un jeu, — et qu'il ne voulût ton naufrage. Mais maudits soient mes soupçons ! — Il semble que c'est le propre de notre âge — de pousser trop loin la précaution dans nos jugements ; — de même que c'est chose commune parmi la jeune génération — de manquer de retenue. Viens, allons trouver le roi. — Il faut qu'il sache tout ceci : le secret sur cet amour peut provoquer — plus de malheurs que sa révélation de colères. — Viens.

Ils sortent.

SCÈNE VII

[Une salle dans le château.]

Entrent le Roi, la Reine, et leur suite, Rosencrantz et
Guildenstern.

LE ROI.

— Soyez les bienvenus, cher Rosencrantz, et vous,
Guildenstern ; — outre le désir que nous avions de vous
voir, — le besoin que nous avons de vos services nousa
provoqué — à vous mander en toute hâte. Vous avez su
quelque chose — de la transformation d'Hamlet ; je dis
transformation, — car, à l'extérieur comme à l'intérieur,
c'est un homme — qui ne se ressemble plus. Un motif —
autre que la mort de son père a-t-il pu le mettre — à ce
point hors de son bon sens? — je ne puis en juger. Je
vous en supplie tous deux, — vous qui avez été élevés dès
l'enfance avec lui, — et êtes restés depuis ses camarades
de jeunesse et de goûts, — daignez résider ici à notre
cour — quelque temps encore, pour que votre compagnie
— le rappelle vers le plaisir, et recueillez — tous les in-
dices que vous pourrez glaner dans l'occasion, — afin de
savoir si le mal inconnu, qui l'accable ainsi, — ne serait
pas, une fois découvert, accessible à nos remèdes.

LA REINE.

— Chers messieurs, il a beaucoup parlé de vous ; — et
il n'y a pas, j'en suis sûre, deux hommes au monde —
auxquels il soit plus attaché. Si vous vouliez bien — nous
montrer assez de courtoisie et de bienveillance — pour
passer quelque temps avec nous, — afin d'aider à l'accomplissement de notre espérance, — cette visite vous
vaudra des remercîments — dignes de la reconnaissance
d'un roi.

ROSENCRANTZ.

Vos majestés — pourraient, en vertu du pouvoir souverain qu'elles ont sur nous, — signifier leur bon plaisir redouté, comme un ordre plutôt — que comme une prière.

GUILDENSTERN.

Nous obéirons tous deux; — et tout courbés, nous nous engageons ici — à mettre libéralement nos services à vos pieds, — sur un commandement.

LE ROI.

— Merci, Rosencrantz; merci, gentil Guildenstern.

LA REINE.

— Merci, Guildenstern; merci, gentil Rosencrantz. — Veuillez, je vous en supplie, vous rendre sur-le-champ — auprès de mon fils. Il est bien changé!

Se tournant vers sa suite.

Que quelques-uns de vous aillent — conduire ces messieurs là où est Hamlet.

GUILDENSTERN.

— Fasse le ciel que notre présence et nos soins — lui soient agréables et salutaires!

LA REINE.

Amen!

Sortent Rosencrantz, Guildenstern et quelques hommes de la suite.

Entre POLONIUS.

POLONIUS, au roi.

— Mon bon seigneur, les ambassadeurs sont joyeusement — revenus de Norwége.

LE ROI.

— Tu as toujours été le père des bonnes nouvelles.

POLONIUS.

— Vrai, monseigneur? soyez sûr, mon bon suzerain, — que mes services, comme mon âme, sont voués — en même temps à mon Dieu et à mon gracieux roi.

SCÈNE VII.

A part, au roi.

— Et je pense, à moins que ma cervelle — ne sache plus suivre la piste d'une affaire aussi sûrement — que de coutume, que j'ai découvert — la cause même de l'état lunatique d'Hamlet.

LE ROI.

— Oh ! parle ! il me tarde de t'entendre.

POLONIUS.

— Donnez d'abord audience aux ambassadeurs ; — ma nouvelle sera le dessert de ce grand festin.

LE ROI.

— Fais-leur toi-même les honneurs et introduis-les.

Polonius sort.

A la reine.

— Il me dit, chère Gertrude, qu'il a découvert — le principe et la source de tout le trouble de votre fils.

LA REINE.

— Je doute fort que ce soit autre chose que le grand motif, — la mort de son père et notre mariage précipité.

Rentre POLONIUS, avec VOLTIMAND et CORNÉLIUS.

LE ROI.

— Bien, nous l'examinerons. Soyez les bienvenus, mes bons amis. — Parlez, Voltimand, quelle est la réponse de notre frère de Norwége ?

VOLTIMAND.

— Le plus ample renvoi de compliments et de vœux. — Dès notre première entrevue, il a expédié l'ordre de suspendre — les levées de son neveu, qu'il avait prises — pour des préparatifs contre les Polonais, — mais qu'après meilleur examen, il a trouvées — vraiment menaçantes pour votre altesse. Indigné — de ce qu'on eût ainsi abusé de sa maladie, de son âge, — de son impuissance, il a fait arrêter — Fortinbras, qui s'est soumis sur-le-champ, a reçu les réprimandes du Norwégien, et enfin — a fait vœu devant son oncle de ne jamais — diriger de tentative armée contre votre majesté. — Sur quoi, le vieux Norwégien, accablé de joie, — lui a accordé trois mille couronnes de traitement annuel, — ainsi que le commandement pour employer les soldats, — levés par lui, contre les Polonais. — En même temps, il vous prie, par les présentes,

Il remet au roi un papier.

— de vouloir bien accorder un libre passage — à travers vos domaines pour cette expédition, — sous telles conditions de sûretés et de garanties — qui sont proposées ici.

LE ROI.

Cela ne nous déplaît pas. — Nous lirons cette dépêche plus à loisir — et nous y répondrons après y avoir réfléchi. — En attendant, nous vous remercions de votre bonne besogne. — Allez vous reposer ; ce soir nous nous attablerons ensemble ; — soyez les bienvenus chez nous.

Sortent Voltimand et Cornélius.

POLONIUS.

Voilà une affaire bien terminée. — Mon suzerain et madame, discuter — ce que doit être la majesté royale, ce que sont les devoirs des sujets, — pourquoi le jour est le jour, la nuit la nuit, et le temps le temps, — ce serait perdre la nuit, le jour et le temps. — En conséquence, puisque la brièveté est l'âme de l'esprit — et que la prolixité en est le corps et la floraison extérieure, — je serai bref. Votre noble fils est fou ; — je dis fou ! car définir en quoi la folie véritable consiste, — ce serait tout simplement fou. — Mais laissons cela.

LA REINE.

Plus de faits et moins d'art.

POLONIUS.

— Madame, je n'y mets aucun art, je vous jure. —

Que votre fils est fou, cela est vrai ; il est vrai que c'est dommage, — et c'est dommage que ce soit vrai : voilà une sotte figure. — Je dis adieu à l'art et vais parler simplement. — Nous accordons qu'il est fou. Il reste maintenant — à découvrir la cause de cet effet, — ou plutôt la cause de ce méfait ; — car cet effet est le méfait d'une cause. — Voilà ce qui reste à faire, et voici le reste du raisonnement... — Pesez bien mes paroles... — J'ai une fille (je l'ai, tant qu'elle est mienne), — qui remplissant son devoir d'obéissance.... suivez bien ! — m'a remis ceci. Maintenant, méditez tout, et concluez.

Il lit.

« A la céleste idole de mon âme, à la belle des belles, à Ophélia. »

Voilà une mauvaise phrase, une phrase vulgaire ; « belle des belles » est une expression vulgaire ; mais écoutez :

« Qu'elle garde ceci sur son magnifique sein blanc. »

LA REINE.

— Quoi ! ceci est adressé par Hamlet à Ophélia ?

POLONIUS.

— Attendez, ma bonne dame, je cite textuellement :

« Doute que les astres soient de flamme ;
» Doute que le soleil se meuve ;
» Doute que la vérité soit la vérité,
» Mais ne doute jamais de mon amour !

» O chère Ophélia, je suis mal à l'aise en ces vers ; je n'ai point l'art d'aligner mes soupirs, mais je t'aime bien ! oh ! par-dessus tout, crois-le. Adieu.

» A toi pour toujours, ma dame chérie, tant que cette machine mortelle m'appartiendra.

» HAMLET. »

— Voilà ce que, dans son obéissance, m'a remis ma fille ; — elle m'a confié, en outre, toutes les sollicitations qu'il lui adressait, — avec tous les détails de l'heure, des moyens et du lieu.

LE ROI.

Mais comment a-t-elle — accueilli son amour?

POLONIUS.

Que pensez-vous de moi?

LE ROI.

— Ce que je dois penser d'un homme loyal et honorable.

POLONIUS.

— Je voudrais toujours l'être. Mais que penseriez-vous de moi, — si, quand j'ai vu cet ardent amour prendre essor — (je m'en étais aperçu, je dois vous le dire, — avant que ma fille m'en eût parlé), que penseriez-vous de moi, — que penserait de moi sa majesté bien-aimée la reine ici présente, — si, jouant le rôle de pupitre ou d'album, — ou faisant de mon cœur un complice muet, — j'avais regardé cet amour d'un œil indifférent? — Que penseriez-vous de moi?... Ah! je suis allé rondement au fait — et j'ai dit à cette petite maîtresse : — *Le seigneur Hamlet est un prince hors de ta sphère, — cela ne doit pas être.* Et alors je lui ai donné pour précepte — de se tenir enfermée hors de sa portée, — de ne pas admettre ses messagers, ni recevoir ses cadeaux. — Ce que faisant, elle a pris les fruits de mes conseils; — et lui (pour abréger l'histoire) se voyant repoussé, — a été pris de tristesse, puis d'inappétence, — puis d'insomnie, puis de faiblesse, — puis de délire, et enfin, par aggravation, — de cette folie qui l'égare maintenant — et nous met tous en deuil.

LE ROI.

Croyez-vous que cela soit?

LA REINE.

— C'est très-probable.

SCÈNE VII.

POLONIUS.

— Quand m'est-il arrivé, je voudrais le savoir, — de dire positivement : *Cela est*, — lorsque cela n'était pas?

LE ROI.

Jamais, que je sache.

POLONIUS, montrant sa tête et ses épaules.

— Séparez ceci de cela, s'il en est autrement ; — pourvu que les circonstances me guident, je découvrirai toujours — la vérité, fût-elle cachée, ma foi, — dans le centre de la terre.

LE ROI.

Comment nous assurer de la chose?

POLONIUS.

— Vous savez que parfois il se promène, pendant quatre heures de suite, — ici, dans la galerie.

LA REINE.

Oui, c'est vrai.

POLONIUS.

— Au moment où il y sera, je lui lâcherai ma fille ; — cachons-nous alors, vous et moi, derrière une tapisserie. — Surveillez l'entrevue : s'il est vrai qu'il ne l'aime pas, — si ce n'est pas pour cela qu'il a perdu la raison, — que je cesse d'assister aux conseils de l'État — et que j'aille gouverner une ferme et des charretiers.

LE ROI.

Essayons cela.

Entre HAMLET, *lisant.*

LA REINE.

— Voyez le malheureux qui s'avance tristement, un livre à la main.

POLONIUS.

— Éloignez-vous, je vous en conjure, éloignez-vous

tous deux; — je veux l'aborder sur-le-champ. Oh! laissez-moi faire. —

Sortent le Roi, la Reine et leur suite.

Comment va mon bon seigneur Hamlet?

HAMLET.

Bien, Dieu merci!

POLONIUS.

Me reconnaissez-vous, monseigneur?

HAMLET.

Parfaitement, parfaitement; vous êtes un marchand de poisson.

POLONIUS.

Non, monseigneur.

HAMLET.

Alors, je voudrais que vous fussiez honnête comme un de ces gens-là.

POLONIUS.

Honnête, monseigneur?

HAMLET.

Oui, monsieur. Pour trouver un honnête homme, au train dont va le monde, il faut choisir entre dix mille.

POLONIUS.

C'est bien vrai, monseigneur.

HAMLET.

Le soleil, tout dieu qu'il est, fait produire des vers à un chien mort, en baisant sa charogne. Avez-vous une fille?

POLONIUS.

Oui, monseigneur.

HAMLET.

Ne la laissez pas se promener au soleil; la conception est une bénédiction du ciel; mais, comme votre fille peut concevoir, ami, prenez garde.

SCÈNE VII.

POLONIUS.

Que voulez-vous dire par là?

A part.

Toujours à rebâcher de ma fille !... Cependant il ne m'a pas reconnu d'abord ; il m'a dit que j'étais un marchand de poisson. Il n'y est plus ! il n'y est plus ! et, de fait, dans ma jeunesse, l'amour m'a réduit à une extrémité bien voisine de celle-ci. Parlons-lui encore... Que lisez-vous là, monseigneur?

HAMLET.

Des mots, des mots, des mots, des mots.

POLONIUS.

De quoi est-il question, monseigneur?

HAMLET.

Entre qui?

POLONIUS.

Je demande de quoi il est question dans ce que vous lisez, monseigneur?

HAMLET.

De calomnies, monsieur! Ce coquin de satiriste dit que les vieux hommes ont la barbe grise et la figure ridée; que leurs yeux jettent une ambre, épaisse comme la gomme du prunier; qu'ils ont une abondante disette d'esprit, ainsi que des jarrets très-faibles. Toutes choses, monsieur, que je crois de toute ma puissance et de tout mon pouvoir, mais que je regarde comme inconvenant d'imprimer ainsi : car vous-même, monsieur, vous auriez le même âge que moi, si, comme une écrevisse, vous pouviez aller à reculons.

POLONIUS, à part.

Quoique ce soit de la folie, il y a pourtant là de la suite.

Haut.

Irez-vous changer d'air, monseigneur?

HAMLET.

Dans mon tombeau?

POLONIUS.

Ce serait en réalité changer d'air...

A part.

Comme ses répliques sont parfois grosses de sens! Heureuses réparties qu'a souvent la folie, et que la raison et le bon sens ne trouveraient pas avec autant d'à-propos. Je vais le quitter et combiner tout de suite les moyens d'une rencontre entre lui et ma fille.

Haut.

Mon honorable seigneur, je vais très-humblement prendre congé de vous.

HAMLET.

Vous ne sauriez, monsieur, rien prendre dont je fasse plus volontiers l'abandon ; excepté ma vie, excepté ma vie, excepté ma vie.

POLONIUS.

Adieu, monseigneur.

HAMLET.

Sont-ils fastidieux, ces vieux fous!

Entrent ROSENCRANTZ et GUILDENSTERN.

POLONIUS.

Vous cherchez le seigneur Hamlet; le voilà.

ROSENCRANTZ, à Polonius.

Dieu vous garde, monsieur!

Sort Polonius.

GUILDENSTERN.

Mon honoré seigneur!

ROSENCRANTZ.

Mon très-cher seigneur!

HAMLET.

Mes bons, mes excellents amis! Comment vas-tu,

Guildenstern? Ah! Rosencrantz! Braves enfants, comment vous trouvez-vous?

ROSENCRANTZ.

Comme la moyenne des enfants de la terre.

GUILDENSTERN.

Heureux, en ce sens que nous ne sommes pas trop heureux. Nous ne sommes point l'aigrette du chapeau de la fortune.

HAMLET.

Ni la semelle de son soulier?

ROSENCRANTZ.

Ni l'une, ni l'autre.

HAMLET.

Alors, vous vivez près de sa ceinture, au centre de ses faveurs.

GUILDENSTERN.

Oui, nous sommes de ses amis privés.

HAMLET.

Dans les parties secrètes de la fortune! Oh! rien de plus vrai, c'est une catin... Quelles nouvelles?

ROSENCRANTZ.

Aucune, monseigneur, si ce n'est que le monde est devenu vertueux.

HAMLET.

Alors le jour du jugement est proche; mais votre nouvelle n'est pas vraie. Laissez-moi vous faire une question plus personnelle : qu'avez-vous donc fait à la fortune, mes bons amis, pour qu'elle vous envoie en prison ici?

GUILDENSTERN.

En prison, monseigneur?

HAMLET.

Le Danemark est une prison.

ROSENCRANTZ.

Alors le monde en est une aussi.

HAMLET.

Une vaste prison, dans laquelle il y a beaucoup de cellules, de cachots et de donjons. Le Danemark est un des pires.

ROSENCRANTZ.

Nous ne sommes pas de cet avis, monseigneur.

HAMLET.

C'est qu'alors le Danemark n'est point une prison pour vous ; car il n'y a de bien et de mal que selon l'opinion qu'on a. Pour moi, c'est une prison.

ROSENCRANTZ.

Soit. Alors, c'est votre ambition qui en fait une prison pour vous ; votre pensée y est trop à l'étroit.

HAMLET.

O Dieu ! je pourrais être enfermé dans une coquille de noix, et me regarder comme le roi d'un espace infini, si je n'avais pas de mauvais rêves.

GUILDENSTERN.

Ces rêves-là sont justement l'ambition ; car toute la substance de l'ambition n'est que l'ombre d'un rêve.

HAMLET.

Un rêve n'est lui-même qu'une ombre.

ROSENCRANTZ.

C'est vrai, et je tiens l'ambition pour chose si aérienne et si légère, qu'elle n'est que l'ombre d'une ombre.

HAMLET.

En ce cas, nos gueux sont des corps, et nos monarques et nos héros démesurés sont les ombres des gueux... Irons-nous à la cour ? car, franchement, je ne suis pas en train de raisonner.

ROSENCRANTZ ET GUILDENSTERN.

Nous vous accompagnerons.

HAMLET.

Il ne s'agit pas de cela, je ne veux pas vous confondre

avec le reste de mes serviteurs; car, foi d'honnête homme, je suis terriblement escorté. Ah çà! pour parler avec le laisser-aller de l'amitié, qu'êtes-vous venus faire à Elseneur?

ROSENCRANTZ.

Vous voir, monseigneur; pas d'autre motif.

HAMLET.

Gueux comme je le suis, je suis pauvre même en remercîments; mais je ne vous en remercie pas moins, et je vous assure, mes bons amis, mes remercîments sont trop chers à un sou. Vous a-t-on envoyé chercher, ou venez-vous me voir spontanément, de votre plein gré? Allons, agissez avec moi en confiance; allons, allons, parlez.

GUILDENSTERN.

Que pourrions-nous dire, monseigneur?

HAMLET.

Eh bien, n'importe quoi... qui réponde à ma question! On vous a envoyé chercher; il y a dans vos regards une sorte d'aveu que votre candeur n'a pas le talent de colorer. Je le sais, le bon roi et la bonne reine vous ont envoyé chercher.

ROSENCRANTZ.

Dans quel but, monseigneur?

HAMLET.

C'est ce qu'il faut m'apprendre. Ah! laissez-moi vous conjurer; par les droits de notre camaraderie, par l'harmonie de notre jeunesse, par les engagements de notre amitié toujours constante, enfin par tout ce qu'un meilleur orateur pourrait invoquer de plus cher, soyez nets et francs avec moi. Vous a-t-on envoyé chercher, oui ou non?

ROSENCRANTZ, à Guildenstern.

Que dites-vous?

HAMLET, à part.

Oui, allez, j'ai l'œil sur vous.
Haut.
Si vous m'aimez, ne me cachez rien.

GUILDENSTERN.

Monseigneur, on nous a envoyé chercher.

HAMLET.

Je vais vous dire pourquoi. De cette manière, mes pressentiments préviendront vos aveux, et votre discrétion envers le roi et la reine ne perdra rien de son duvet. J'ai depuis peu, je ne sais pourquoi, perdu toute ma gaieté, renoncé à tous mes exercices accoutumés; et, vraiment, tout pèse si lourdement à mon humeur, que la terre, cette belle construction, me semble un promontoire stérile; le ciel, ce dais splendide, regardez, ce magnifique plafond, ce toit majestueux, constellé de flammes d'or, eh bien, il ne m'apparaît plus que comme un noir amas de vapeurs pestilentielles. Quel chef-d'œuvre que l'homme! qu'il est noble dans sa raison! qu'il est infini dans ses facultés! dans sa forme et dans ses mouvements, comme il est expressif et admirable! par l'action, semblable à un ange! par la pensée, semblable à un dieu! C'est la merveille du monde, l'animal idéal. Et pourtant qu'est à mes yeux cette quintessence de poussière? L'homme n'a pas de charme pour moi... ni la femme non plus, quoi que semble dire votre sourire.

ROSENCRANTZ.

Monseigneur, il n'y a rien de cela dans ma pensée.

HAMLET.

Pourquoi avez-vous ri, alors, quand j'ai dit : L'homme n'a pas de charme pour moi?

ROSENCRANTZ.

C'est que je me disais, monseigneur, puisque l'homme n'a pas de charme pour vous, quel maigre accuei vous feriez aux comédiens que nous avons accostés en route, et qui viennent ici vous offrir leurs services.

HAMLET.

Celui qui joue le roi sera le bienvenu; sa majesté recevra tribut de moi; le chevalier errant aura le fleuret et l'écu; l'amoureux ne soupirera pas gratis; le personnage fantasque achèvera en paix son rôle; le clown fera rire ceux même dont une toux sèche chatouille les poumons, et la princesse exprimera librement sa passion, dût le vers blanc en être estropié... Quels sont ces comédiens?

ROSENCRANTZ.

Ceux-là même qui vous charmaient tant d'habitude, les tragédiens de la cité.

HAMLET.

Par quel hasard deviennent-ils ambulants? Une résidence fixe, et pour l'honneur et pour le profit, leur serait plus avantageuse.

ROSENCRANTZ.

Je crois qu'elle leur est interdite en conséquence de la dernière innovation (8).

HAMLET.

Sont-ils toujours aussi estimés que lorsque j'étais en ville? Sont-ils aussi suivis?

ROSENCRANTZ.

Non, vraiment, ils ne le sont pas.

HAMLET.

D'où cela vient-il? Est-ce qu'ils commencent à se rouiller?

ROSENCRANTZ.

Non, leur zèle ne se ralentit pas; mais vous saurez, monsieur, qu'il nous est arrivé une nichée d'enfants, à peine sortis de l'œuf, qui crient contre toute concurrence, et qui sont applaudis avec fureur pour cela; ils sont maintenant à la mode, et ils clabaudent si fort contre les théâtres ordinaires (c'est ainsi qu'ils les appellent), que bien des gens portant l'épée ont peur des plumes d'oie, et n'osent plus y aller.

HAMLET.

Comment! ce sont des enfants! Qui les entretient? d'où tirent-ils leur écot? Est-ce qu'ils ne continueront pas leur métier quand leur voix aura mué? Et si, plus tard, ils deviennent comédiens ordinaires, (ce qui est très-probable, s'ils n'ont pas d'autre ressource,) ne diront-ils pas que les auteurs de leur troupe ont eu grand tort de leur faire diffamer leur futur héritage?

ROSENCRANTZ.

Ma foi! il y aurait beaucoup à faire de part et d'autre; et la nation ne se fait pas faute de les pousser à la querelle. Il y a eu un temps où la pièce ne rapportait pas d'argent, à moins que poëtes et acteurs n'en vinssent aux coups.

HAMLET.

Est-il possible?

GUILDENSTERN.

Il y a déjà eu bien des cervelles broyées.

HAMLET.

Et ce sont les enfants qui l'emportent?

ROSENCRANTZ.

Oui, monseigneur; ils emportent Hercule et son fardeau (9).

HAMLET.

Ce n'est pas fort surprenant. Tenez, mon oncle est roi de Danemark; eh bien, ceux qui lui auraient fait la grimace du vivant de mon père donnent vingt, quarante, cinquante et cent ducats pour son portrait en miniature. Sangdieu! il y a là quelque chose qui n'est pas naturel; si la philosophie pouvait l'expliquer!

Fanfare de trompettes derrière le théâtre.

GUILDENSTERN.

Les acteurs sont là.

HAMLET.

Messieurs, vous êtes les bienvenus à Elseneur. Votre main. Approchez. Les devoirs de l'hospitalité sont la politesse et la cérémonie; laissez-moi m'acquitter envers vous dans les règles, de peur que ma courtoisie envers les comédiens, qui, je vous le déclare, doit être noblement ostensible, ne paraisse dépasser celle que je vous témoigne. Vous êtes les bienvenus; mais mon oncle-père et ma tante-mère sont dans l'erreur.

GUILDENSTERN.

En quoi, mon cher seigneur?

HAMLET.

Je ne suis fou que par le vent du nord-nord-ouest; quand le vent est au sud, je peux distinguer un faucon d'un héron.

Entre Polonius.

POLONIUS.

Salut, messieurs.

HAMLET.

Écoutez, Guildenstern...

A Rosencrantz.

Et vous aussi; pour chaque oreille un auditeur. Ce grand bambin que vous voyez là, n'est pas encore hors de ses langes.

ROSENCRANTZ.

Peut-être y est-il revenu; car on dit qu'un vieillard est enfant pour la seconde fois.

HAMLET.

Je vous prédis qu'il vient pour me parler des comédiens. Attention!... Vous avez raison, monsieur, c'est effectivement lundi matin...

POLONIUS.

Monseigneur, j'ai une nouvelle à vous apprendre.

HAMLET.

Monseigneur, j'ai une nouvelle à vous apprendre. Du temps que Roscius était acteur à Rome...

POLONIUS.

Les acteurs viennent d'arriver ici, monseigneur.

HAMLET.

Bah! bah!

POLONIUS.

Sur mon honneur.

HAMLET.

« *Alors arriva chaque acteur sur son âne.* »

POLONIUS.

Ce sont les meilleurs acteurs du monde pour la tragédie, la comédie, le drame historique, la pastorale, la comédie pastorale, la pastorale historique, la tragédie historique, la pastorale tragico-comico-historique; pièces sans division ou poëmes sans limites. Pour eux, Sénèque ne peut être trop lourd, ni Plaute trop léger. Pour concilier les règles avec la liberté, ils n'ont pas leurs pareils.

HAMLET.

« *O Jephté! juge d'Israël,* » quel trésor tu avais!

POLONIUS.

Quel trésor avait-il, monseigneur?

HAMLET.

Eh bien!

Une fille unique charmante
Qu'il aimait passionnément.

POLONIUS, à part.

Toujours ma fille!

HAMLET.

Ne suis-je pas dans le vrai, vieux Jephté?

SCÈNE VII. 265

POLONIUS.

Si vous m'appelez Jephté, monseigneur, c'est que j'ai une fille que j'aime passionnément.

HAMLET.

Non, cela ne s'ensuit pas.

POLONIUS.

Qu'est-ce donc qui s'ensuit, monseigneur?

HAMLET.

Eh bien!

Mais par hasard Dieu sait pourquoi.

Et puis, vous savez :

Il arriva, comme c'était probable...

Le premier couplet de cette pieuse complainte vous en apprendra plus long; mais regardez, voici qui me fait abréger.

Entrent QUATRE OU CINQ COMÉDIENS.

Vous êtes les bienvenus, mes maîtres; bienvenus tous.

A l'un d'eux.

Je suis charmé de te voir bien portant.... Bienvenus, mes bons amis!...

A un autre.

Oh! ce vieil ami! comme ta figure s'est aguerrie depuis que je ne t'ai vu; viens-tu en Danemark pour me faire la barbe?..... Et vous, ma jeune dame, ma princesse! Par Notre-Dame! votre grâce, depuis que je ne vous ai vue, est plus rapprochée du ciel de toute la hauteur d'un sabot vénitien. Priez Dieu que votre voix, comme une pièce d'or qui n'a plus cours, ne se fêle pas dans le cercle de votre gosier (10)!.... Mes maîtres, vous êtes tous les bienvenus. Vite, à la besogne, comme les fauconniers français, et élançons-nous après la première chose venue. Tout de suite une tirade! Allons, donnez-nous un échantillon de votre talent; allons, une tirade passionnée!

PREMIER COMÉDIEN.

Quelle tirade, monseigneur?

HAMLET.

Je t'ai entendu déclamer une tirade qui n'a jamais été dite sur la scène, ou, dans tous les cas, ne l'a été qu'une fois; car la pièce, je m'en souviens, ne plaisait pas à la foule : c'était du *caviar* (11) pour le populaire; mais, selon mon opinion et celle de personnes dont le jugement, en pareilles matières, a eu plus de retentissement que le mien, c'était une excellente pièce, bien conduite dans toutes les scènes, écrite avec autant de réserve que de talent. On disait, je m'en souviens, qu'il n'y avait pas assez de sel dans les vers pour rendre le sujet savoureux, et qu'il n'y avait rien dans le style qui pût faire accuser l'auteur d'affectation; mais on trouvait la pièce d'un goût honnête, aussi saine que suave, et beaucoup plutôt belle par la simplicité que par la recherche. Il y avait surtout un passage que j'aimais; c'était le récit d'Énée à Didon, et spécialement l'endroit où il parle du meurtre de Priam. Si ce morceau vit dans votre mémoire, commencez à ce vers... voyons... voyons...

Pyrrhus hérissé comme la bête d'Hyrcanie,

Ce n'est pas cela; ça commence par Pyrrhus...

Le hérissé Pyrrhus avait une armure de sable,
Qui, noire comme ses desseins, ressemblait à la nuit,
Quand il était couché dans le cheval sinistre.
Mais son physique affreux et noir est barbouillé
D'un blason plus effrayant; des pieds à la tête,
Il est maintenant tout gueules; il est horriblement coloré
Du sang des mères, des pères, des filles, des fils,
Cuit et empâté sur lui par les maisons en flammes
Qui prêtent une lumière tyrannique et damnée

A ces vils massacres. Rôti par la fureur et par le feu,
Et ainsi enduit de caillots coagulés,
Les yeux comme des escarboucles, l'infernal Pyrrhus
Cherche l'ancêtre Priam...

Maintenant, continuez, vous.

POLONIUS.

Par Dieu, monseigneur, voilà qui est bien dit! bon accent et bonne mesure!

PREMIER COMÉDIEN.

Bientôt il le trouve
Lançant sur les Grecs des coups trop courts; son antique épée,
Rebelle à son bras, reste où elle tombe,
Indocile au commandement. Lutte inégale!
Pyrrhus pousse à Priam; dans sa rage, il frappe à côté;
Mais le sifflement et le vent de son épée cruelle suffisent
Pour faire tomber l'aïeul énervé. Alors Ilion, inanimée,
Semble ressentir ce coup; de ses sommets embrasés
Elle s'affaisse sur sa base, et, dans un fracas affreux,
Fait prisonnière l'oreille de Pyrrhus. Mais tout à coup son épée,
Qui allait tomber sur la tête blanche comme le lait
Du vénérable Priam, semble suspendue dans l'air.
Ainsi Pyrrhus est immobile comme un tyran en peinture;
Et, restant neutre entre sa volonté et son œuvre,
Il ne fait rien.
Mais de même que nous voyons souvent, à l'approche de l'orage,
Le silence dans les cieux, les nuages immobiles,
Les vents hardis sans voix, et la terre au-dessous
Muette comme la mort, puis tout à coup un effroyable éclair
Qui déchire la région céleste; de même, après ce moment d'arrêt,
Une fureur vengeresse ramène Pyrrhus à l'œuvre;
Et jamais les marteaux des Cyclopes ne tombèrent
Sur l'armure de Mars pour en forger la trempe éternelle,
Avec moins de remords que l'épée sanglante de Pyrrhus
Ne tombe maintenant sur Priam.
Arrière, arrière, Fortune! prostituée! Vous tous, dieux
Réunis en synode général, enlevez-lui sa puissance;
Brisez tous les rayons et toutes les jantes de sa roue,

Et roulez-en le moyeu arrondi en bas de la colline du ciel,
Aussi bas que chez les démons!

POLONIUS.

C'est trop long.

HAMLET.

Nous l'enverrons chez le barbier avec votre barbe... Je t'en prie, continue. Il lui faut une gigue ou une histoire de mauvais lieu; sinon, il s'endort... Continue; arrive à Hécube.

PREMIER COMÉDIEN.

Mais celui, oh! celui qui eût vu la reine emmitoufflée...

HAMLET.

La reine emmitouflée?

POLONIUS.

C'est bien! *la reine emmitouflée* est bien!

PREMIER COMÉDIEN.

Courir pieds nus çà et là, menaçant les flammes
Des larmes qui l'aveuglent, ayant un chiffon sur cette tête
Où était naguère un diadème, et, pour robe,
Autour de ses reins amollis et par trop fécondés,
Une couverture, attrapée dans l'alarme de la crainte,
Celui qui aurait vu cela, la langue trempée dans le venin,
Aurait déclaré la Fortune coupable de trahison.
Mais si les dieux eux-mêmes l'avaient vue alors
Qu'elle voyait Pyrrhus se faire un jeu malicieux
D'émincer avec son épée les membres de son époux,
Le cri de douleur qu'elle jeta tout à coup
(A moins que les choses de la terre ne les touchent pas du tout),
Aurait trait les larmes des yeux brûlants du ciel
Et le courroux des dieux (12).

POLONIUS.

Voyez donc s'il n'a pas changé de couleur. Il a des larmes dans les yeux. Assez, je te prie.

HAMLET.

C'est bien; je te ferai dire le reste bientôt.

SCÈNE VII.

A Polonius.

Veillez, je vous prie, monseigneur, à ce que ces comédiens soient bien traités. Entendez-vous? qu'on ait pour eux des égards; car ils sont le résumé, la chronique abrégée des temps. Mieux vaudrait pour vous une méchante épitaphe après votre mort que leur blâme pendant votre vie.

POLONIUS.

Monseigneur, je les traiterai conformément à leur mérite.

HAMLET.

Morbleu! l'ami, beaucoup mieux. Traitez chacun d'après son mérite, qui donc échappera aux étrivières?... Non, traitez-les conformément à votre propre rang, à votre propre dignité. Moins vos égards seront mérités, plus votre bienveillance aura de mérite. Emmenez-les.

POLONIUS.

Venez, messieurs.

Polonius sort avec quelques-uns des acteurs.

HAMLET.

Suivez-le, mes amis; nous aurons une représentation demain.

Au premier comédien, auquel il fait signe de rester.

Écoutez-moi, vieil ami : pourriez-vous jouer *le meurtre de Gonzague?*

PREMIER COMÉDIEN.

Oui, monseigneur.

HAMLET.

Eh bien, vous le jouerez demain soir. Vous pourriez, au besoin, étudier une tirade de douze ou quinze vers que j'écrirais et que j'y intercalerais. Vous le pourriez, n'est-ce pas?

PREMIER COMÉDIEN.

Oui, monseigneur.

HAMLET.

Fort bien... Suivez ce seigneur, et ayez soin de ne pas vous moquer de lui.

Sort le comédien.

A Rosencrantz et à Guildenstern.

Mes bons amis, je vous laisse jusqu'à ce soir : vous êtes les bienvenus à Elseneur.

ROSENCRANTZ.

Mon bon seigneur!

Rosencrantz et Guildenstern sortent.

HAMLET.

Oui, que Dieu soit avec vous! Maintenant je suis seul. — O misérable rustre, maroufle que je suis! — N'est-ce pas monstrueux que ce comédien, ici, — dans une pure fiction, dans le rêve d'une passion, — puisse si bien soumettre son âme à sa propre conception, — que tout son visage s'enflamme sous cette influence, — qu'il a les larmes aux yeux, l'effarement dans les traits, — la voix brisée et toute sa personne en harmonie — de formes avec son idée? Et tout cela pour rien! — pour Hécube! — Que lui est Hécube et qu'est-il à Hécube, — pour qu'il pleure ainsi sur elle? Que ferait-il donc, — s'il avait les motifs et les inspirations de douleur — que j'ai? Il noierait la scène dans les larmes, — il déchirerait l'oreille du public par d'effrayantes apostrophes, — il rendrait fous les coupables, il épouvanterait les innocents, — il confondrait les ignorants, il paralyserait — les yeux et les oreilles du spectateur stupéfait! — Et moi pourtant, — niais pétri de boue, blême coquin, — Jeannot rêveur, impuissant pour ma propre cause, — je ne trouve rien à dire, non, rien en faveur d'un roi — à qui l'on a pris son bien et sa vie si chère — dans un guet-apens damné! Suis-je donc un lâche? — Qui veut m'appeler manant? me fendre la caboche? — m'arracher la barbe et me la souffler à la face? — me pincer par le nez? me jeter le démenti par la gorge — en pleine poitrine? Qui veut me faire cela? — Ah! — Pour sûr, je garderais la chose! Il faut absolument — que j'aie le foie d'une tourterelle et que je n'aie pas assez de fiel — pour rendre l'injure amère : autrement, il y a déjà longtemps — que j'aurais engraissé tous les milans du ciel — avec les entrailles de ce drôle. Sanguinaire et obscène scélérat! — sans remords! traître! paillard! ignoble scélérat! — O vengeance! — Quel âne suis-je donc? Oui-dà, voilà qui est bien brave! — Moi, le fils du cher assassiné, — moi, que le ciel et l'enfer poussent aux représailles, — me borner à décharger mon cœur en paroles, comme une putain, — et à jurer, comme une coureuse, — comme une souillon! Fi! — quelle honte!... En campagne, ma cervelle!... Humph! j'ai ouï dire — que des créatures coupables, assistant à une pièce de théâtre, — ont, par l'action seule de la scène, — été frappées dans l'âme, au point que sur-le-champ — elles ont révélé leurs forfaits. — Car le meurtre, bien qu'il n'ait pas de langue, trouve pour parler — de miraculeux organes. Je ferai jouer par ces comédiens — quelque chose qui ressemble au meurtre de mon père, — devant mon oncle. J'observerai ses traits, — je le sonderai jusqu'au vif : pour peu qu'il se trouble, — je sais ce que j'ai à faire. L'esprit que j'ai vu — pourrait bien être le démon; car le démon a le pouvoir — de revêtir une forme attrayante : oui, et peut-être, — abusant de ma faiblesse et de ma mélancolie, — grâce au pouvoir qu'il a sur les esprits comme le mien, — me trompe-t-il pour me damner. Je veux avoir des preuves — plus directes que cela. Cette pièce est la chose — où j'attraperai la conscience du roi.

Il sort.

SCÈNE VIII

[Une autre salle dans le château.]

Entrent le Roi, la Reine, Polonius, Ophélia, Rosencrantz et Guildenstern.

LE ROI.

— Et vous ne pouvez pas, dans le courant de la causerie, — savoir de lui pourquoi il montre tout ce désordre, — et déchire si cruellement le repos de toute sa vie — par cette démence turbulente et dangereuse?

ROSENCRANTZ.

— Il avoue qu'il se sent égaré ; — mais pour quel motif, il n'y a pas moyen de le lui faire dire.

GUILDENSTERN.

— Nous le trouvons peu disposé à se laisser sonder. — Il nous échappe avec une malicieuse folie, — quand nous voulons l'amener à quelque aveu — sur son état véritable.

LA REINE.

Vous a-t-il bien reçus ?

ROSENCRANTZ.

— Tout à fait en gentilhomme.

GUILDENSTERN.

Oui, mais avec une humeur forcée.

ROSENCRANTZ.

— Avare de questions ; mais, à nos demandes, — très-prodigue de réponses.

LA REINE.

L'avez-vous convié — à quelque passe-temps?

ROSENCRANTZ.

— Madame, le hasard a voulu qu'en route — nous ayons rencontré certains comédiens. Nous lui en avons parlé, — et une sorte de joie s'est manifestée en lui — à cette nouvelle. Il sont ici, quelque part dans le palais, — et, à ce que je crois, ils ont déjà l'ordre — de jouer ce soir devant lui.

POLONIUS.

Cela est très-vrai, — et il m'a supplié d'engager vos majestés — à écouter et à voir la pièce.

LE ROI.

— De tout mon cœur, et je suis ravi — de lui savoir cette disposition. — Mes chers messieurs, stimulez-le encore, — et poussez ses idées vers ces distractions.

ROSENCRANTZ.

— Oui, monseigneur.

Sortent Rosencrantz et Guildenstern.

LE ROI.

Chère Gertrude, laissez-nous. — Car nous avons secrètement envoyé chercher Hamlet, — afin qu'il se trouve, comme par hasard, — face à face avec Ophélia. — Son père et moi, espions légitimes, — nous nous placerons de manière que, voyant sans être vus, — nous puissions juger nettement de leurs rapports, — et conclure d'après sa façon d'être — si c'est le chagrin d'amour, ou non, — qui le tourmente ainsi.

LA REINE.

Je vais vous obéir. — Et pour vous, Ophélia, je souhaite — que vos nobles beautés soient l'heureuse cause — de l'égarement d'Hamlet ; je pourrai alors espérer que vos vertus — le ramèneront dans le droit chemin, — pour votre honneur à tous deux.

OPHÉLIA.

Je le souhaite, madame.

La reine sort.

POLONIUS.

— Ophélia, promenez-vous ici... Gracieux maître, s'il vous plaît, — nous irons nous poster.

A Ophélia.

Lisez dans ce livre; — cette apparence d'occupation colorera — votre solitude. C'est un tort que nous avons souvent : — il arrive trop fréquemment qu'avec un visage dévot — et une attitude pieuse, nous parvenons à emmieller — le diable lui-même.

LE ROI, à part.

Oh! cela n'est que trop vrai. Quel cuisant — coup de fouet ce mot-là donne à ma conscience! — La joue d'une prostituée, embellie par un savant plâtrage, — n'est pas plus hideuse sous ce qui la couvre — que mon forfait, sous le fard de mes paroles. — O poids accablant!

POLONIUS.

— Je l'entends qui vient; retirons-nous, — monseigneur.

Sortent le roi et Polonius.

Entre HAMLET.

HAMLET.

— Être, ou ne pas être, c'est là la question. — Y a-t-il plus de noblesse d'âme à subir — la fronde et les flèches de la fortune outrageante, — ou bien à s'armer contre une mer de douleurs — et à l'arrêter par une révolte? Mourir... dormir, — rien de plus;... et dire que par ce sommeil nous mettons fin — aux maux du cœur et aux mille tortures naturelles — qui sont le legs de la chair : c'est là une terminaison — qu'on doit souhaiter avec ferveur. Mourir... dormir, — dormir! peut-être rêver! Oui, là est l'embarras. — Car quels rêves peut-il nous venir dans ce sommeil de la mort, — quand nous sommes dépêtrés des tribulations de cette vie? — Voilà qui doit nous arrêter. C'est cette réflexion-là — qui nous vaut la calamité d'une si longue existence. — Qui, en effet, voudrait supporter les flagellations et les dédains du monde,

— l'injure de l'oppresseur, l'humiliation de la pauvreté, — les angoisses de l'amour méprisé, les lenteurs de la loi, — l'insolence du pouvoir et les rebuffades — que le mérite résigné reçoit de créatures indignes, — s'il pouvait en être quitte — avec un simple poinçon? Qui voudrait porter ces fardeaux, — geindre et suer sous une vie accablante, — si la crainte de quelque chose après la mort, — de cette région inexplorée, d'où — nul voyageur ne revient, ne troublait la volonté, — et ne nous faisait supporter les maux que nous avons — par peur de nous lancer dans ceux que nous ne connaissons pas? — Ainsi la conscience fait de nous tous des lâches; — ainsi les couleur natives de la résolution — blémissent sous les pâles reflets de la pensée; — ainsi les entreprises les plus énergiques et les plus importantes — se détournent de leur cours, à cette idée, — et perdent le nom d'action (13)... Doucement, maintenant! — Voici la belle Ophélia... Nymphe, dans tes oraisons — souviens-toi de tous mes péchés.

OPHÉLIA.

Mon bon seigneur, — comment s'est porté votre honneur tous ces jours passés?

HAMLET.

— Je vous remercie humblement; bien, bien, bien.

OPHÉLIA.

— Monseigneur, j'ai de vous des souvenirs — que depuis longtemps il me tarde de vous rendre. — Recevez-les donc maintenant, je vous prie.

HAMLET.

— Non, non, je ne vous ai jamais rien donné.

OPHÉLIA.

— Mon honoré seigneur, vous savez très-bien que si. — Les paroles qui les accompagnaient étaient faites d'un souffle si embaumé — qu'ils en étaient plus riches; puisqu'ils ont perdu leur parfum, — reprenez-les, car pour un noble cœur, — le plus riche don devient pauvre, quand le donateur cesse d'être bienveillant. — Tenez, monseigneur. —

HAMLET.

Ha! ha! vous êtes vertueuse?

OPHÉLIA.

Monseigneur?

HAMLET.

Et vous êtes belle?

OPHÉLIA.

Que veut dire votre seigneurie?

HAMLET.

Que si vous êtes vertueuse et belle, vous ne devez pas permettre de relation entre votre vertu et votre beauté.

OPHÉLIA.

La beauté, monseigneur, peut-elle avoir une meilleure compagne que la vertu?

HAMLET.

Oui, ma foi : car la beauté aura le pouvoir de faire de la vertu une maquerelle, avant que la vertu ait la force de transformer la beauté à son image. Je vous ai aimée jadis.

OPHÉLIA.

Vous me l'avez fait croire en effet, monseigneur.

HAMLET.

Vous n'auriez pas dû me croire ; car la vertu a beau être greffée à notre vieille souche, celle-ci sent toujours son terroir. Je ne vous aimais pas.

OPHÉLIA.

Je n'en ai été que plus trompée.

HAMLET.

Va-t'en dans un couvent! A quoi bon te faire nourrice de pécheurs? je suis moi-même passablement vertueux;

et pourtant je pourrais m'accuser de telles choses que mieux vaudrait que ma mère ne m'eût pas enfanté ; je suis fort vaniteux, vindicatif, ambitieux ; d'un signe je puis évoquer plus de méfaits que je n'ai de pensées pour les méditer, d'imagination pour leur donner forme, de temps pour les accomplir. A quoi sert-il que des gaillards comme moi rampent entre le ciel et la terre ? Nous sommes tous des gueux fieffés ; ne te fie à aucun de nous. Va tout droit dans un couvent... Où est votre père ?

OPHÉLIA.

Chez lui, monseigneur.

HAMLET.

Qu'on ferme les portes sur lui, pour qu'il ne joue pas le rôle de niais ailleurs que dans sa propre maison. Adieu.

OPHÉLIA.

Oh ! secourez-le, vous, cieux cléments !

HAMLET.

Si tu te maries, je te donnerai pour dot cette vérité empoisonnée : Sois aussi chaste que la glace, aussi pure que la neige, tu n'échapperas pas à la calomnie... Va-t'en dans un couvent. Adieu. Ou, si tu veux absolument te marier, épouse un imbécile ; car les hommes d'esprit savent trop bien quels monstres vous faites d'eux. Au couvent, allons, et vite ! Adieu.

OPHÉLIA.

O puissances célestes, guérissez-le !

HAMLET.

J'ai entendu un peu parler aussi de vos peintures. Dieu vous a donné un visage, et vous vous en faites un autre vous-mêmes ; vous sautillez, vous trottinez, vous zézayez, vous affublez de sobriquets les créatures de Dieu, et vous donnez votre galanterie pour de l'ignorance. Allez, je ne veux plus de cela : cela m'a rendu fou. Je le déclare, nous n'aurons plus de mariages. Ceux qui sont mariés déjà vivront tous, excepté un ; les autres resteront comme ils sont. Au couvent, allez !

Sort Hamlet (14).

OPHÉLIA.

— Oh ! que voilà un noble esprit bouleversé ! — L'œil du courtisan, la langue du savant, l'épée du soldat ! — l'espérance, la rose de ce bel empire, — le miroir du bon ton, le moule de l'élégance, — l'observé de tous les observateurs ! perdu, tout à fait perdu ! — Et moi, de toutes les femmes la plus accablée et la plus misérable, — moi qui ai sucé le miel de ses vœux mélodieux, — voir maintenant cette noble et souveraine raison — faussée et criarde comme une cloche fêlée ! — voir la forme et la beauté incomparable de cette jeunesse en fleur — flétries par la démence ! Oh ! malheur à moi ! — avoir vu ce que j'ai vu, et voir ce que je vois !

Rentrent le ROI et POLONIUS.

LE ROI.

— L'amour ? non, son affection n'est pas de ce côté-là ; — non, ce qu'il disait, quoique manquant un peu de suite, — n'était pas de la folie. Il y a dans son âme quelque chose — que couve sa mélancolie ; — et j'ai peur de voir éclore et sortir de l'œuf — quelque catastrophe. Pour l'empêcher, — voici, par une prompte détermination, — ce que j'ai résolu : Hamlet partira sans délai pour l'Angleterre, — pour réclamer le tribut qu'on néglige d'acquitter. — Peut-être les mers, des pays différents, — avec leurs spectacles variés, chasseront-ils — de son cœur cet objet tenace — dont son cerveau est sans cesse frappé, et qui le met ainsi — hors de lui-même... Qu'en pensez-vous ?

POLONIUS.

— Ce sera bien vu ; mais je crois pourtant — que l'origine et le commencement de sa douleur — proviennent d'un amour dédaigné... Eh bien, Ophélia ? — vous n'avez pas besoin de nous répéter ce qu'a dit le seigneur Hamlet ; nous avons tout entendu... Monseigneur, faites comme il vous plaira ; — mais, si vous le trouvez bon, après la pièce, il faudrait — que la reine sa mère, seule avec lui, le pressât — de révéler son chagrin. Qu'elle lui parle vertement ; — et moi, avec votre permission, je me placerai à la portée — de toute leur conversation. Si elle ne parvient pas à le pénétrer, — envoyez-le en Angleterre ; ou reléguez-le dans le lieu — que votre sagesse aura choisi.

LE ROI.

Il en sera fait ainsi : — la folie chez les grands ne doit pas rester sans surveillance.

Ils sortent.

SCÈNE IX

[La grand'salle du château.]

Entrent HAMLET et PLUSIEURS COMÉDIENS.

HAMLET.

Dites, je vous prie, cette tirade comme je l'ai prononcée devant vous, couramment ; mais si vous la braillez, comme font beaucoup de nos acteurs, j'aimerais autant faire dire mes vers par le crieur de la ville. Ne sciez pas trop l'air ainsi, avec votre bras ; mais usez de tout sobrement ; car, au milieu même du torrent, de la tempête, et, je pourrais dire, du tourbillon de la passion, vous devez avoir et conserver une modération qui lui donne de l'harmonie. Oh ! cela me blesse jusque dans l'âme d'entendre un robuste gaillard, à perruque échevelée, mettre une passion en lambeaux, voire en haillons, et fendre les oreilles de la galerie qui généralement n'apprécie qu'une pantomime incompréhensible et le bruit. Je voudrais faire fouetter ce gaillard-là qui exagère ainsi le matamore et outrehérode Hérode (15) ! Évitez cela, je vous prie.

PREMIER COMÉDIEN.

Je le promets à votre honneur.

HAMLET.

Ne soyez pas non plus trop châtié, mais que votre propre discernement soit votre guide : mettez l'action d'accord avec la parole, la parole d'accord avec l'action, en vous appliquant spécialement à ne jamais violer la nature ; car toute exagération s'écarte du but du théâtre, qui, dès l'origine comme aujourd'hui, a eu et a encore pour objet d'être le miroir de la nature, de montrer à la vertu ses propres traits, à l'infamie sa propre image, et à chaque âge, à chaque transformation du temps, sa figure et son empreinte. Maintenant, si l'expression est exagérée ou affaiblie, elle aura beau faire rire l'ignorant, elle blessera à coup sûr l'homme judicieux dont la critique a, vous devez en convenir, plus de poids que celle d'une salle entière. Oh ! j'ai vu jouer des acteurs, j'en ai entendu louer hautement qui n'avaient ni l'accent, ni la tournure d'un chrétien, d'un païen, d'un homme ! Ils s'enflaient et hurlaient de telle façon que, pour ne pas offenser Dieu, je les ai toujours crus enfantés par quelque journalier de la nature, qui, voulant faire des hommes, les avait manqués, tant ils imitaient abominablement l'humanité !

PREMIER COMÉDIEN.

J'espère que nous avons réformé cela passablement chez nous.

HAMLET.

Oh ! réformez-le tout à fait. Et que ceux qui jouent les clowns ne disent rien en dehors de leur rôle : car il en est qui se mettent à rire d'eux-mêmes pour faire rire un certain nombre de spectateurs ineptes, au moment même où il faudrait remarquer quelque situation essentielle de la pièce. Cela est indigne, et montre la plus pitoyable prétention chez le bouffon dont c'est l'usage. Allez vous préparer.

Sortent les comédiens.

Entrent POLONIUS, ROSENCRANTZ et GUILDENSTERN.

HAMLET, à Polonius.

Eh bien, monseigneur, le roi entendra-t-il ce chef-d'œuvre?

POLONIUS.

Oui, la reine aussi, et cela tout de suite.

HAMLET.

Dites aux acteurs de se dépêcher.

Sort Polonius.

A Rosencrantz et à Guildenstern.

Voudriez-vous tous deux presser leurs préparatifs?

ROSENCRANTZ ET GUILDENSTERN.

Oui, monseigneur.

Sortent Rosencrantz et Guildenstern.

HAMLET.

Holà! Horatio!

Entre HORATIO.

HORATIO.

— Me voici, mon doux seigneur, à vos ordres.

HAMLET.

— Entre tous ceux avec qui j'ai jamais été en rapport, —Horatio, tu es par excellence l'homme juste.

HORATIO.

— Oh! mon cher seigneur!

HAMLET.

Non, ne crois pas que je te flatte. — Car quel avantage

puis-je espérer de toi — qui n'as d'autre revenu que ta bonne humeur — pour te nourrir et t'habiller? A quoi bon flatter le pauvre? — Non. Qu'une langue mielleuse lèche la pompe stupide; — que les charnières fécondes du genou se ploient — là où il peut y avoir profit à flagorner. Entends-tu? — Depuis que mon âme tendre a été maîtresse de son choix — et a pu distinguer entre les hommes, sa prédilection — t'a marqué de son sceau : car tu as toujours été — un homme qui sait tout souffrir comme s'il ne souffrait pas, — un homme que les rebuffades et les faveurs de la fortune — ont trouvé également reconnaissant. Bienheureux ceux — chez qui le tempérament et le jugement sont si bien d'accord! — Ils ne sont pas sous les doigts de la fortune une flûte — qui sonne par le trou qu'elle veut. Donnez-moi l'homme — qui n'est pas l'esclave de la passion, et je le porterai — dans le fond de mon cœur, oui, dans le cœur de mon cœur, — comme toi... Assez sur ce point. — On joue ce soir devant le roi une pièce — dont une scène rappelle beaucoup les détails — que je t'ai dits sur la mort de mon père. — Je t'en prie, quand tu verras cet acte-là en train, — observe mon oncle avec toute la concentration de ton âme. — Si son crime occulte — ne s'échappe pas en un cri de sa tanière, — ce que nous avons vu n'est qu'un spectre infernal, — et mes imaginations sont aussi noires — que l'enclume de Vulcain. Suis-le avec une attention profonde. — Quant à moi, je riverai mes yeux à son visage; — et, après, nous joindrons nos deux jugements — pour prononcer sur ce qu'il aura laissé voir.

HORATIO.

C'est bien, monseigneur. — Si, pendant la représentation il me dérobe un seul mouvement, — et s'il échappe à mes recherches, que je sois responsable du vol!

SCÈNE IX.

HAMLET.

— Les voici qui viennent voir la pièce. Il faut que j'aie l'air désœuvré.

A Horatio.

— Allez prendre place...

Marche danoise. Fanfares.

Entrent le Roi, la Reine, Polonius, Ophélia, Rosencrantz, Guildenstern et autres.

LE ROI.

Comment se porte notre cousin Hamlet?

HAMLET.

Parfaitement, ma foi! Je vis du plat du caméléon : je mange de l'air, et je me bourre de promesses. Vous ne pourriez pas nourrir ainsi des chapons.

LE ROI.

Cette réponse ne s'adresse pas à moi, Hamlet; je ne suis pour rien dans vos paroles.

HAMLET.

Ni moi non plus, je n'y suis plus pour rien.

A Polonius.

Monseigneur, vous jouâtes jadis à l'Université, m'avez-vous dit?

POLONIUS.

Oui, monseigneur; et je passais pour bon acteur.

HAMLET.

Et que jouâtes-vous?

POLONIUS.

Je jouai Jules César; je fus tué au Capitole. Brutus me tua.

HAMLET.

C'était un acte de brute de tuer un veau si capital... Les acteurs sont-ils prêts?

ROSENCRANTZ.

Oui, monseigneur; ils attendent votre bon plaisir.

LA REINE.

Venez ici, mon cher Hamlet, asseyez-vous près de moi.

HAMLET.

Non, ma bonne mère.

Montrant Ophélia.

Voici un métal plus attractif.

POLONIUS, au roi.

Oh! oh! remarquez-vous cela?

HAMLET, se couchant aux pieds d'Ophélia.

Madame, m'étendrai-je entre vos genoux?

OPHÉLIA.

Non, monseigneur.

HAMLET.

Je veux dire la tête sur vos genoux.

OPHÉLIA.

Oui, monseigneur.

HAMLET.

Pensez-vous que j'eusse dans l'idée des choses grossières?

OPHÉLIA.

Je ne pense rien, monseigneur.

HAMLET.

C'est une idée naturelle de s'étendre entre les jambes d'une fille.

OPHÉLIA.

Quoi, monseigneur?

HAMLET.

Rien.

OPHÉLIA.

Vous êtes gai, monseigneur.

HAMLET.

Qui, moi?

OPHÉLIA.

Oui, monseigneur.

HAMLET.

Oh! je ne suis que votre baladin. Qu'a un homme de mieux à faire que d'être gai? Tenez, regardez comme ma mère a l'air joyeux, et il n'y a que deux heures que mon père est mort.

OPHÉLIA.

Mais non, monseigneur, il y a deux fois deux mois.

HAMLET.

Si longtemps? Oh! alors que le diable se mette en noir; pour moi, je veux porter des vêtements écarlates. O ciel! mort depuis deux mois, et pas encore oublié! Alors, il y a espoir que la mémoire d'un grand homme lui survive six mois. Mais pour cela, par Notre-Dame, il faut qu'il bâtisse force églises. Sans quoi, il subira l'oubli comme le cheval de bois dont vous savez l'épitaphe :

Hélas! hélas! le cheval de bois est oublié.

Les trompettes sonnent. La pantomime commence.

Un Roi et une Reine entrent, l'air fort amoureux; ils se tiennent embrassés. La reine s'agenouille et fait au roi force gestes de protestation. Il la relève et penche sa tête sur son cou, puis s'étend sur un banc couvert de fleurs. Le voyant endormi, elle le quitte. Alors survient un personnage qui lui ôte sa couronne, la baise, verse du poison dans l'oreille du roi, et sort. La reine revient, trouve le roi mort, et donne tous les signes du désespoir. L'empoisonneur, suivi de deux ou trois personnages muets, arrive de nouveau et semble se lamenter avec elle. Le cadavre est emporté. L'empoisonneur fait sa cour à la reine en lui offrant des cadeaux. Elle semble quelque temps avoir de la répugnance et du mauvais vouloir, mais elle finit par agréer son amour. Ils sortent.

OPHÉLIA.

Que veut dire ceci, monseigneur?

HAMLET.

Parbleu! c'est une embûche ténébreuse qui veut dire crime.

OPHÉLIA.

Cette pantomime indique probablement le sujet de la pièce.

Entre le Prologue.

HAMLET.

Nous le saurons par ce gaillard-là. Les comédiens ne peuvent garder un secret; ils diront tout.

OPHÉLIA.

Nous dira-t-il ce que signifiait cette pantomime?

HAMLET.

Oui, et toutes les pantomimes que vous lui ferez voir. Montrez-lui sans honte n'importe laquelle, il vous l'expliquera sans honte.

OPHÉLIA.

Vous êtes méchant, vous êtes méchant. Je veux suivre la pièce.

LE PROLOGUE.

Pour nous et pour notre tragédie,
Ici, inclinés devant votre clémence,
Nous demandons une attention patiente.

HAMLET.

Est-ce un prologue ou la devise d'une bague?

OPHÉLIA.

C'est bref, monseigneur.

HAMLET.

Comme l'amour d'une femme.

Entrent sur le second théâtre le Roi et la Reine de la pièce.

LE ROI DE LA PIÈCE.

Trente fois le chariot de Phœbus a fait le tour
Du bassin salé de Neptune et du domaine arrondi de Tellus;

Et trente fois douze lunes ont de leur lumière empruntée
Éclairé en ce monde trente fois douze nuits,
Depuis que l'amour a joint nos cœurs et l'hyménée nos mains
Par les liens mutuels les plus sacrés.

LA REINE DE LA PIÈCE.

Puissent le soleil et la lune nous faire compter
Autant de fois leur voyage, avant que cesse notre amour !
Mais, hélas ! vous êtes depuis quelque temps si malade,
Si triste, si changé,
Que vous m'inquiétez. Pourtant, tout inquiète que je suis,
Vous ne devez pas vous en troubler, monseigneur ;
Car l'anxiété et l'affection d'une femme sont en égale mesure :
Ou toutes deux nulles ou toutes deux extrêmes.
Maintenant, ce qu'est mon amour, vous le savez par épreuve ;
Et mes craintes ont toute l'étendue de mon amour.
Là où l'amour est grand, les moindres appréhensions sont des craintes ;
Là où grandissent les moindres craintes, croissent les grandes amours.

LE ROI DE LA PIÈCE.

Vraiment, amour, il faut que je te quitte, et bientôt.
Mes facultés actives se refusent à remplir leurs fonctions.
Toi, tu vivras après moi dans ce monde si beau,
Honorée, chérie ; et, peut-être un homme aussi bon
Se présentant pour époux, tu...

LA REINE DE LA PIÈCE.

Oh ! grâce du reste !
Un tel amour dans mon cœur serait trahison.
Que je sois maudite dans un second mari !
Nulle n'épouse le second sans tuer le premier.

HAMLET.

De l'absinthe ! voilà de l'absinthe !

LA REINE DE LA PIÈCE.

Les motifs qui poussent à un second mariage
Sont des raisons de vil intérêt, et non pas d'amour.
Je donne une seconde fois la mort à mon seigneur,
Quand un second époux m'embrasse dans mon lit.

LE ROI DE LA PIÈCE.

Je crois bien que vous pensez ce que vous dites là ;
Mais on brise souvent une détermination,
La résolution n'est que l'esclave de la mémoire,
Violemment produite, mais peu viable.
Fruit vert, elle tient à l'arbre,
Mais elle tombe sans qu'on la secoue, dès qu'elle est mûre.
Nous oublions fatalement
De nous payer ce que nous nous devons.
Ce que, dans la passion, nous nous proposons à nous-mêmes,
La passion finie, cesse d'être une volonté.
Les douleurs et les joies les plus violentes
Détruisent leurs décrets en se détruisant.
Où la joie a le plus de rires, la douleur a le plus de larmes.
Gaieté s'attriste et tristesse s'égaie au plus léger accident.
Ce monde n'est pas pour toujours, et il n'est pas étrange
Que nos amours même changent avec nos fortunes.
Car c'est une question encore à décider,
Si c'est l'amour qui mène la fortune, ou la fortune, l'amour.
Un grand est-il à bas ? voyez ! ses courtisans s'envolent.
Le pauvre qui s'élève fait des amis de ses ennemis.
Et jusqu'ici l'amour a suivi la fortune :
Car celui qui n'a pas besoin ne manquera jamais d'ami ;
Et celui qui, dans la nécessité, veut éprouver un ami superficiel,
Le convertit immédiatement en ennemi.
Mais, pour conclure logiquement là où j'ai commencé,
Nos volontés et nos destinées courent tellement en sens contraire,
Que nos projets sont toujours renversés.
Nos pensées sont nôtres, mais leur fin, non pas !
Ainsi, tu crois ne jamais prendre un second mari ;
Mais, meure ton premier maître, tes idées mourront avec lui.

LA REINE DE LA PIÈCE.

Que la terre me refuse la nourriture, et le ciel la lumière !
Que la gaieté et le repos me soient interdits nuit et jour !
Que ma foi et mon espérance se changent en désespoir !
Que le régime d'un anachorète en prison soit mon avenir !
Que tous les revers qui pâlissent le visage de la joie
Rencontrent mes plus chers projets et les détruisent !

Qu'en ce monde et dans l'autre, une éternelle adversité me poursuive,
Si, une fois veuve, je redeviens épouse!

    HAMLET, à Ophélia.
Si maintenant elle rompt cet engagement-là!

    LE ROI DE LA PIÈCE.
Voilà un serment profond. Chère, laisse-moi un moment;
Ma tête s'appesantit, et je tromperais volontiers
Les ennuis du jour par le sommeil.
           Il s'endort.

    LA REINE DE LA PIÈCE.
Que le sommeil berce ton cerveau,
Et que jamais le malheur ne se mette entre nous deux!
           Elle sort.

    HAMLET.
Madame, comment trouvez-vous cette pièce?

    LA REINE.
La dame fait trop de protestations, ce me semble.

    HAMLET.
Oh! mais elle tiendra parole!

    LE ROI.
Connaissez-vous le sujet de la pièce? tout y est-il inoffensif?

    HAMLET.
Oui, oui! ils font tout cela pour rire; du poison pour rire! rien que d'inoffensif!

    LE ROI.
Comment appelez-vous la pièce?

    HAMLET.
La Souricière. Comment? pardieu! au figuré. Cette pièce est le tableau d'un meurtre commis à Vienne. Le duc s'appelle Gonzago, sa femme Baptista. Vous allez voir. C'est une œuvre infâme, mais qu'importe? Votre majesté et moi, nous avons la conscience libre, cela ne

nous touche pas. Que les rosses que cela écorche ruent, nous n'avons pas l'échine entamée.

Entre sur le second théâtre LUCIANUS.

Celui-ci est un certain Lucianus, neveu du roi.
OPHÉLIA.
Vous remplacez parfaitement le chœur, monseigneur.
HAMLET.
Je pourrais expliquer ce qui se passe entre vous et votre amant, si je voyais remuer les marionnettes.
OPHÉLIA.
Vous êtes piquant, monseigneur, vous êtes piquant !
HAMLET.
Il ne vous en coûterait qu'un cri, pour que ma pointe fût émoussée.
OPHÉLIA.
De mieux en pire.
HAMLET.
C'est la désillusion que vous causent tous les maris... Commence, meurtrier, laisse là tes pitoyables grimaces, et commence. Allons!

« Le corbeau croasse : Vengeance ! »

LUCIANUS.
Noires pensées, bras dispos, drogue prête, heure favorable.
L'occasion complice ; pas une créature qui regarde.
Mixture infecte, extraite de ronces arrachées à minuit,
Trois fois flétrie, trois fois empoisonnée par l'imprécation d'Hécate,
Que ta magique puissance, que tes propriétés terribles
Ravagent immédiatement la santé et la vie !

Il verse le poison dans l'oreille du roi endormi.

HAMLET.
Il l'empoisonne dans le jardin pour lui prendre ses États. Son nom est Gonzago. L'histoire est véritable et écrite dans le plus pur italien. Vous allez voir tout à

l'heure comment le meurtrier obtient l'amour de la femme de Gonzago.

OPHÉLIA.

Le roi se lève.

HAMLET.

Quoi! effrayé par un feu follet?

LA REINE.

Comment se trouve monseigneur?

POLONIUS.

Arrêtez la pièce!

LE ROI.

Qu'on apporte de la lumière! sortons.

TOUS.

Des lumières! des lumières! des lumières!

Tous sortent, excepté Hamlet et Horatio.

HAMLET.

Oui, que le daim blessé fuie et pleure,
Le cerf épargné folâtre,
Car les uns doivent rire et les autres pleurer.
Ainsi va le monde.

Si jamais la fortune me traitait de Turc à More, ne me suffirait-il pas, mon cher, d'une scène comme celle-là avec l'addition d'une forêt de plumes et de deux roses de Provins sur des souliers bigarrés, pour être reçu compagnon dans une meute de comédiens?

HORATIO.

Oui, à demi-part.

HAMLET.

Oh! à part entière (16).

Car tu le sais, ô Damon chéri,
Ce royaume démantelé était
A Jupiter lui-même : et maintenant celui qui y règne,
Est un vrai, un vrai.... Baïoque (17).

HORATIO.

Vous auriez pu rimer.

HAMLET.

O mon bon Horatio, je tiendrais mille livres sur la parole du fantôme. As-tu remarqué?

HORATIO.

Parfaitement, monseigneur.

HAMLET.

Quand il a été question d'empoisonnement.

HORATIO.

Je l'ai parfaitement observé.

HAMLET.

Ah! ah!... allons, un peu de musique!... allons, les flageolets!

> Car si le roi n'aime pas la comédie...
> C'est sans doute qu'il ne l'aime pas, pardi!

Entrent Rosencrantz *et* Guildenstern.

Allons, de la musique!

GUILDENSTERN.

Mon bon seigneur, daignez permettre que je vous dise un mot.

HAMLET.

Toute une histoire, monsieur.

GUILDENSTERN.

Le roi, monsieur...

HAMLET.

Ah! oui, monsieur, quelles nouvelles de lui?

GUILDENSTERN.

Il s'est retiré étrangement indisposé.

HAMLET.

Par la boisson, monsieur?

GUILDENSTERN.

Non, monseigneur, par la colère.

HAMLET.

Vous vous seriez montré plus riche de sagesse en allant en instruire le médecin ; car, pour moi, si j'essayais de le purger, je le plongerais peut-être dans une plus grande colère.

GUILDENSTERN.

Mon bon seigneur, soumettez vos discours à quelque logique, et ne vous dérobez pas avec tant d'emportement à ma demande.

HAMLET.

Me voici apprivoisé, monsieur ; parlez.

GUILDENSTERN.

La reine votre mère, dans la profonde affliction de son âme, m'envoie auprès de vous.

HAMLET.

Vous êtes le bienvenu.

GUILDENSTERN.

Non, mon bon seigneur, cette politesse n'est pas de bon aloi. S'il vous plaît de me faire une saine réponse, j'accomplirai l'ordre de votre mère ; sinon, votre pardon et mon retour termineront ma mission.

HAMLET.

Monsieur, je ne puis....

GUILDENSTERN.

Quoi, monseigneur?

HAMLET.

Vous faire une saine réponse : mon esprit est malade. Mais, monsieur, pour une réponse telle que je puis la faire, je suis à vos ordres, ou plutôt, comme vous le disiez, à ceux de ma mère. Ainsi, sans plus de paroles, venons au fait : ma mère, dites-vous?...

ROSENCRANTZ.

Voici ce qu'elle dit : votre conduite l'a frappée d'étonnement et de stupeur.

HAMLET.

O fils prodigieux, qui peut ainsi étonner sa mère !... Mais cet étonnement de ma mère n'a-t-il pas de suite aux talons? Parlez.

ROSENCRANTZ.

Elle demande à vous parler dans son cabinet, avant que vous alliez vous coucher.

HAMLET.

Nous lui obéirons, fût-elle dix fois notre mère. Avez-vous d'autres paroles à échanger avec nous?

ROSENCRANTZ.

Monseigneur, il fut un temps où vous m'aimiez.

HAMLET.

Et je vous aime encore, par ces dix doigts filous et voleurs (18).

ROSENCRANTZ.

Mon bon seigneur, quelle est la cause de votre trouble? Vous barrez vous-même la porte à votre délivrance, en cachant vos peines à un ami.

HAMLET.

Monsieur, je veux de l'avancement.

ROSENCRANTZ.

Comment est-ce possible, quand la voix du roi lui-même vous appelle à lui succéder en Danemark?

HAMLET.

Oui, monsieur, mais, *en attendant, l'herbe pousse*, et le proverbe lui-même se moisit quelque peu.

Entrent les ACTEURS, *chacun avec un flageolet.*

HAMLET, continuant.

Ah! les flageolets!... Voyons-en un.
A Rosencrantz et à Guildenstern qui lui font signe.
Me retirer avec vous! Pourquoi donc cherchez-vous à

me dérouter, comme si vous vouliez me pousser dans un filet?

GUILDENSTERN.

Oh! monseigneur, si mon zèle est trop hardi, c'est que mon amour pour vous est trop sincère.

HAMLET.

Je ne comprends pas bien cela. Voulez-vous jouer de cette flûte?

GUILDENSTERN.

Monseigneur, je ne sais pas.

HAMLET.

Je vous en prie.

GUILDENSTERN.

Je ne sais pas, je vous assure.

HAMLET.

Je vous en supplie.

GUILDENSTERN.

J'ignore même comment on en touche, monseigneur.

HAMLET.

C'est aussi facile que de mentir. Promenez les doigts et le pouce sur ces soupapes, soufflez ici avec la bouche, et cela proférera la plus parfaite musique. Voyez, voici les trous.

GUILDENSTERN.

Mais je ne puis forcer ces trous à exprimer aucune harmonie. Je n'ai pas ce talent.

HAMLET.

Eh bien, voyez maintenant combien peu de cas vous faites de moi. Vous voulez jouer de moi; vous voulez avoir l'air de connaître mes trous; vous voulez arracher l'âme de mon secret; vous voulez me faire résonner tout entier, depuis la note la plus basse jusqu'au sommet de la gamme. Et pourtant, ce petit instrument qui est plein de musique, qui a une voix excellente, vous ne pouvez pas le faire parler. Sangdieu! croyez-vous qu'il soit plus aisé de jouer de moi que d'une flûte? Prenez-moi pour l'instrument que vous voudrez, vous pourrez bien me froisser, mais vous ne saurez jamais jouer de moi.

Entre POLONIUS.

Dieu vous bénisse, monsieur!
POLONIUS.
Monseigneur, la reine voudrait vous parler, et sur-le-champ.
HAMLET.
Voyez-vous ce nuage là-bas qui a presque la forme d'un chameau?
POLONIUS.
Par la messe, on dirait que c'est un chameau, vraiment!
HAMLET.
Je le prendrais pour une belette.
POLONIUS.
Oui, il est tourné comme une belette.
HAMLET.
Ou comme une baleine?
POLONIUS.
Tout à fait comme une baleine.
HAMLET.
Alors, j'irai trouver ma mère tout à l'heure... Ils pèsent sur ma folie presque à casser la corde... J'irai tout à l'heure.
POLONIUS.
Je vais le lui dire.

Polonius sort.
HAMLET.
Tout à l'heure, c'est facile à dire. — Laissez-moi, mes amis.

Sortent Guildenstern, Rosencrantz, Horatio, etc.

Voici l'heure propice aux sorcelleries nocturnes, — où

les tombes bâillent et où l'enfer lui-même souffle — la contagion sur le monde. Maintenant je pourrais boire du sang tout chaud, — et faire une de ces actions amères que le jour — tremblerait de regarder. Doucement! chez ma mère, maintenant! — O mon cœur, garde ta nature; que jamais — l'âme de Néron n'entre dans cette ferme poitrine. — Soyons inflexible, mais non dénaturé; — ayons des poignards dans la voix, mais non à la main. — Qu'en cette affaire ma langue et mon âme soient hypocrites. — Quelques menaces qu'il y ait dans mes paroles, — ne consens jamais, mon âme, à les sceller de l'action.

Il sort.

SCÈNE X

[Une chambre dans le château.]

Entrent le Roi, Rosencrantz et Guildenstern.

LE ROI.

— Je ne l'aime pas; et puis il n'y a point de sûreté pour nous — à laisser sa folie errer. Donc, tenez-vous prêts; — je vais sur-le-champ expédier votre commission, — et il partira avec vous pour l'Angleterre : — la sûreté de notre empire est incompatible — avec les périlleux hasards qui peuvent surgir à toute heure — de ses lunes.

GUILDENSTERN.

Nous allons nous préparer. — C'est un scrupule religieux et sacré — de veiller au salut des innombrables existences — qui se nourrissent de la vie de votre majesté.

ROSENCRANTZ.

— Une existence isolée et particulière est tenue — de se couvrir de toute la puissante armure de l'âme — contre le malheur; à plus forte raison — une vie au souffle de laquelle sont suspendues et liées — tant d'autres existences. Le décès d'une majesté — n'est pas la mort d'un seul : comme l'abîme, elle attire — à elle ce qui est près d'elle. C'est une roue colossale — fixée sur le sommet de la plus haute montagne, — et dont une myriade d'êtres subalternes, emboîtés et réunis, — forment les rayons gigantesques : quand elle tombe, — tous ces petits fragments, ces menus accessoires — sont entraînés dans sa ruine bruyante. Un roi ne rend jamais — le dernier soupir que dans le gémissement de tout un peuple.

LE ROI.

— Équipez-vous, je vous prie, pour ce pressant voyage ; — car nous voulons enchaîner cet épouvantail — qui va maintenant d'un pas trop libre.

ROSENCRANTZ ET GUILDENSTERN.

Nous allons nous hâter.

Sortent Rosencrantz et Guildenstern.

Entre POLONIUS.

POLONIUS.

— Monseigneur, il se rend dans le cabinet de sa mère ; — je vais me glisser derrière la tapisserie — pour écouter la conversation. Je garantis qu'elle va le tancer vertement ; — mais, comme vous l'avez dit, et dit très-sagement, — il est bon qu'une autre oreille que celle d'une mère (car la nature rend les mères partiales) recueille — adroitement ses révélations. Adieu, mon suzerain. — J'irai vous voir avant que vous vous mettiez au lit, — pour vous dire ce que je saurai.

LE ROI.

Merci, mon cher seigneur.

Sort Polonius.

— Oh! ma faute fermente, elle infecte le ciel même ; — elle porte avec elle la première, la plus ancienne malédiction, — celle du fratricide !... Je ne puis pas prier, — bien que le désir m'y pousse aussi vivement que la volonté ; — mon crime est plus fort que ma forte intention ; — comme un homme obligé à deux devoirs, — je m'arrête ne sachant par lequel commencer, — et je les néglige tous deux. Quoi ! quand sur cette main maudite — le sang fraternel ferait une couche plus épaisse qu'elle-même, — est-ce qu'il n'y a pas assez de pluie dans les cieux cléments — pour la rendre blanche comme neige ? A quoi sert la miséricorde, — si ce n'est à affronter le visage du crime ? — Et qu'y a-t-il dans la prière, si ce n'est cette double vertu — de nous retenir avant la chute, — ou de nous faire pardonner, après ? Levons donc les yeux ; — ma faute est passée. Oh ! mais quelle forme de prière — peut convenir à ma situation ?... Pardonnez-moi mon meurtre hideux ?... — Cela est impossible, puisque je suis encore en possession — des objets pour lesquels j'ai commis le meurtre : — ma couronne, ma puissance, ma femme ? — Peut-on être pardonné sans réparer l'offense. — Dans les voies corrompues de ce monde, — la main dorée du crime peut faire dévier la justice, — et l'on a vu souvent le gain criminel lui-même — servir à acheter la loi. Mais il n'en est pas ainsi là-haut : — là, pas de chicane ; là, l'action se poursuit — dans toute sa sincérité ; et nous sommes obligés nous-mêmes, — dussent nos fautes démasquées montrer les dents, — de faire notre déposition. Quoi donc ? qu'ai-je encore à faire ? — Essayer ce que peut le repentir ? Que ne peut-il pas ? — Mais aussi, que peut-il pour celui qui ne peut pas se repentir ? — O situation misérable ! ô conscience noire comme la mort ! — ô pauvre âme engluée, qui, en te débattant pour être libre, — t'engages de plus en plus ! Au secours, anges, faites un effort ! — Pliez, genoux inflexibles ! Et toi, cœur, que tes fibres d'acier

— soient tendres comme les nerfs d'un enfant nouveauné ! — Tout peut être réparé.

Il se met à genoux, à l'écart.

HAMLET.

— Je puis agir à présent ! justement il est en prières ! — Oui, je vais agir à présent... Mais alors il va droit au ciel ; — et est-ce ainsi que je suis vengé ? Voilà qui mérite réflexion. — Un misérable tue mon père ; et pour cela, — moi, son fils unique, j'envoie ce misérable — au ciel ! — Ah ! c'est une faveur, une récompense, non une vengeance. — Il a surpris mon père plein de pain (19), brutalement, — quand ses péchés épanouis étaient éclatants comme le mois de mai. — Et qui sait, hormis le ciel, quelles charges pèsent sur lui ? — D'après nos données et nos conjectures, — elles doivent être accablantes. Serait-ce donc me venger — que de surprendre celui-ci au moment où il purifie son âme, — quand il est en mesure et préparé pour le voyage ? — Non. — Arrête, mon épée. Réserve-toi pour un coup plus horrible : — quand il sera soûl et endormi, ou dans ses fureurs, — ou dans les plaisirs incestueux de son lit, — en train de jouer ou de jurer, ou de faire une action — qui n'ait pas même l'arrière-goût du salut, — alors, culbute-le, de façon que ses talons ruent contre le ciel, — et que son âme soit aussi damnée, aussi noire, — que l'enfer où elle ira ! Ma mère m'attend.

Se tournant vers le roi.

— Ce palliatif-là ne fait que prolonger tes jours malades.

Il sort.

Le roi se lève et s'avance.

LE ROI.

— Mes paroles s'envolent ; mes pensées restent en bas. — Les paroles sans les pensées ne vont jamais au ciel.

Il sort.

SCÈNE XI

[La chambre de la reine.]

Entrent la Reine *et* Polonius.

POLONIUS.

— Il va venir à l'instant. Grondez-le à fond, voyez-vous. — Dites-lui que ses escapades ont été trop loin pour qu'on les supporte, — et que votre grâce s'est interposée entre — lui et une ardente colère. Je m'impose silence dès à présent. — Je vous en prie, menez-le rondement.

HAMLET, derrrière le théâtre.

— Mère! mère! mère!

LA REINE.

Je vous le promets. — Confiez-vous à moi. Éloignez-vous; je l'entends venir.

Polonius se cache.

Entre Hamlet.

HAMLET.

— Me voici, mère. De quoi s'agit-il?

LA REINE.

— Hamlet, tu as gravement offensé ton père.

HAMLET.

— Mère, vous avez gravement offensé mon père.

LA REINE.

— Allons, allons, votre réponse est le langage d'un extravagant.

HAMLET.

— Tenez, tenez, votre question est le langage d'une coupable.

LA REINE.

— Eh bien! qu'est-ce à dire, Hamlet?

HAMLET.

Que me voulez-vous?

LA REINE.

— Avez-vous oublié qui je suis?

HAMLET.

Non, sur la sainte croix! non. — Vous êtes la reine, la femme du frère de votre mari, — et, plût à Dieu qu'il en fût autrement! vous êtes ma mère.

LA REINE.

— Eh bien! je vais vous envoyer des gens qui sauront vous parler.

HAMLET.

— Allons, allons, asseyez-vous; vous ne bougerez pas; — vous ne sortirez pas que je ne vous aie présenté un miroir — où vous puissiez voir la partie la plus intime de vous-même.

LA REINE.

— Que veux-tu faire? veux-tu pas m'assassiner? — Au secours! au secours! holà!

POLONIUS, derrière la tapisserie.

Quoi donc? Holà! au secours!

HAMLET, dégaînant.

Tiens! un rat!

Il donne un coup d'épée dans la tapisserie.

— Mort! Un ducat qu'il est mort!

POLONIUS, derrière la tapisserie.

Oh! je suis tué.

Il tombe et meurt.

LA REINE.

— O mon Dieu, qu'as-tu fait?

HAMLET.

Ma foi, je ne sais pas. — Est-ce le roi?

Il soulève la tapisserie et traîne le corps de Polonius.

LA REINE.

— Oh! quelle action insensée et sanglante!

HAMLET.

— Une action sanglante; presque aussi mauvaise, ma bonne mère, — que de tuer un roi et d'épouser son frère.

LA REINE.

— Que de tuer un roi?

HAMLET.

Oui, madame, ce sont mes paroles.

A Polonius.

— Toi, misérable impudent, indiscret imbécile, adieu! — Je t'ai pris pour un plus grand que toi, subis ton sort. — Tu sais maintenant que l'excès de zèle a son danger.

A sa mère.

— Cessez de vous tordre les mains. Silence! asseyez-vous, — que je vous torde le cœur! Oui, j'y parviendrai, — s'il n'est pas d'une étoffe impénétrable, — si l'habitude du crime ne l'a pas bronzé — et rendu inaccessible au sentiment.

LA REINE.

— Qu'ai-je fait, pour que ta langue me flagelle — de ces clameurs si rudes?

HAMLET.

Une action — qui flétrit la rougeur et la grâce de la pudeur; — qui traite la vertu d'hypocrite; qui enlève la rose — au front pur de l'amour innocent — et y fait un ulcère; qui rend les vœux du mariage — aussi faux que les serments du joueur! Oh! une action — qui du corps du contrat arrache — l'esprit, et fait de la religion la plus douce — une rapsodie de mots. La face du ciel en flamboie, — et la terre, cette masse solide et compacte, — prenant un aspect sinistre comme à l'approche du jugement, — a l'âme malade de cette action.

LA REINE.

Hélas! quelle est l'action — qui gronde si fort dans cet exorde foudroyant?

HAMLET.

— Regardez cette peinture-ci, et celle-là. — Ce sont les portraits des deux frères. — Voyez quelle grâce respirait sur ce visage : — les boucles d'Hypérion! le front de Jupiter lui-même! — l'œil pareil à celui de Mars pour la menace ou le commandement! — l'attitude comme celle du héraut Mercure, — quand il vient de se poser sur une colline à fleur de ciel! — Un ensemble, une forme, vraiment, — où chaque dieu semblait avoir mis son sceau, — pour donner au monde le type de l'homme : — c'était votre mari!... Regardez maintenant, à côté : — c'est votre mari! mauvais grain gâté, — fratricide du bon grain! Avez-vous des yeux? — Avez-vous pu renoncer à vivre sur ce sommet splendide — pour vous vautrer dans ce marais? Ah! avez-vous des yeux? — Vous ne pouvez pas appeler cela de l'amour; car, à votre âge, — le sang le plus ardent s'apprivoise, devient humble, — et suit la raison.

Montrant les deux tableaux (20).

Et quel être raisonnable — voudrait passer de ceci à ceci? Vous êtes sans doute douée de perception, — autrement vous ne seriez pas douée de mouvement; mais sans doute la perception — est paralysée en vous : car la folie ne ferait pas une pareille erreur; — la perception ne s'asservit pas au délire à ce point, — elle garde assez de discernement — pour remarquer une telle différence. Quel diable — vous a ainsi attrapée à colin-maillard? — La vue sans le toucher, le toucher sans la vue, — l'ouïe sans les mains et sans les yeux, l'odorat seul, — une partie même malade d'un de nos sens, — ne serait pas à ce point stupide. — O honte! où est ta rougeur? Enfer re-

SCÈNE XI.

belle, — si tu peux te mutiner ainsi dans les os d'une matrone, — la vertu ne sera plus pour la jeunesse brûlante qu'une cire — toujours fusible à sa flamme. Qu'on ne proclame plus le déshonneur — de quiconque est emporté par une passion ardente, — puisque les frimats eux-mêmes prennent feu si vivement — et que la raison prostitue le désir !

LA REINE.

Oh ! ne parle plus, Hamlet. — Tu tournes mes regards au fond de mon âme, — et j'y vois des taches si noires et si tenaces — que rien ne peut les effacer.

HAMLET.

Et tout cela pour vivre — dans la sueur fétide d'un lit immonde, — dans une étuve d'impureté, emmiellée et faisant l'amour — sur un sale fumier !

LA REINE.

Oh ! ne me parle plus ! — Ces paroles m'entrent dans l'oreille comme autant de poignards. — Assez, mon doux Hamlet !

HAMLET.

Un meurtrier ! un scélérat ! — un maraud ! dîme vingt fois amoindrie — de votre premier seigneur ! un bouffon de roi ! — un coupe-bourse de l'empire et du pouvoir, — qui a volé sur une planche le précieux diadème — et l'a mis dans sa poche !

LA REINE.

Assez !

Entre le SPECTRE.

HAMLET.

Un roi de chiffons et d'oripeaux !... — Sauvez-moi et couvrez-moi de vos ailes, — vous, célestes gardes !

Au spectre.

Que voulez-vous, gracieuse figure ?

LA REINE.

— Hélas! il est fou!

HAMLET.

— Ne venez-vous pas gronder votre fils tardif — de différer, en laissant périmer le temps et la passion, — l'importante exécution de vos ordres redoutés? — Oh! dites!

LE SPECTRE.

N'oublie pas. Cette visitation — n'a pour but que d'aiguiser ta volonté presque émoussée. — Mais regarde, la stupeur accable ta mère. — Oh! interpose-toi dans cette lutte entre elle et son âme; — plus le corps est faible, plus la pensée agit fortement.—Parle-lui, Hamlet.

HAMLET.

Qu'avez-vous, madame?

LA REINE.

— Hélas! qu'avez-vous vous-même? — Pourquoi vos yeux sont-ils fixés dans le vide, — et échangez-vous des paroles avec l'air impalpable? — Vos esprits regardent avec effarement par vos yeux, — et, comme des soldats, réveillés par l'alarme, — vos cheveux, excroissances animées, — se lèvent de leur lit et se dressent. O mon gentil fils, — jette sur la flamme brûlante de ton délire — quelques froides gouttes de patience. Que regardez-vous?

HAMLET.

— Lui! lui!... Regardez comme sa lueur est pâle! — Une pareille forme, prêchant une pareille cause à des pierres, — les rendrait sensibles.

Au spectre.

Ne me regardez pas, — de peur que l'attendrissement ne change — ma résolution rigoureuse. L'acte que j'ai à faire — perdrait sa vraie couleur, celle du sang, pour celle des larmes.

SCÈNE XI.

LA REINE.

— A qui dites-vous ceci?

HAMLET.

Ne voyez-vous rien là?

LA REINE.

— Rien du tout; et pourtant je vois tout ce qui est ici.

HAMLET.

— N'avez-vous rien entendu?

LA REINE.

Non, rien que nos propres paroles.

HAMLET.

— Tenez, regardez, là! Voyez comme il se dérobe! — Mon père, vêtu comme de son vivant! — Regardez, le voilà justement qui franchit le portail.

Sort le spectre.

LA REINE.

— Tout cela est forgé par votre cerveau : — le délire a le don — de ces créations fantastiques.

HAMLET.

— Le délire? — Mon pouls, comme le vôtre, bat avec calme — et garde sa saine harmonie. Ce n'est point une folie — que j'ai proférée : voulez-vous en faire l'épreuve? — je vais tout vous redire; un fou — n'aurait pas cette mémoire. Mère, au nom de la grâce, — ne versez pas en votre âme le baume de cette illusion — que c'est ma folie qui parle, et non votre faute; — vous ne feriez que fermer et cicatriser l'ulcère, — tandis que le mal impur vous minerait toute intérieurement — de son infection invisible. Confessez-vous au ciel; — repentez-vous du passé; prévenez l'avenir, — et ne couvrez pas l'ivraie d'un fumier — qui la rendra plus vigoureuse. Pardonnez-moi cette vertu, — car, au milieu d'un monde devenu poussif à force de pléthore, — il faut que la vertu même demande pardon au vice, — il faut qu'elle implore à genoux la grâce de lui faire du bien.

LA REINE.

— O Hamlet! tu m'as brisé le cœur en deux.

HAMLET.

— Oh! rejetez-en la mauvaise moitié, — et vivez, purifiée, avec l'autre. — Bonne nuit! mais n'allez pas au lit de mon oncle; — affectez la vertu, si vous ne l'avez pas. — L'habitude, ce monstre qui dévore tout sentiment, — ce démon familier, est un ange en ceci — que, pour la pratique des belles et bonnes actions, — elle nous donne aussi un froc, une livrée — facile à endosser. Abstenez-vous cette nuit : — cela rendra un peu plus aisée — l'abstinence prochaine. La suivante sera plus aisée encore; — car l'usage peut presque changer l'empreinte de la nature, — il peut dompter le démon ou le rejeter — avec une merveilleuse puissance. Encore une fois, bonne nuit! — Et quand vous désirerez pour vous la bénédiction du ciel, — je vous demanderai la vôtre.

Montrant Polonius.

Quant à ce seigneur, — j'ai du repentir; mais les cieux ont voulu — nous punir tous deux, lui par moi, moi par lui, — en me forçant à être leur ministre et leur fléau. — Je me charge de lui et je suis prêt à répondre — de la mort que je lui ai donnée. Allons, bonne nuit, encore! — Il faut que je sois cruel, rien que pour être humain. — Commencement douloureux! Le pire est encore à venir.

LA REINE.

— Que dois-je faire?

HAMLET.

— Rien, absolument rien de ce que je vous ai dit. — Que le roi, tout gonflé, vous attire de nouveau au lit; — qu'il vous pince tendrement la joue, qu'il vous appelle sa souris; — et que, pour une paire de baisers fétides, — ou en vous chatouillant le cou de ses doigts damnés, — il vous amène à lui révéler toute cette affaire, — à lui dire que ma folie n'est pas réelle, — qu'elle n'est qu'une ruse! Il sera bon que vous le lui appreniez. — Car une femme, qui n'est qu'une reine, belle, sensée, sage, — pourrait-elle cacher à ce crapaud, à cette chauve-souris, à ce matou, — d'aussi précieux secrets? Qui le pourrait? — Non, en dépit du bon sens et de la discrétion, — ouvrez la cage sur le toit de la maison, — pour que les oiseaux s'envolent : et vous, comme le fameux singe, — pour en faire l'expérience, glissez-vous dans la cage, — et cassez-vous le cou en tombant.

LA REINE.

— Sois sûr que, si les mots sont faits de souffle, — et si le souffle est fait de vie, je n'ai pas de vie pour souffler mot — de ce que tu m'as dit.

HAMLET.

— Il faut que je parte pour l'Angleterre ; vous le savez?

LA REINE.

Hélas! — je l'avais oublié; c'est décidé.

HAMLET, à part.

— Il y a des lettres cachetées : et mes deux condisciples — auxquels je me fie comme à des vipères prêtes à mordre, — portent les dépêches : ce sont eux qui doivent me frayer le chemin — et m'attirer au guet-apens. Laissons faire : — c'est un plaisir de faire sauter l'ingénieur — avec son propre pétard : j'aurai du malheur — si je ne parviens pas à creuser d'un mètre au-dessous de leurs mines, — et à les lancer dans la lune. Oh! ce sera charmant — de voir ma contre-mine rencontrer tout droit leur projet.

Montrant Polonius.

— Commençons nos paquets par cet homme, — et fourrons ses entrailles dans la chambre voisine. — Mère, bonne nuit. Vraiment, ce conseiller — est maintenant bien tranquille, bien discret, bien grave, — lui qui, vivant, était un drôle si niais et si bavard. — Allons, monsieur, finissons-en avec vous. — Bonne nuit, ma mère.

La reine sort d'un côté, Hamlet, d'un autre, en traînant Polonius.

SCÈNE XII

[La salle d'État dans le château.]

Entrent le Roi, *la* Reine, Rosencrantz *et* Guildenstern.

LE ROI.

— Il y a une cause à ces soupirs, à ces palpitations profondes ; — il faut que vous l'expliquiez ; il convient que nous la connaissions. — Où est votre fils ?

LA REINE, *à Rosencrantz et à Guildenstern.*

Laissez-nous ici un moment.

Rosencrantz et Guildenstern sortent.

— Ah ! mon bon seigneur, qu'ai-je vu cette nuit ?

LE ROI.

— Quoi donc, Gertrude ?... Comment est Hamlet ?

LA REINE.

— Fou comme la mer et comme la tempête, quand elles luttent — à qui sera la plus forte. Dans un de ses accès effrénés — entendant remuer quelque chose derrière la tapisserie, — il a fait siffler son épée en criant : Un rat ! un rat ! — et dans le trouble de sa cervelle, il a tué — sans le voir le bon vieillard.

LE ROI.

O accablante action ! — Nous aurions eu le même sort, si nous avions été là : — sa liberté est pleine de menaces pour tous, — pour vous-même, pour nous, pour le premier venu. — Hélas! qui répondra de cette action sanglante? — C'est sur nous qu'elle retombera, sur nous dont la prévoyance — aurait dû tenir de près et isoler du monde — ce jeune fou. Mais telle était notre tendresse, — que nous n'avons pas voulu comprendre la chose la plus raisonnable. — Nous avons fait comme l'homme atteint d'une maladie hideuse, — qui, par crainte de la divulguer, lui laisse dévorer — sa vie jusqu'à la moelle. Où est-il allé?

LA REINE.

— Mettre à l'écart le corps qu'il a tué. — Dans sa folie même, comme l'or — dans un gisement de vils métaux, — son âme reste pure. Il pleure sur ce qu'il a fait.

LE ROI.

— O Gertrude, sortons! — Dès que le soleil aura touché les montagnes, — nous le ferons embarquer. Quant à cette odieuse action, — il nous faudra toute notre majesté et notre habileté — pour la couvrir et l'excuser. Holà! Guildenstern!

Rentrent Rosencrantz *et* Guildenstern.

— Mes amis, prenez du renfort. — Hamlet, dans sa folie, a tué Polonius, — et l'a traîné hors du cabinet de sa mère. — Allez le trouver, parlez-lui doucement, et transportez le corps — dans la chapelle. Je vous en prie, hâtez-vous.

Sortent Rosencrantz et Guildenstern.

— Viens, Gertrude; nous allons convoquer nos amis les plus sages — pour leur faire savoir ce que nous comptons faire, — et l'imprudence qui a été commise. Ainsi la calomnie — qui traverse le monde, — comme un canon atteint la cible, — de son boulet empoisonné, pourra manquer notre nom, — et ne frapper que l'air invulnérable. Oh! partons! — mon âme est pleine de discorde et d'épouvante. —

Ils sortent.

SCÈNE XIII

[Un appartement dans le château.]

Entre HAMLET.

HAMLET.

Déposé en lieu sûr.

VOIX, derrière le théâtre.

Hamlet! seigneur Hamlet!

HAMLET.

Quel est ce bruit? Qui appelle Hamlet? Oh! on vient ici!

Entrent ROSENCRANTZ et GUILDENSTERN.

ROSENCRANTZ.

Qu'avez-vous fait du cadavre, monseigneur?

HAMLET.

Confondu avec la poussière dont il est parent.

ROSENCRANTZ.

Dites-nous où il est, que nous puissions le retirer et le porter à la chapelle.

HAMLET.

N'allez pas croire cela.

ROSENCRANTZ.

Quoi?

HAMLET.

Que je puisse garder votre secret, et pas le mien. Et puis, être questionné par une éponge! Quelle réponse peut lui faire le fils d'un roi?

ROSENCRANTZ.

Me prenez-vous pour une éponge, monseigneur?

HAMLET.

Oui, monsieur, une éponge qui absorbe les grâces du roi, ses récompenses, son autorité. Du reste, de tels officiers finissent par rendre au roi les plus grands services. Il les garde comme ferait un singe, dans le coin de sa mâchoire, pour les mâcher avant de les avaler. Quand il aura besoin de ce que vous aurez glané, il n'aura qu'à vous presser, éponges, et vous redeviendrez à sec.

ROSENCRANTZ.

Je ne vous comprends pas, monseigneur.

HAMLET.

J'en suis bien aise. Un méchant propos se niche dans une sotte oreille.

ROSENCRANTZ.

Monseigneur, vous devez nous dire où est le corps, et venir avec nous chez le roi.

HAMLET.

Le corps est avec le roi, mais le roi n'est pas avec le corps. Le roi est une créature.....

GUILDENRSTENE.

Une créature, monseigneur?

HAMLET.

De rien. Conduisez-moi vers lui. Renard, nous allons jouer à cache-cache.

SCÈNE XIV

[La salle d'État dans le château.]

Entre LE ROI avec sa suite.

LE ROI.

— J'ai envoyé à sa recherche et à la découverte du corps.

A part.

— Combien il est dangereux que cet homme soit libre ! — Pourtant, ne le soumettons pas à la loi rigoureuse : — il est adoré de la multitude en délire, — qui aime, non par le jugement, mais par les yeux ; — et, dans ce cas-là, c'est le châtiment du criminel qu'elle pèse, — jamais le crime. Pour que tout se passe doucement et sans bruit, — il faut que cet embarquement soudain paraisse — une décision réfléchie. Aux maux désespérés — il faut des remèdes désespérés.

Entre Rosencrantz.

— Ou il n'en faut pas du tout. Eh bien! que s'est-il passé?

ROSENCRANTZ.

— Où le cadavre est déposé, monseigneur, — c'est ce que nous n'avons pu savoir de lui.

LE ROI.

Mais où est-il lui-même?

ROSENCRANTZ.

— Ici près, monseigneur; gardé, en attendant votre bon plaisir.

LE ROI.

— Amenez-le devant nous.

ROSENCRANTZ.

— Holà! Guildenstern. Amenez monseigneur. —

Entrent Hamlet *et* Guildenstern.

LE ROI.

Eh bien! Hamlet, où est Polonius?

HAMLET.

A souper.

LE ROI.

A souper! Où donc?

HAMLET.

Quelque part où il ne mange pas, mais où il est mangé : une certaine réunion de vers politiques est groupée autour de lui. Le ver, voyez-vous, est votre empereur pour la bonne chère. Nous engraissons toutes les autres créatures pour nous engraisser; et nous nous engraissons nous-mêmes pour les infusoires. Le roi gras et le mendiant maigre ne sont qu'un service différent, deux plats pour la même table. Voilà la fin.

LE ROI.

Hélas! hélas!

HAMLET.

Un homme peut pêcher avec un ver qui a mangé d'un roi, et manger du poisson qui s'est nourri de ce ver.

LE ROI.

Que veux-tu dire par là?

HAMLET.

Rien; je veux seulement vous montrer comment un roi peut faire un voyage à travers les boyaux d'un mendiant.

LE ROI.

Où est Polonius?

HAMLET.

Au ciel; envoyez-y voir : si votre messager ne l'y trouve pas, cherchez-le vous-même dans l'endroit opposé. Mais, ma foi, si vous ne le trouvez pas d'ici à un mois, vous le flairerez en montant l'escalier de la galerie.

LE ROI, à des gens de sa suite.

Allez l'y chercher.

HAMLET.

Il attendra que vous veniez.

Les gens sortent.

LE ROI.

— Hamlet, dans l'intérêt de ta santé, — qui nous est aussi chère que nous est douloureux — ce que tu as fait; ton action exige que tu partes d'ici — avec la rapidité de l'éclair. Va donc te préparer. — Le navire est prêt, et le vent favorable; — tes compagnons t'attendent, et tout est disposé — pour ton voyage en Angleterre.

HAMLET.

En Angleterre?

LE ROI.

Oui, Hamlet.

HAMLET.

C'est bien.

LE ROI.

— Tu parles comme si tu connaissais nos projets. —

HAMLET.

Je vois un chérubin qui les voit. Mais, allons, en Angleterre! Adieu, chère mère.

LE ROI.

Et ton père qui t'aime, Hamlet?

HAMLET.

Ma mère! père et mère, c'est mari et femme : mari et femme, c'est même chair. Donc, ma mère! en Angleterre, allons!

Il sort.

LE ROI, à Rosencrantz et à Guildenstern.

— Suivez-le pas à pas; attirez-le vite à bord. — Pas de délai. Je le veux parti ce soir. — Allez! j'ai expédié et scellé — tout ce qui se rapporte à l'affaire. Hâtez-vous, je vous prie.

Sortent Rosencrantz et Guildenstern.

LE ROI, seul.

— Et maintenant, frère d'Angleterre, si tu estimes mon amitié — autant que te le conseille ma grande puissance, — s'il est vrai que tu portes encore, vive et rouge, la cicatrice — faite par l'épée danoise, et que ton instinctive terreur — nous rend hommage, tu n'accueilleras pas froidement — notre message souverain; qui exige formellement, — par lettres pressantes, — la mort immédiate d'Hamlet. Obéis, Angleterre! — car il me brûle le sang comme la fièvre, — et il faut que tu me guérisses. Jusqu'à ce que je sache la chose faite, — quoi qu'il m'arrive, la joie ne me reviendra jamais.

Il sort.

SCÈNE XV

[Une plaine en Danemark.]

Entre FORTINBRAS, suivi d'une armée.

FORTINBRAS.

Allez, capitaine, saluer de ma part le roi danois. — Dites-lui qu'avec son agrément, Fortinbras — réclame l'autorisation promise pour passer — à travers son royaume. Vous savez où est le rendez-vous. — Si sa majesté veut quelque chose de nous, — nous irons lui rendre hommage en personne; — faites-le lui savoir.

LE CAPITAINE.

J'obéirai, monseigneur.

FORTINBRAS.

— Avancez avec précaution.

Fortinbras et son armée sortent.

Entrent HAMLET, ROSENCRANTZ, GUILDENSTERN.

HAMLET.

A qui sont ces forces, mon bon monsieur?

LE CAPITAINE.

— A la Norwége, monsieur.

######### HAMLET.
Où sont-elles dirigées, monsieur, — je vous prie?
######### LE CAPITAINE.
Contre certain point de la Pologne.
######### HAMLET.
Qui — les commande, monsieur?
######### LE CAPITAINE.
— Le neveu du vieux roi de Norwége, Fortinbras.
######### HAMLET.
— Marche-t-il au cœur de la Pologne, monsieur, — ou sur quelque frontière?
######### LE CAPITAINE.
A parler vrai, et sans exagération, — nous allons conquérir un petit morceau de terre — qui a un revenu purement nominal. — Pour cinq ducats, cinq, je ne le prendrais pas à ferme; — et ni la Norwége, ni la Pologne n'en retireraient — un profit plus beau, s'il était vendu en toute propriété.
######### HAMLET.
— Eh bien! alors les Polonais ne le défendront jamais.
######### LE CAPITAINE.
— Si, il y a déjà une garnison.
######### HAMLET.
— Deux mille âmes et vingt mille ducats — ne suffiront pas à décider la question de ce fétu. — Voilà un abcès causé par trop d'abondance et de paix, — qui crève intérieurement, et qui, sans cause apparente, — va faire mourir son homme... Je vous remercie humblement, monsieur.
######### LE CAPITAINE.
— Dieu soit avec vous, monsieur!

Sort le capitaine.

######### ROSENCRANTZ.
Vous plaît-il de partir, monseigneur?

HAMLET.

— Je suis à vous dans un instant. Marchez un peu en avant.

Sortent Rosencrantz et Guildenstern.

— Comme toutes les circonstances récriminent contre moi ! — Comme elles éperonnent ma vengeance rétive ! Qu'est-ce que l'homme, — si le bien suprême, l'aubaine de sa vie — est uniquement de dormir et de manger?... Une bête, rien de plus. — Certes celui qui nous a faits avec cette vaste intelligence, — avec ce regard dans le passé et dans l'avenir, ne nous a pas donné — cette capacité, cette raison divine — pour qu'elles moisissent en nous inactives. Eh bien, est-ce l'effet — d'un oubli bestial ou d'un scrupule poltron — qui me fait réfléchir trop précisément aux conséquences, — réflexion qui, mise en quatre, contient un quart de sagesse — et trois quarts de lâcheté?... je ne sais pas — pourquoi j'en suis encore à me dire : « Ceci est à faire » — puisque j'ai motif, volonté, force et moyen — de le faire. Des exemples, gros comme la terre, m'exhortent : — témoin cette armée aux masses imposantes, — conduite par un prince délicat et adolescent, — dont le courage, enflé d'une ambition divine, — fait la grimace à l'invisible événement, — et qui expose une existence mortelle et fragile — à tout ce que peuvent oser la fortune, la mort et le danger, — pour une coquille d'œuf!... Pour être vraiment grand, — il faut ne pas s'émouvoir sans de grands motifs, — mais il faut aussi trouver grandement une querelle dans un brin de paille, — quand l'honneur est en jeu. Que suis-je donc moi — qui ai l'assassinat d'un père, le déshonneur d'une mère — pour exciter ma raison et mon sang, — et qui laisse tout dormir? Tandis qu'à ma honte je vois — vingt mille hommes marcher à une mort imminente, — et pour une fantaisie, pour une gloriole, — aller au sépulcre comme au lit ; se battant pour un champ — où il leur est impossible de se mesurer tous, — et qui est une tombe trop étroite — pour couvrir les tués ! Oh ! que désormais — mes pensées soient sanglantes pour n'être pas dignes du néant !

Il sort.

SCÈNE XVI

[La salle d'armes dans le château.]

Entrent la REINE et HORATIO.

LA REINE.

— Je ne veux pas lui parler.

HORATIO.

— Elle est exigeante ; pour sûr, elle divague ; — elle est dans un état à faire pitié.

LA REINE.

Que veut-elle ?

HORATIO.

— Elle parle beaucoup de son père ; elle dit qu'elle sait — qu'il n'y a que fourberies en ce monde ; elle soupire et se bat la poitrine ; — elle frappe du pied avec rage pour un fétu ; elle dit des choses vagues — qui n'ont de sens qu'à moitié. Son langage ne signifie rien, — et cependant, dans son incohérence, il fait — réfléchir ceux qui l'écoutent. On en cherche la suite, — et on en relie par la pensée les mots décousus. — Les clignements d'yeux, les hochements de tête, les gestes qui l'accompagnent, — feraient croire vraiment qu'il y a là une pensée — bien sinistre, quoique non arrêtée.

LA REINE.

— Il serait bon de lui parler ; car elle pourrait semer

SCÈNE XVI.

— de dangereuses conjectures dans les esprits malveillants. — Qu'elle entre.

Sort Horatio.

— Telle est la vraie nature du péché! A mon âme malade — la moindre niaiserie semble le prologue d'un grand malheur. — Le crime est si plein de maladroite méfiance, — qu'il se divulgue lui-même par crainte d'être divulgué. —

HORATIO rentre avec OPHÉLIA.

OPHÉLIA.

Où est la belle majesté du Danemark?

LA REINE.

Qu'y a-t-il Ophélia?

OPHÉLIA, chantant.

Comment puis-je reconnaître votre amoureux
D'un autre?
A son chapeau de coquillages, à son bâton,
A ses sandales.

LA REINE.

Hélas! dame bien aimée, que signifie cette chanson?

OPHÉLIA.

Vous dites? Eh bien! attention, je vous prie.

Elle chante.

Il est mort et parti, madame,
Il est mort et parti.
A sa tête une motte de gazon vert,
A ses talons une pierre.

Oh! oh!

Elle sanglote.

LA REINE.

Mais voyons, Ophélia.

OPHÉLIA.

Attention, je vous prie.

Elle chante.

Son linceul blanc comme la neige des monts...

Entre le Roi.

LA REINE, au roi.

Hélas! regardez, seigneur.

OPHÉLIA, continuant.

Est tout garni de suaves fleurs.
Il est allé au tombeau sans recevoir l'averse
Des larmes de l'amour.

LE ROI.

Comment allez-vous, jolie dame?

OPHÉLIA.

Bien, Dieu vous récompense! On dit que la chouette a été jadis la fille d'un boulanger (21). Seigneur, nous savons ce que nous sommes, mais nous ne savons pas ce que nous pouvons être. Que Dieu soit à votre table!

LE ROI.

Quelque allusion à son père.

OPHÉLIA.

Ne parlons plus de cela, je vous prie; mais quand on vous demandera ce que cela signifie, répondez:

Bonjour! c'est la Saint-Valentin (22).
Tous sont levés de grand matin.
Me voici, vierge, à votre fenêtre,
Pour être votre Valentine.

Alors, il se leva et mit ses habits,
Et ouvrit la porte de sa chambre;
Et vierge, elle y entra, et puis oncques vierge
Elle n'en sortit.

LE ROI.

Jolie Ophélia!

OPHÉLIA.

En vérité, je finirai sans blasphème.

> Par Jésus! par sainte Charité!
> Au secours! ah! fi! quelle honte!
> Tous les jeunes gens font ça, quand ils en viennent là.
> Par Priape, ils sont à blâmer!

> Avant de me chiffonner, dit-elle,
> Vous me promîtes de m'épouser.

Et la réponse :

> C'est ce que j'aurais fait, par ce soleil là-bas!
> Si tu n'étais venue dans mon lit.

LE ROI.

Depuis combien de temps est-elle ainsi?

OPHÉLIA.

J'espère que tout ira bien. Il faut avoir de la patience : mais je ne puis m'empêcher de pleurer, en pensant qu'ils l'ont mis dans la froide terre. Mon frère le saura, et sur ce, je vous remercie de votre bon conseil. Allons, mon coche! Bonne nuit, mes dames; bonne nuit, mes douces dames; bonne nuit, bonne nuit.

Elle sort.

LE ROI, à Horatio.

— Suivez-la de près; veillez bien sur elle, je vous prie.

Horatio sort.

— Oh! c'est le poison d'une profonde douleur; il jaillit — tout entier de la mort de son père. Et maintenant voyez! — O Gertrude, Gertrude, — quand les malheurs arrivent, ils ne viennent pas en éclaireurs solitaires, — mais en bataillons. D'abord c'était le meurtre de son père, — puis le départ de votre fils, auteur par sa propre violence — de son juste exil. Maintenant, voici le peuple boueux — qui s'ameute, plein de pensées et de rumeurs dangereuses, — à propos de la mort du bon Polonius. — Nous avons étourdiment agi en l'enterrant secrètement... Puis, voici la pauvre Ophélia — séparée d'elle-même et de ce noble jugement — sans lequel nous sommes des effigies, ou de simples bêtes. — Enfin, ce qui est aussi gros de troubles que tout le reste, — voici son frère, secrètement revenu de France, — qui se repaît de sa stupeur, s'enferme dans des nuages, — et trouve partout des êtres bourdonnants qui lui empoisonnent l'oreille — des récits envenimés de la mort de son père, — où leur misérable argumentation n'hésite pas, — pour ses besoins, à nous accuser — d'oreille en oreille. O ma chère Gertrude, tout cela — tombe sur moi comme une mitraille meurtrière, — et me donne mille morts superflues.

Bruit derrière le théâtre.

LA REINE.

Dieu! quel est ce bruit?

Entre UN GENTILHOMME.

LE ROI.

Holà! quelqu'un! — Où sont mes Suisses? Qu'ils gardent la porte. — De quoi s'agit-il?

LE GENTILHOMME.

Sauvez-vous, monseigneur. — L'Océan, franchissant ses limites, — ne dévore pas la plaine avec une rapidité plus impitoyable — que le jeune Laertes, porté sur le flot de l'émeute, — ne renverse vos officiers. La populace l'acclame, seigneur ; — et comme si le monde ne faisait que commencer, — comme si l'antiquité qui ratifie tous les titres, la coutume — qui les soutient étaient oubliées et inconnues, — elle crie : *A nous de choisir! Laertes sera roi!* — Les chapeaux, les mains, les voix applaudissent jusqu'aux nuages — à ce cri : *Laertes sera roi! Laertes roi!*

LA REINE.

— Avec quelle joie ils jappent sur une piste menteuse! — Oh! vous faites fausse route, infidèles chiens danois.

LE ROI.

— Les portes sont enfoncées.

Bruit derrière le théâtre.

Entre LAERTES, suivi d'une foule de Danois.

LAERTES.

— Où est ce roi?... Messieurs tenez-vous tous dehors.

LES DANOIS.

— Non, entrons.

LAERTES.

Je vous en prie, laissez-moi faire.

LES DANOIS.

— Oui! oui!

Ils se retirent au dehors.

LAERTES.

— Je vous remercie... Gardez la porte... O toi, roi vil, — rends-moi mon père.

LA REINE.

Du calme, mon bon Laertes.

LAERTES.

— Chaque goutte de sang qui se calme en moi me proclame bâtard, — crie à mon père : — Cocu! et marque du mot : Prostituée! — le front chaste et immaculé — de ma vertueuse mère.

LE ROI.

Par quel motif, Laertes, — ta rébellion prend-elle ces airs de géants? — Lâchez-le, Gertrude; ne craignez rien pour notre personne : — une telle divinité fait la haie autour d'un roi — que la trahison ne fait qu'entrevoir ses projets — et reste impuissante... Dis-moi, Laertes — pourquoi tu es si furieux. Lâchez-le, Gertrude; — parle, l'ami!

LAERTES.
Où est mon père?

LE ROI.
Mort.

LA REINE.
Mais pas par la faute du roi.

LE ROI.
— Laissez-le faire toutes ses questions.

LAERTES.
Comment se fait-il qu'il soit mort? Je ne veux pas qu'on jongle avec moi! — Aux enfers, l'allégeance! au plus noir démon, la foi jurée! — Conscience, religion, au fond de l'abîme! — J'ose la damnation... Je suis résolu — à sacrifier ma vie dans les deux mondes; — advienne que pourra : je ne veux qu'une chose, venger — jusqu'au bout mon père!

LE ROI.
Qui donc vous arrêtera?

LAERTES.
— Ma volonté, non celle du monde entier. — Quant à mes moyens, je les ménagerai si bien — que j'irai loin avec peu.

LE ROI.
Bon Laërtes, — parce que vous désirez savoir la vérité — sur la mort de votre cher père, est-il écrit dans votre vengeance — que vous vous ruinerez par un coup suprême amis et ennemis, — ceux qui perdent et ceux qui gagnent à cette mort?

LAERTES.
— Je n'en veux qu'à ses ennemis.

LE ROI.
Eh bien! voulez-vous les connaître?

LAERTES.
— Quant à ses bons amis, je les recevrai à bras tout

grands ouverts; — et, comme le pélican qui s'arrache la vie pour ses petits, — je les nourrirai de mon sang.

LE ROI.

Ah! — voilà que vous parlez — comme un bon enfant, comme un vrai gentilhomme. — Que je suis innocent de la mort de votre père — et que j'en éprouve une douleur bien profonde, — c'est ce qui apparaîtra à votre raison aussi clairement — que le jour à vos yeux.

LES DANOIS, derrière le théâtre.

Laissez-la entrer.

LAERTES.

— Qu'y a-t-il? quel est ce bruit?

Entre OPHÉLIA, bizarrement coiffée de fleurs et de brins de paille.

— O incendie, dessèche ma cervelle! Larmes sept fois salées, — brûlez mes yeux jusqu'à les rendre insensibles et impuissants! — Par le ciel, ta folie sera payée si cher que le poids — de la vengeance retournera le fléau. O rose de mai! — chère fille, bonne sœur, suave Ophélia! — O cieux! est-il possible que la raison d'une jeune fille — soit aussi mortelle que la vie d'un vieillard? — Sa nature se volatilise, et, devenue subtile, — elle envoie les plus précieuses émanations de son essence — vers l'être aimé.

OPHÉLIA, chantant.

Ils l'ont porté tête nue sur une civière.
Hey no nonny! nonny hey nonny!
Et sur son tombeau il a plu bien des larmes.

Adieu, mon tourtereau.

LAERTES.

— Tu aurais ta raison et tu me prêcherais la vengeance, — que je serais moins ému. —

OPHÉLIA.

Il faut que vous chantiez :

A bas! à bas! jetez-le à bas!.

Oh! comme ce refrain est à propos. Il s'agit de l'intendant perfide qui a volé la fille de son maître.

LAERTES.

Ces riens-là en disent plus que bien des choses.

OPHÉLIA, à Laertes.

Voici du romarin; c'est comme souvenir (23) : de grâce, amour, souvenez-vous; et voici des pensées, en guise de pensées.

LAERTES.

Leçon donnée par la folie! Les pensées et les souvenirs réunis.

OPHÉLIA, au roi.

Voici pour vous du fenouil (24) et des colombines (25).

A la reine.

Voilà de la rue (26) pour vous, et en voici un peu pour moi; nous pouvons bien l'appeler religieusement herbe de grâce, mais elle doit avoir à votre main un autre sens qu'à la mienne... Voici une pâquerette (27). Je vous aurais bien donné des violettes, mais elles se sont toutes fanées, quand mon père est mort... On dit qu'il a fait une bonne fin.

Elle chante.

Car le bon cher Robin et toute ma joie (28).

LAERTES.

Mélancolie, affliction, frénésie, enfer même, — elle donne à tout je ne sais quel charme et quelle grâce.

OPHÉLIA, chantant.

Et ne reviendra-t-il pas?
Et ne reviendra-t-il pas?
Non! non! il est mort.
Va à ton lit de mort.
Il ne reviendra jamais.

SCÈNE XVI.

Sa barbe était blanche comme neige,
Toute blonde était sa tête.
Il est parti ! il est parti !
Et nous perdons nos cris.
Dieu ait pitié de mon âme (29) !

Et de toutes les âmes chrétiennes ! Je prie Dieu. Dieu soit avec vous !

Sort Ophélia.

LAERTES.

Voyez-vous ceci, ô Dieu ?

LE ROI.

— Laertes, il faut que je m'associe à votre douleur ; — sinon, c'est un droit que vous me refusez. Retirons-nous un moment ; — faites choix de vos amis les plus sages ; — ils nous entendront et jugeront entre vous et moi. — Si directement ou indirectement — ils nous trouvent compromis, nous vous abandonnerons — notre couronne, notre vie et tout ce que nous appelons nôtre, — en répation. Sinon, — résignez-vous à nous accorder votre patience ; — et nous travaillerons d'accord avec votre ressentiment, — pour lui donner une juste satisfaction.

LAERTES.

Soit ! — L'étrange mort de mon père, ses mystérieuses funérailles, — où tout a manqué : trophée, panoplie, écusson au-dessus du corps, — rite nobiliaire, apparat de rigueur, — me crient comme une voix que le ciel ferait entendre à la terre, — que je dois faire une enquête.

LE ROI.

Faites-la, — et que la grande hache tombe là où est le crime. — Venez avec moi, je vous prie.

Ils sortent.

SCÈNE XVII

[Une chambre chez Horatio.]

Entrent HORATIO et UN SERVITEUR.

HORATIO.
— Qui sont ceux qui voudraient me parler?

LE SERVITEUR.
Des matelots, monsieur; — ils disent qu'ils ont des lettres pour vous.

HORATIO.
Qu'ils entrent.

Sort le serviteur.

— J'ignore de quelle partie du monde — ce salut peut me venir, si ce n'est du seigneur Hamlet. —

Entrent LES MATELOTS.

PREMIER MATELOT.
Dieu vous bénisse, seigneur!

HORATIO.
Qu'il te bénisse aussi!

PREMIER MATELOT.
Il le fera, monsieur, si ça lui plaît. Voici une lettre pour vous, monsieur; elle est de l'ambassadeur qui s'était embarqué pour l'Angleterre ; si toutefois votre nom est Horatio, ainsi qu'on me l'a fait savoir.

HORATIO, lisant.
« Horatio, quand tu auras parcouru ces lignes, donne
» à ces gens les moyens d'arriver jusqu'au roi : ils ont
» des lettres pour lui. A peine étions nous vieux de deux
» jours en mer, qu'un pirate, armé en guerre, nous a
» donné la chasse. Voyant que nous étions moins bons

» voiliers que lui, nous avons déployé la hardiesse du
» désespoir. Le grappin a été jeté et je suis monté à
» l'abordage ; tout à coup leur navire s'est dégagé du
» nôtre, et seul, ainsi, je suis resté leur prisonnier. Ils
» ont agi avec moi en bandits miséricordieux, mais ils
» savaient ce qu'ils faisaient : je suis destiné à leur être
» d'un bon rapport. Fais parvenir au roi les lettres que
» je lui envoie, et viens me rejoindre aussi vite que si tu
» fuyais la mort. J'ai à te dire à l'oreille des paroles qui
» te rendront muet; pourtant elles seront encore trop
» faibles pour le calibre de la vérité. Ces braves gens te
» conduiront où je suis. Rosencrantz et Guildenstern
» continuent leur route vers l'Angleterre. J'ai beaucoup
» à te parler sur leur compte. Adieu. Celui que tu sais
» être à toi,

» Hamlet. »

— Venez, je vais vous donner le moyen de remettre ces lettres, — et dépêchez-vous, pour que vous puissiez me conduire plus vite — vers celui de qui vous les tenez.

Ils sortent.

SCÈNE XVIII

[Dans le château.]

Entrent le Roi et Laertes.

LE ROI.

— Maintenant il faut que votre conscience scelle mon acquittement, — et que vous m'inscriviez dans votre cœur comme ami, — puisque vous savez par des renseignements certains — que celui qui a tué votre noble père — en voulait à ma vie.

LAERTES.

Cela paraît évident. Mais dites-moi — pourquoi vous n'avez pas fait de poursuite contre des actes — d'une nature si criminelle et si grave, — ainsi que votre sûreté, votre grandeur, votre sagesse, tout enfin — devait vous y exciter?

LE ROI.

Oh! pour deux raisons spéciales — qui peut-être vous sembleront peu valides, — mais qui pour moi sont fortes. La reine, sa mère, — ne vit presque que par ses yeux, et quant à moi, — est-ce une vertu? est-ce une calamité? — elle est tellement liée à ma vie et à mon âme — que comme l'astre qui ne peut se mouvoir que dans sa sphère, — je ne puis me mouvoir que par elle. L'autre motif — pour lequel j'ai évité une enquête publique, — c'est la grande affection que le peuple lui porte. — Celui-ci plongerait toutes les fautes d'Hamlet dans son amour, — et comme la source qui change le bois en pierre, — ferait de ses chaînes des reliques. Si bien que mes flèches, — faites d'un bois trop léger pour un vent si violent, — retourneraient vers mon arc — au lieu d'atteindre le but.

LAERTES.

J'ai perdu un noble père; — ma sœur est réduite à un état désespéré, — elle dont le mérite, si je puis louer ce qui n'est plus, — se porterait à la face du siècle entier le champion — de son incomparable perfection. Ah! je serai vengé!

LE ROI.

— Ne troublez pas vos sommeils pour cela. Ne nous croyez pas — d'une étoffe si flasque et si épaisse — que nous puissions nous laisser tirer la barbe par le danger — et regarder cela comme un passe-temps. Vous en saurez bientôt davantage. — J'aimais votre père, et nous nous aimons nous-même, — et cela, j'espère, peut vous faire imaginer...

Entre UN MESSAGER.

— Qu'est-ce? quelle nouvelle? —

LE MESSAGER.

Monseigneur, des lettres d'Hamlet : — celle-ci pour votre majesté; celle-là pour la reine.

LE ROI.

D'Hamlet! Qui les a apportées?

LE MESSAGER.

Des matelots, à ce qu'on dit, monseigneur : je ne les ai pas vus. Elles m'ont été transmises par Claudio qui les a reçues le premier.

LE ROI.

— Laertes, vous allez les entendre. Laissez-nous.

Sort le messager.

LE ROI, lisant.

« Haut et puissant seigneur, vous saurez que j'ai été
» déposé nu sur la terre de votre royaume. Demain je
» demanderai la faveur de voir votre royale personne, et
» alors, après avoir réclamé votre indulgence, je vous
» raconterai ce qui a occasionné mon retour soudain et
plus étrange encore.

» HAMLET. »

— Qu'est-ce que cela signifie? Est-ce que tous les autres sont de retour? — Ou est-ce une mystification, et n'y a-t-il rien de vrai?

LAERTES.

Reconnaissez-vous la main?

LE ROI.

— C'est l'écriture d'Hamlet. *Nu!* — Et en post-scriptum ici, il ajoute : *Seul!* — Pouvez-vous m'expliquer cela?

LAERTES.

Je m'y perds, monseigneur. Mais qu'il vienne! — je sens se réchauffer mon cœur malade, — à l'idée de vivre et de lui dire en face : — *Voilà ce que tu as fait!*

LE ROI.

S'il en est ainsi, Laertes... — comment peut-il en être ainsi?... — comment peut-il en être autrement? laissez-vous mener par moi, voulez-vous?

LAERTES.

Oui, monseigneur, — pourvu que vous ne m'ameniez pas à faire la paix.

LE ROI.

— Si fait, la paix avec toi-même. S'il est vrai qu'il soit de retour, — et que, reculant devant ce voyage, il soit résolu — à ne plus l'entreprendre, je le soumettrai — à une épreuve, maintenant mûre dans ma pensée, — à laquelle il ne peut pas manquer de succomber. — Sa mort ne fera pas murmurer un souffle de blâme, — et sa mère elle-même en absoudra la cause — et n'y verra qu'un accident.

LAERTES.

Monseigneur, je me laisse mener; — d'autant plus volontiers, si vous faites en sorte — que je sois l'instrument.

LE ROI.

Voilà qui tombe bien. — Depuis votre voyage, on vous a beaucoup vanté, — et cela en présence d'Hamlet, pour un talent — où vous brillez, dit-on : toutes vos qualités — réunies ont arraché de lui moins de jalousie — que celle-là seule qui, à mon avis, — est de l'ordre le plus insignifiant.

LAERTES.

Quelle est cette qualité, monseigneur?

LE ROI.

Un simple ruban au chapeau de la jeunesse, — mais nécessaire pourtant; car une — parure légère et frivole ne sied pas moins à la jeunesse — qu'à l'âge mûr les sombres fourrures — qui sauvegardent la santé et la gravité. Il y a quelque deux mois, — se trouvait ici un gentilhomme de Normandie; — j'ai vu moi-même les Français, j'ai servi contre eux, — et je sais qu'ils montent bien à cheval,... mais celui-ci — était un cavalier magique : il prenait racine en selle, — et il faisait exécuter à son cheval des choses si merveilleuses — qu'il semblait faire corps et se confondre à moitié — avec la noble bête; il dépassait tellement mes idées, — que tout ce que je pourrais imaginer d'exercices et de tours d'adresse, — était au-dessous de ce qu'il faisait.

LAERTES.

Un Normand, dites-vous?

LE ROI.

— Un Normand.

LAERTES.

Sur ma vie, c'est Lamond.

LE ROI.

Lui-même.

LAERTES.

— Je le connais bien : vraiment, il est le joyau, — la perle de son pays.

LE ROI.

C'est lui qui vous rendait hommage, — il vous déclarait maître — dans la pratique de l'art de la défense, — à l'épée spécialement; — il s'écriait que ce serait un vrai miracle — si quelqu'un vous pouvait tenir tête. Il jurait — que les escrimeurs de son pays n'auraient ni élan, ni parade, ni coup d'œil, — si vous étiez leur adversaire. Ces propos, mon cher, — avaient tellement envenimé la jalousie d'Hamlet — qu'il ne faisait que désirer et demander — votre prompt retour, pour faire assaut avec vous. — Eh bien! en tirant parti de ceci...

LAERTES.

Quel parti, monseigneur?

LE ROI.

— Laertes, votre père vous était-il cher? — ou n'êtes-vous que la douleur en effigie, — un visage sans cœur?

LAERTES.

Pourquoi me demandez-vous cela?

LE ROI.

— Ce n'est pas que je pense que vous n'aimiez pas votre père; — mais je sais que l'amour procède du temps, — et j'ai vu, par les exemples de l'expérience, — que le temps en amoindrit l'étincelle et la chaleur. — Il y a à la flamme même de l'amour — une sorte de mèche, de lumignon, qui finit par s'éteindre. — Rien ne garde à jamais la même perfection. — La perfection, poussée à l'excès, — meurt de pléthore. Ce que nous voulons faire, — faisons-le quand nous le voulons, car la volonté change; — elle a autant de défaillance et d'entraves — qu'il y a de langues, de bras, d'accidents; — et alors le devoir à faire n'est plus qu'un soupir épuisant, — qui fait mal à exhaler... Mais allons au vif de l'ulcère : — Hamlet revient. Qu'êtes-vous prêt à entreprendre — pour vous montrer le fils de votre père en action — plus qu'en paroles?

LAERTES.

A lui couper la gorge à l'église.

LE ROI.

— Il n'est pas, en effet, de sanctuaire pour le meurtre; — il n'y a pas de barrières pour la vengeance. — Eh bien! mon bon Leartes, — faites ceci : tenez-vous renfermé dans votre chambre. — Hamlet, en revenant, apprendra que vous êtes de retour. — Nous lui enverrons des gens qui vanteront votre supériorité — et mettront un double vernis à la renommée — que ce Français vous a faite ; enfin, nous vous mettrons face à face, — et nous ferons des paris sur vos têtes. Lui, qui est confiant, — très-généreux et dénué de tout calcul, — n'examinera pas les fleurets : vous pourrez donc aisément, — avec un peu de prestesse, choisir — une épée non mouchetée, et, par une passe à vous connue, — venger sur lui votre père.

LAERTES.

Je ferai cela. — Et, dans ce dessein, j'empoisonnerai mon épée. — J'ai acheté d'un charlatan une drogue — si meurtrière que, pour peu qu'on y trempe un couteau, — une fois que le sang a coulé, le cataplasme le plus rare, — composé de tous les simples qui ont quelque vertu — sous la lune, ne pourrait pas sauver de la mort l'être — le plus légèrement égratigné. Je tremperai ma pointe — dans ce poison ; et pour peu que je l'écorche, — c'est la mort.

LE ROI.

Réfléchissons-y encore ; — pesons-bien, et quant au temps et quant aux moyens, ce qui peut — nous mener à nos fins. Si ce coup devait manquer, — et qu'une mauvaise exécution laissât voir notre dessein, — mieux vaudrait n'avoir rien tenté. Il faut donc — que nous ayons un projet de rechange qui puisse servir — au cas où le premier ferait long feu. Doucement ! Voyons ! — Nous établirons un pari solennel sur les coups portés : — j'y suis ! — quand l'exercice vous aura échauffés et altérés, — et dans ce but vous ferez vos attaques les plus violentes, — il demandera à boire, j'aurai préparé — un calice tout exprès : une gorgée seulement, et, — si, par hasard, il a échappé à votre lame empoisonnée, notre but est encore atteint. Mais, silence! quel est ce bruit?

Entre la REINE.

— Qu'est-ce donc, ma douce reine?
LA REINE.
— Un malheur marche sur les talons d'un autre, — tant ils se suivent de près : votre sœur est noyée, Laertes.
LAERTES.
Noyée! Oh! où donc?
LA REINE.
Au bord du ruisseau croît un saule — qui mire ses feuilles grises dans la glace du courant. — Avec ce feuillage elle avait fait une fantasque guirlande, — de renoncules, d'orties, de marguerites et de ces longues fleurs pourpres, — que des bergers licencieux nomment d'un nom plus grossier (30), mais que nos froides vierges appellent doigts d'hommes morts. — Alors comme elle grimpait pour suspendre sa sauvage couronne — aux rameaux inclinés, une branche envieuse s'est cassée, — et toutes ces trophées champêtres sont, comme elle, — tombés dans le ruisseau en pleurs. Ses vêtements se sont étalés — et l'ont soutenue un moment, nouvelle sirène, — pendant qu'elle chantait des bribes de vieilles chansons, — comme insensible à sa propre détresse, — ou comme une créature naturellement formée — pour cet élément. Mais cela n'a pas pu durer longtemps; ces vêtements, alourdis par ce qu'ils avaient bû, — ont entraîné la pauvre malheureuse de son chant mélodieux — à une mort fangeuse.
LAERTES.
Hélas! elle est donc noyée?
LA REINE.
— Noyée, noyée.

LAERTES.

— Tu n'as déjà que trop d'eau, pauvre Ophélia; — je retiendrai donc mes larmes... Et pourtant,

Il sanglote.

— c'est un tic chez nous : la nature garde ses habitudes, — quoi qu'en dise la honte. Quand ces pleurs auront coulé, — plus de femmelette en moi! Adieu, Monseigneur; — j'ai des paroles de feu qui flamboieraient, — si cette folle douleur ne les noyait pas.

Il sort.

LE ROI.

Suivons-le, Gertrude : — quelle peine j'ai eue à calmer sa rage ! — je crains bien que ceci ne lui donne un nouvel élan. — Suivons-le donc. —

Ils sortent.

SCÈNE XIX

[Un cimetière.]

Entrent DEUX PAYSANS, avec des bêches.

PREMIER PAYSAN.

Doit-elle être ensevelie en sépulture chrétienne, celle qui volontairement devance l'heure de son salut?

DEUXIÈME PAYSAN.

Je te dis que oui. Donc creuse sa tombe sur-le-champ. Le coroner a tenu enquête sur elle, et conclut à la sépulture chrétienne.

PREMIER PAYSAN.

Comment est-ce possible, à moins qu'elle ne se soit noyée à son corps défendant?

DEUXIÈME PAYSAN.

Eh bien! la chose a été jugée ainsi.

PREMIER PAYSAN.

Il est évident qu'elle est morte *se offendendo*, cela ne peut être autrement. Ici est le point de droit : si je me noie de propos délibéré, cela dénote un acte, et un acte a trois branches : le mouvement, l'action et l'exécution : *argò*, elle s'est noyée de propos délibéré.

DEUXIÈME PAYSAN.

Certainement; mais écoutez-moi, bonhomme piocheur.

PREMIER PAYSAN.

Permets. Ici est l'eau : bon ; ici se tient l'homme : bon. Si l'homme va à l'eau et se noie, c'est, en dépit de tout, parce qu'il y est allé : remarque bien ça. Mais si l'eau vient à l'homme et le noie, ce n'est pas lui qui se noie : *argò*, celui qui n'est pas coupable de sa mort, n'abrége pas sa vie (31).

DEUXIÈME PAYSAN.

Mais est-ce la loi?

PREMIER PAYSAN.

Oui, pardieu, ça l'est : la loi sur l'enquête du coroner.

DEUXIÈME PAYSAN.

Veux-tu avoir la vérité sur ceci? Si la morte n'avait pas été une femme de qualité, elle n'aurait pas été ensevelie en sépulture chrétienne.

PREMIER PAYSAN.

Oui, tu l'as dit : et c'est tant pis pour les grands qu'ils soient encouragés en ce monde à se noyer ou à se pendre, plus que leurs frères chrétiens. Allons, ma bêche! il n'y a de vieux gentilshommes que les jardiniers, les terrassiers et les fossoyeurs : ils continuent le métier d'Adam.

DEUXIÈME PAYSAN.

Adam était-il gentilhomme (32)?

PREMIER PAYSAN.

Il est le premier qui ait jamais porté des armes.

DEUXIÈME PAYSAN.

Comment! il n'en avait pas.

PREMIER PAYSAN.

Quoi! es-tu païen? Comment comprends-tu l'Écriture? L'Écriture dit: Adam bêchait; pouvait-il bêcher sans armes? Je vais te poser une autre question; si tu ne réponds pas péremptoirement, confesse-toi....

DEUXIÈME PAYSAN.

Va toujours.

PREMIER PAYSAN.

Quel est celui qui bâtit plus solidement que le maçon, le constructeur de navires et le charpentier?

DEUXIÈME PAYSAN.

Le faiseur de potences; car cette construction-là survit à des milliers d'occupants.

PREMIER PAYSAN.

Ton esprit me plaît, ma foi! La potence fait bien. Mais comment fait-elle bien? Elle fait bien pour ceux qui font mal: or, tu fais mal de dire que la potence est plus solidement bâtie que l'Église; *argò*, la potence ferait bien ton affaire. Cherche encore: allons.

DEUXIÈME PAYSAN.

Qui bâtit plus solidement qu'un maçon, un constructeur de navires ou un charpentier?

PREMIER PAYSAN.

Oui, dis-le moi, et tu peux débâter.

DEUXIÈME PAYSAN.

Parbleu! je peux te le dire à présent.

PREMIER PAYSAN.

Voyons.

DEUXIÈME PAYSAN.

Par la messe! je ne peux pas.

Entrent HAMLET et HORATIO, à distance.

PREMIER PAYSAN.

Ne houspille pas ta cervelle plus longtemps; car l'âne rétif ne hâte point le pas sous les coups. Et la prochaine fois qu'on te fera cette question, réponds : C'est un fossoyeur. Les maisons qu'il bâtit durent jusqu'au jugement dernier. Allons, va chez Vaughan me chercher une chopine de liquide.

Sort le deuxième paysan.

PREMIER PAYSAN.
Il chante en bêchant.

Dans ma jeunesse, quand j'aimais, quand j'aimais,
Il me semblait qu'il était bien doux,
Oh! bien doux d'abréger le temps : ah! pour mon usage
Il me semblait, oh! que rien n'était trop bon (33).

HAMLET.

Ce gaillard-là n'a donc pas le sentiment de ce qu'il fait ? Il chante en creusant une fosse.

HORATIO.

L'habitude lui a fait de cela un exercice aisé.

HAMLET.

C'est juste : la main qui travaille peu a le tact plus délicat.

PREMIER PAYSAN.

Mais l'âge, venu à pas furtifs,
M'a empoigné dans sa griffe,
Et embarqué sous terre,
En dépit de mes goûts.

Il fait sauter un crâne.

HAMLET.

Ce crâne contenait une langue et pouvait chanter jadis. Comme ce drôle le roule à terre! comme si c'était la mâchoire de Caïn, qui fit le premier meurtre! Ce que cet âne écrase ainsi était peut-être la caboche d'un homme d'État qui croyait pouvoir circonvenir Dieu : pourquoi pas?

HORATIO.

C'est possible, monseigneur.

HAMLET.

Ou celle d'un courtisan qui savait dire : *Bonjour, doux seigneur! Comment vas-tu, bon seigneur?* Peut-être celle de monseigneur un tel qui vantait le cheval de monseigneur un tel, quand il prétendait l'obtenir : pourquoi pas?

HORATIO.

Sans doute, monseigneur.

HAMLET.

Oui, vraiment! et maintenant cette tête est à milady Vermine : elle n'a plus de chair, et la bêche d'un fossoyeur lui fracasse la mâchoire. Révolution bien édifiante pour nous, si nous savions l'observer! Ces os n'ont-ils tant coûté à nourrir que pour servir un jour de jeu de quilles! Les miens me font mal rien que d'y penser.

PREMIER PAYSAN.

Une pioche et une bêche, une bêche!
   Et un linceul pour drap.
Puis, hélas! un trou à faire dans la boue,
   C'est tout ce qu'il faut pour un tel hôte!

Il jette un autre crâne.

HAMLET.

En voici un autre! Qui sait si ce n'est pas le crâne d'un homme de loi? Où sont donc maintenant ses distinctions, ses subtilités, ses arguties, ses clauses, ses finesses? Pourquoi souffre-t-il que ce grossier manant lui cogne la tête avec sa sale pelle, et ne lui intente-t-il pas une action pour voie de fait? Humph! ce gaillard-là pouvait être en son temps un grand acquéreur de terres, avec ses hypothèques, ses reconnaissances, ses amendes, ses doubles garanties, ses recouvrements. Est-ce donc pour lui l'amende de ses amendes et le recouvrement de ses recouvrements que d'avoir sa belle caboche pleine de belle boue? Est-ce que de toutes ses acquisitions, ces garanties, toutes doubles qu'elles sont, ne lui garantiront rien de plus qu'une place longue et large comme deux contrats? C'est à peine si ses seuls titres de propriété tiendraient dans ce coffre; faut-il que le propriétaire lui-même n'en ait pas davantage! Ha!

HORATIO.

Pas une ligne de plus, monseigneur.

HAMLET.

Est-ce que le parchemin n'est pas fait de peau de mouton?

HORATIO.

Si, monseigneur, et de peau de veau aussi.

HAMLET.

Ce sont des moutons et des veaux ceux qui recherchent une assurance sur un titre pareil... Je vais parler à ce garçon-là. Qui occupe cette fosse, drôle?

PREMIER PAYSAN.

Moi, monsieur.

Hélas! un trou à faire dans la boue,
C'est tout ce qu'il faut pour un tel hôte.

HAMLET.

Vraiment, je crois que tu l'occupes, en ce sens que tu es dedans.

PREMIER PAYSAN.

Vous êtes dehors, et aussi vous ne l'occupez pas; pour ma part, je ne suis pas dedans, et cependant je l'occupe.

HAMLET.

Tu veux me mettre dedans en me disant que tu l'occupes. Cette fosse n'est pas faite pour un vivant, mais pour un mort. Tu vois, tu veux me mettre dedans.

PREMIER PAYSAN.

Démenti pour démenti. Vous voulez me mettre dedans en me disant que je suis dedans.

HAMLET.

Pour quel homme creuses-tu ici?

PREMIER PAYSAN.

Ce n'est pas pour un homme.

HAMLET.

Pour quelle femme alors?

PREMIER PAYSAN.

Ce n'est ni pour un homme ni pour une femme.

HAMLET.

Qui va-t-on enterrer là?

PREMIER PAYSAN.

Une créature qui était une femme, monsieur, mais, paix à son âme! elle est morte.

HAMLET.

Comme ce maraud est rigoureux! Il faut lui parler la carte à la main : sans cela, la moindre équivoque nous perd. Par le ciel, Horatio, voilà trois ans que j'en fais la remarque : le siècle devient singulièrement pointu, et l'orteil du paysan touche de si près le talon de l'homme de cour qu'il l'écorche... Combien de temps as-tu été fossoyeur?

PREMIER PAYSAN.

Je me suis mis au métier, le jour, fameux entre tous les jours, où feu notre roi Hamlet vainquit Fortinbras.

HAMLET.

Combien y a-t-il de cela?

PREMIER PAYSAN.

Ne pouvez-vous pas le dire? Il n'est pas d'imbécile qui ne le puisse. C'était le jour même où est né le jeune

Hamlet, celui qui est fou, et qui a été envoyé en Angleterre.

HAMLET.

Oui-dà, et pourquoi a-t-il été envoyé en Angleterre?

PREMIER PAYSAN.

Eh bien! parce qu'il était fou; il retrouvera sa raison là-bas; ou, s'il ne la retrouve pas, il n'y aura pas grand mal.

HAMLET.

Pourquoi?

PREMIER PAYSAN.

Ça ne se verra pas : là-bas tous les hommes sont aussi fous que lui.

HAMLET.

Comment est-il devenu fou?

PREMIER PAYSAN.

Très-étrangement, à ce qu'on dit.

HAMLET.

Comment cela?

PREMIER PAYSAN.

Eh bien! en perdant la raison.

HAMLET.

Sous l'empire de quelle cause?

PREMIER PAYSAN.

Tiens! sous l'empire de notre roi, en Danemark. — J'ai été fossoyeur ici, enfant et homme, pendant trente ans.

HAMLET.

Combien de temps un homme peut-il être en terre avant de pourrir?

PREMIER PAYSAN.

Ma foi! s'il n'est pas pourri avant de mourir (et nous avons tous les jours des corps vérolés qui peuvent à peine supporter l'inhumation), il peut vous durer huit ou neuf ans. Un tanneur vous durera neuf ans.

HAMLET.

Pourquoi lui plus qu'un autre?

PREMIER PAYSAN.

Ah! sa peau est tellement tannée par le métier qu'il a fait, qu'elle ne prend pas l'eau avant longtemps : et vous savez que l'eau est le pire destructeur de votre putassier de corps mort. Tenez, voici un crâne : ce crâne-là a été en terre vingt-trois ans.

HAMLET.

A qui était-il?

PREMIER PAYSAN.

A un extravagant fils de garce. A qui croyez-vous?

HAMLET.

Ma foi, je ne sais pas.

PREMIER PAYSAN.

Peste soit de l'enragé farceur! Un jour il m'a versé un flacon de vin du Rhin sur la tête! Ce même crâne, monsieur, était le crâne de Yorick, le bouffon du roi.

HAMLET, prenant le crâne.

Celui-ci?

PREMIER PAYSAN.

Celui-là même.

HAMLET.

Hélas! pauvre Yorick!... je l'ai connu, Horatio! c'était un garçon d'une verve infinie, d'une fantaisie exquise : il m'a porté sur son dos mille fois. Et maintenant quelle horreur il cause à mon imagination! Le cœur m'en lève. Ici pendaient ces lèvres que j'ai baisées je ne sais combien de fois. Où sont vos plaisanteries maintenant? vos escapades? vos chansons? et ces éclairs de gaieté qui faisaient rugir la table de rires? Quoi! plus un mot à présent pour vous moquer de votre propre grimace? bouché close!... Allez maintenant trouver madame dans sa chambre, et dites-lui qu'elle a beau se mettre un pouce de fard, il faudra qu'elle en vienne à cette figure-là! Faites-la bien rire avec ça... Je t'en prie, Horatio, dis-moi une chose.

HORATIO.

Quoi, monseigneur?

HAMLET.

Crois-tu qu'Alexandre ait eu cette mine-là dans la terre?

HORATIO.

Oui, sans doute.

HAMLET.

Et cette odeur-là?... Pouah!

Il jette le crâne.

HORATIO.

Oui, sans doute, monseigneur.

HAMLET.

A quel vils usages nous pouvons être ravalés, Horatio! Qui empêche l'imagination de suivre la noble poussière d'Alexandre jusqu'à la retrouver bouchant le trou d'un tonneau?

HORATIO.

Ce serait une recherche un peu forcée que celle-là.

HAMLET.

Non, ma foi, pas le moins du monde : nous pourrions, sans nous égarer, suivre ses restes avec grande chance de les mener jusque là. Par exemple, écoute : Alexandre est mort, Alexandre a été enterré, Alexandre est retourné en poussière ; la poussière, c'est de la terre : avec la terre, nous faisons de la glaise, et avec cette glaise, en laquelle Alexandre s'est enfin changé, qui empêche de fermer un baril de bière?

SCÈNE XIX.

L'impérial César, une fois mort et changé en boue,
Pourrait boucher un trou et arrêter le vent du dehors.
Oh! que cette argile, qui a tenu le monde en effroi,
Serve à calfeutrer un mur et à repousser la rafale d'hiver!

Mais chut! chut!... écartons-nous! voici le roi! —

Entrent en procession des prêtres, etc. Le corps d'OPHÉLIA. LAERTES
et les pleureuses suivent ; puis le ROI, la REINE et leur suite.

HAMLET, continuant.

— La reine! les courtisans! De qui suivent-ils le convoi? — Pourquoi ces rites tronqués? Ceci annonce — que le corps qu'ils suivent a, d'une main désespérée, — attenté à sa propre vie. C'était quelqu'un de qualité. — Cachons-nous un moment et observons.

Il se retire avec Horatio.

LAERTES.

Quelle cérémonie reste-t-il encore?

HAMLET, à part.

C'est Laertes, — un bien noble jeune homme ; attention !

LAERTES.

— Quelle cérémonie encore !

PREMIER PRÊTRE.

— Ses obsèques ont été célébrées avec toute la latitude — qui nous était permise. Sa mort était suspecte, — et, si un ordre souverain n'avait dominé la règle, — elle eût été placée dans une terre non bénite — jusqu'à la dernière trompette. Au lieu de prières charitables, — des tessons, des cailloux, des pierres eussent été jetés sur elle. — Et pourtant on lui a accordé les couronnes virginales, — l'ensevelissement des jeunes filles, et la translation — en terre sainte au son des cloches.

LAERTES.

— N'y a-t-il plus rien à faire?

PREMIER PRÊTRE.

Plus rien à faire : — nous profanerions le service des morts — en chantant le grave *requiem,* en implorant pour elle le même repos — que pour les âmes parties en paix.

LAERTES.

Mettez-la dans la terre ; — et puisse-t-il de sa belle chair immaculée — éclore des violettes (34) ! — Je te le dis, prêtre brutal, — ma sœur sera un ange officiant, — quand toi, tu hurleras dans l'abîme.

HAMLET.

Quoi ! la belle Ophélia !

LA REINE, jetant des fleurs sur le cadavre.

— Fleurs sur fleur ! Adieu ! — J'espérais te voir la femme — de mon Hamlet. Je comptais, douce fille, décorer ton lit nuptial — et non joncher ta tombe.

LAERTES.

Oh ! qu'un triple malheur = tombé dix fois triplé sur la tête maudite de celui — dont la cruelle conduite t'a privée — de ta noble intelligence ! Retenez la terre un moment, — que je la prenne encore une fois dans mes bras.

Il saute dans la fosse.

— Maintenant entassez votre poussière sur le vivant et sur la morte, — jusqu'à ce que vous ayez fait de cette surface une montagne — qui dépasse le vieux Pélion ou la tête céleste — de l'Olympe azuré.

HAMLET, s'avançant.

Quel est celui dont la douleur — montre une telle emphase ? dont le cri de désespoir — conjure les astres errants et les force à s'arrêter, — auditeurs blessés d'étonnement ? Me voici, moi, — Hamlet le Danois !

Il saute dans la fosse.

LAERTES, l'empoignant.

Que le démon prenne ton âme !

HAMLET.

Tu fais là une mauvaise prière. — Ote tes doigts de ma gorge, je te prie. — Car, bien que je ne sois ni irascible ni violent, — j'ai cependant en moi quelque chose de dangereux — que tu feras sagement de craindre. A bas la main.

LE ROI.

— Arrachez-les l'un à l'autre.

LA REINE.

Hamlet! Hamlet!

TOUS.

— Messieurs!

HORATIO.

Mon bon seigneur, calmez-vous.

Les assistants les séparent et ils sortent de la fosse.

HAMLET.

— Oui, je veux lutter avec lui pour cette cause, — jusqu'à ce que mes paupières aient cessé de remuer.

LA REINE.

— O mon fils, pour quelle cause?

HAMLET.

— J'aimais Ophélia. Quarante mille frères — ne pourraient pas, avec tous leurs amours réunis, — parfaire la somme du mien.

A Laertes.

Qu'es-tu prêt à faire pour elle?

LE ROI.

— Oh! il est fou, Laertes.

LA REINE.

Pour l'amour de Dieu, laissez-le dire!

HAMLET.

— Morbleu! — montre moi ce que tu veux faire. — Veux-tu pleurer? Veux-tu te battre? Veux-tu jeûner? Veux-tu te déchirer? — Veux-tu avaler l'Issel? manger un crocodile? — Je ferai tout cela... Viens-tu ici pour geindre? — pour me défier en sautant dans sa fosse? — — Sois enterré vif avec elle, je le serai aussi, moi! — Et puisque tu bavardes de montagnes, qu'on les entasse — sur nous par millions d'acres, jusqu'à ce que notre tertre — ait le sommet roussi par la zone brûlante — et fasse l'Ossa comme une verrue! Ah! si tu brailles, — je rugirai aussi bien que toi.

LA REINE.

Ceci est pure folie! — et son accès va le travailler ainsi pendant quelque temps. — Puis, aussi patient que la colombe, — dont la couvée dorée vient d'éclore, — il tombera dans un silencieux abattement.

HAMLET, à Laertes.

Écoutez, monsieur : — Pour quelle raison me traitez-vous ainsi? — Je vous ai toujours aimé. Mais n'importe! — Hercule lui-même aurait beau faire!... — Le chat peut miauler, le chien aura sa revanche.

Il sort.

LE ROI.

Je vous en prie, bon Horatio, accompagnez-le.

Horatio sort.

LE ROI, à Laertes.

— Fortifiez votre patience dans nos paroles d'hier soir. — Nous allons sur-le-champ amener l'affaire au dénoûment.

A la reine.

— Bonne Gertrude, faites surveiller votre fils.

A part.

— Il faut à cette fosse un monument vivant. — L'heure du repos viendra bientôt pour nous. — Jusque-là, procédons avec patience.

Ils sortent.

SCÈNE XX

[Dans le château.]

Entrent HAMLET et HORATIO.

HAMLET.

— Assez sur ce point, mon cher : maintenant, venons à l'autre. — Vous rappelez-vous toutes les circonstances ?

HORATIO.

Je me les rappelle, monseigneur.

HAMLET.

— Mon cher, il y avait dans mon cœur une sorte de combat — qui m'empêchait de dormir : je me sentais plus mal à l'aise — que des mutins mis aux fers. Je payai d'audace, — et bénie soit l'audace en ce cas !... Sachons — que notre imprudence nous sert quelquefois bien, — quand nos calculs les plus profonds avortent. Et cela doit nous apprendre — qu'il est une divinité qui donne la forme à nos destinées, — de quelque façon que nous les ébauchions.

HORATIO.

Voilà qui est bien certain.

HAMLET.

— Évadé de ma cabine, — ma robe de voyage en écharpe autour de moi, je marchais à tâtons — dans les ténèbres pour les trouver ; j'y réussis. — J'empoignai le paquet, et puis je me retirai — de nouveau dans ma chambre. Je m'enhardis, — mes frayeurs oubliant les scrupules, jusqu'à décacheter — leurs messages officiels. Et qu'y découvris-je, Horatio ? — une scélératesse royale : un ordre formel — (lardé d'une foule de raisons diverses, — le Danemark à sauver, et l'Angleterre aussi... — ah !

et le danger de laisser vivre un tel loup-garou, un tel croque-mitaine !) — un ordre qu'au reçu de la dépêche, sans délai, — non, sans même prendre le temps d'aiguiser la hache, — on me tranchât la tête.

HORATIO.

Est-il possible !

HAMLET.

— Voici le message ; tu le liras plus à loisir. — Mais veux-tu savoir maintenant ce que je fis ?

HORATIO.

— Parlez, je vous supplie.

HAMLET.

— Ainsi empêtré dans leur guet-apens — (je n'avais pas eu le temps de tracer un plan à mon inspiration, — qu'elle avait déjà commencé l'œuvre), je m'assis ; — j'imaginai un autre message ; je l'écrivis de mon mieux. — Je croyais jadis, comme nos hommes d'État, — que c'est un avilissement de bien écrire, et je me suis donné beaucoup de peine — pour oublier ce talent-là. Mais alors, mon cher, — il me rendit un service tutélaire. Veux-tu savoir — la teneur de ce que j'écrivis ?

HORATIO.

Oui, mon bon seigneur.

HAMLET.

— Une requête pressante adressée par le roi — à son cousin d'Angleterre, comme à un tributaire fidèle : — Si celui-ci voulait que la palme de l'affection pût fleurir entre eux deux, — que la paix gardât toujours sa couronne d'épis — et restât comme un trait d'union entre leurs amitiés, — et par beaucoup d'autres considérations de grand poids, — il devait, aussitôt la dépêche vue et lue, — sans autre forme de procès, — sans leur laisser le temps de se confesser, — faire mettre à mort sur-le-champ les porteurs.

HORATIO.

Comment avez-vous scellé cette dépêche?

HAMLET.

— Eh bien, ici encore s'est montrée la Providence céleste. — J'avais dans ma bourse le cachet de mon père, — qui reproduisait le sceau de Danemark. — Je pliai cette lettre dans la même forme que l'autre, — j'y mis l'adresse, je la cachetai, je la mis soigneusement en place, — et l'on ne s'aperçut pas de l'enfant substitué. Le lendemain — eut lieu notre combat sur mer; et ce qui s'ensuivit, — tu le sais déjà.

HORATIO.

— Ainsi, Guildenstern et Rosencrantz vont tout droit à la chose.

HAMLET.

— Ma foi, l'ami! ce sont eux qui ont recherché cette commission; — ils ne gênent pas ma conscience; leur ruine — vient de leur propre excès de zèle. — Il est dangereux pour des créatures inférieures de se trouver, — au milieu d'une passe, entre les épées terribles et flamboyantes — de deux puissants adversaires.

HORATIO.

Ah! quel roi!

HAMLET.

— Ne crois-tu pas que quelque chose m'est imposé maintenant? — Celui qui a tué mon père et fait de ma mère une putain, — qui s'est fourré entre la volonté du peuple et mes espérances, — qui a jeté son hameçon à ma propre vie, — et avec un telle perfidie! ne dois-je pas, en toute conscience, — le châtier avec ce bras? Et n'est-ce pas une action damnable — de laisser ce chancre de l'humanité — continuer ses ravages?

HORATIO.

— Il apprendra bientôt d'Angleterre — quelle est l'issue de l'affaire.

HAMLET.

— Cela ne tardera pas. L'intérim est à moi ; — la vie d'un homme, ce n'est que le temps de dire un. — Pourtant je suis bien fâché, mon cher Horatio, — de m'être oublié vis-à-vis de Laertes. — Car dans ma propre cause, je vois — l'image de la sienne. Je tiens à son amitié : — mais, vraiment, la jactance de sa douleur avait exalté — ma rage jusqu'au vertige.

HORATIO.

Silence! qui vient là? —

Entre Osric.

OSRIC, se découvrant.

Votre seigneurie est la bienvenue à son retour en Danemark.

HAMLET.

Je vous remercie humblement, monsieur.

A Horatio.

Connais-tu ce moucheron ?

HORATIO.

Non, mon bon seigneur.

HAMLET.

Tu n'en es que mieux en état de grâce ; car c'est un vice de le connaître. Il a beaucoup de terres, et de fertiles. Qu'un animal soit le seigneur d'autres animaux, lui, il aura toujours sa mangeoire à la table du roi. C'est un perroquet ; mais, comme je te le dis, vaste propriétaire de boue.

OSRIC.

Doux seigneur, si votre seigneurie en a le loisir, j'ai une communication à lui faire de la part de sa majesté.

HAMLET.

Je la recevrai, monsieur, avec tout empressement d'esprit. Faites de votre chapeau son véritable usage ; il est pour la tête.

OSRIC.
Je remercie votre seigneurie, il fait très-chaud.

HAMLET.
Non, croyez-moi, il fait très-froid, le vent est au nord.

OSRIC.
En effet, mon seigneur, il fait passablement froid.

HAMLET.
Mais pourtant, il me semble qu'il fait une chaleur étouffante, ou mon tempérament.....

OSRIC.
Excessive, monseigneur ! une chaleur étouffante, à un point... que je ne saurai dire... monseigneur, sa majesté m'a chargé de vous signifier qu'elle a tenu sur vous un grand pari... Voici, monsieur, ce dont il s'agit.

HAMLET, lui faisant le signe de se couvrir.
De grâce, souvenez-vous...

OSRIC.
Non, sur ma foi ; je suis plus à l'aise, sur ma foi ! monsieur, nous avons un nouveau venu à la cour, Laertes : croyez-moi, c'est un gentilhomme accompli, doué des perfections les plus variées, de très-douces manières et de grande mine. En vérité, pour parler de lui avec tact, il est le calendrier, la carte de la gentry ; vous trouverez en lui le meilleur monde qu'un gentilhomme puisse connaître.

HAMLET.
Monsieur, son signalement ne perd rien dans votre bouche, et pourtant, je le sais, s'il fallait faire son inventaire détaillé, la mémoire y embrouillerait son arithmétique : elle ne pourrait jamais qu'évaluer en gros une cargaison emportée sur un si fin voilier. Quant à moi, pour rester dans la vérité de l'enthousiasme, je le tiens pour

une âme de grand article : il y a en lui un tel mélange de raretés et de curiosités, que, à parler vrai de lui, il n'a de semblable que son miroir, et tout autre portrait ne serait qu'une ombre, rien de plus.

OSRIC.

Votre seigneurie parle de lui en juge infaillible.

HAMLET.

A quoi bon tout ceci, monsieur? Pourquoi affublons-nous ce gentilhomme de nos phrases grossières ?

ORSIC.

Monsieur.

HORATIO, à Hamlet.

On peut donc parler à n'importe qui sa langue? Vraiment, vous auriez ce talent là, seigneur.

HAMLET.

Que fait à la question le nom de ce gentilhomme ?

ORCIS.

De Laertes ?

HORATIO.

Sa bourse est déjà vide : toutes ses paroles d'or sont dépensées.

HAMLET.

De lui, monsieur.

OSRIC.

Je pense que vous n'êtes pas sans savoir....

HAMLET.

Tant mieux si vous avez de moi cette opinion ; mais quand vous l'auriez, cela ne prouverait rien en ma faveur... Eh bien, monsieur?

OSRIC.

Vous n'êtes pas sans savoir de quelle supériorité Laertes est à son arme?

HAMLET.

Je n'ose faire cet aveu, de peur de me comparer à lui :

pour bien connaître un homme, il faut d'abord se connaître soi-même.

OSRIC.

Je ne parle, monsieur, que de sa supériorité à cette arme-là ; d'après la réputation qu'on lui a faite, il a un talent sans égal.

HAMLET.

Quelle est son arme ?

OSRIC.

L'épée et la dague.

HAMLET.

Ce sont deux de ses armes ; eh bien après ?

OSRIC.

Le roi, monsieur, a parié six chevaux barbes, contre lesquels, m'a-t-on dit, Laertes risque six rapières et six poignards de France avec leurs montures, ceinturon, bandoulière, et ainsi de suite. Trois des trains sont vraiment d'une invention rare, parfaitement adaptés aux poignées, d'un travail très-délicat et très-somptueux.

HAMLET.

Qu'appelez-vous les trains ?

HORATIO, à Hamlet.

Vous ne le lâcherez pas, je sais bien, avant que ses explications ne vous aient édifié.

OSRIC.

Les trains, monsieur, ce sont les étuis à suspendre les épées.

HAMLET.

L'expression serait plus juste si nous portions une pièce de canon au côté : en attendant, contentons-nous de les appeler des pendants de ceinturon. Mais poursuivez. Six chevaux barbes contre six épées de France, leurs accessoires, avec trois ceinturons très-élégants :

voilà l'enjeu danois contre l'enjeu français. Et sur quoi ce pari ?

OSRIC.

Le roi a parié, monsieur, que, sur douze bottes échangées entre vous et Laertes, celui-ci n'en porterait pas trois de plus que vous ; Laertes a parié vous toucher neuf fois sur douze. Et la question serait soumise à une épreuve immédiate, si votre seigneurie daignait ré-répondre.

HAMLET.

Comment ? si je réponds non ?

OSRIC.

Je veux dire, monseigneur, si vous daigniez opposer votre personne à cette épreuve.

HAMLET.

Monsieur, je vais me promener ici dans cette salle : si cela convient à sa majesté, voici pour moi l'heure du délassement. Qu'on apporte les fleurets, si ce gentilhomme y consent ; et pour peu que le roi persiste dans sa gageure, je le ferai gagner, si je peux ; sinon, j'en serai quitte pour la honte et les bottes de trop.

OSRIC.

Rapporterai-je ainsi votre réponse ?

HAMLET.

Dans ce sens-là, monsieur ; ajoutez-y toutes les fleurs à votre goût.

OSRIC.

Je recommande mon dévouement à votre seigneurie.

Il sort.

HAMLET.

Tout à vous, tout à vous !... Il fait bien de se recommander lui-même ; il n'y a pas d'autres langues pour s'en charger.

HORATIO.
On dirait un vanneau qui fuit ayant sur la tête la coque de son œuf.

HAMLET.
Il faisait des compliments à la mamelle de sa nourrice avant de la téter. Comme beaucoup d'autres de la même volée dont je vois raffoler le monde superficiel, il se borne à prendre le ton du jour et les usages extérieurs de la société : creuses billevesées qui les élèvent dans l'opinion des sots et des sages; soufflez seulement sur elles pour en faire l'épreuve, elles crèvent!

Entre UN SEIGNEUR.

LE SEIGNEUR.
Monseigneur, le roi vous a fait complimenter par le jeune Osric qui lui a rapporté que vous l'attendiez dans cette salle. Il m'envoie savoir si c'est votre bon plaisir de commencer la partie avec Laertes ou de l'ajourner.

HAMLET.
Je suis constant dans mes résolutions, elles suivent le bon plaisir du roi. Si Laertes est prêt, je le suis; sur-le-champ, ou n'importe quand, pourvu que je sois aussi dispos qu'à présent.

LE SEIGNEUR.
Le roi, la reine et toute la cour vont descendre.

HAMLET.
Ils sont les bienvenus.

LE SEIGNEUR.
La reine vous demande de faire un accueil cordial à Laertes, avant de vous mettre à la partie.

HAMLET.
Elle me donne un bon conseil.

Sort le seigneur.

HORATIO.

Vous perdrez ce pari, monseigneur.

HAMLET.

Je ne crois pas ; depuis qu'il est parti pour la France, je me suis continuellement exercé : avec l'avantage qui m'est fait, je gagnerai. Mais tu ne saurais croire quel mal j'éprouve ici, du côté du cœur. N'importe !

HORATIO.

Pourtant, monseigneur...

HAMLET.

C'est une niaiserie : une sorte d'appréhension qui suffirait peut-être à troubler une femme.

HORATIO.

Si vous avez dans l'esprit quelque répugnance, obéissez-y. Je vais les prévenir de ne pas se rendre ici, en leur disant que vous êtes mal disposé.

HAMLET.

Pas du tout. Nous bravons le présage : il y a une providence spéciale pour la chute d'un moineau. Si mon heure est venue, elle n'est pas à venir ; si elle n'est pas à venir, elle est venue : que ce soit à présent ou pour plus tard, soyons prêts, voilà tout. Puisque l'homme n'est pas maître de ce qu'il quitte, qu'importe qu'il le quitte de bonne heure ? Laissons faire.

Entrent le Roi, la Reine, Laertes, Osric, des Seigneurs, des Serviteurs, portant des fleurets, des gantelets, une table et des flacons de vin.

LE ROI.

— Venez, Hamlet, venez et prenez cette main que je vous présente.

Le roi met la main de Laertes dans celle d'Hamlet.

HAMLET.

— Pardonnez-moi, monsieur, je vous ai offensé, —

mais pardonnez-moi en gentilhomme. — Ceux qui sont ici présents savent et vous devez avoir appris — de quel cruel égarement j'ai été affligé. — Si j'ai fait quelque chose — qui ait pu irriter votre caractère, votre honneur, — votre susceptibilité, je le proclame ici acte de folie. — Est-ce Hamlet qui a offensé Laertes? Ce n'a jamais été Hamlet. — Si Hamlet est enlevé à lui-même, — et si, n'étant plus lui-même, il offense Laertes, — alors, ce n'est pas Hamlet qui agit : Hamlet renie l'acte. — Qui agit donc? sa folie. S'il en est ainsi, — Hamlet est du parti de l'offensé, — le pauvre Hamlet a sa folie pour ennemi. — Monsieur, après ce désaveu — de toute intention mauvaise fait devant cet auditoire, — puissé-je n'être condamné dans votre généreuse pensée — que comme si, lançant une flèche par-dessus la maison, — j'avais frappé mon frère !

LAERTES.

Mon cœur est satisfait, — et ce sont ses inspirations qui, dans ce cas, me poussaient le plus — à la vengeance : mais sur le terrain de l'honneur, — je reste à l'écart et je ne veux pas de réconciliation, — jusqu'à ce que des arbitres plus âgés, d'une loyauté connue, — m'aient imposé, d'après les précédents, une sentence de paix — qui sauvegarde mon nom. Jusque-là — j'accepte comme bonne amitié l'amitié que vous m'offrez, — et je ne ferai rien pour la blesser.

HAMLET.

J'embrasse franchement cette assurance : — et je m'engage loyalement dans cette joute fraternelle. — Donnez-nous les fleurets, allons.

LAERTES.

Voyons, qu'on m'en donne un !

HAMLET.

— Je vais être votre plastron, Laertes : auprès de mon

inexpérience, comme un astre dans la nuit la plus noire, votre talent — va ressortir avec éclat.

LAERTES.

Vous vous moquez de moi, monseigneur.

HAMLET.

Non, je le jure!

LE ROI.

— Donnez-leur les fleurets, jeune Osric. Cousin Hamlet, — vous connaissez la gageure?

HAMLET.

Parfaitement, monseigneur. — Votre grâce a mis un enjeu excessif du côté le plus faible.

LE ROI.

Je n'en suis pas inquiet : je vous ai vus tous deux... — D'ailleurs, puisque Hamlet est avantagé, la chance est pour nous.

LAERTES, essayant un fleuret.

Celui-ci est trop lourd, voyons-en un autre.

HAMLET.

Celui-ci me va. Ces fleurets ont tous la même longueur?

OSRIC.

Oui, mon bon seigneur.

Ils se mettent en garde.

LE ROI.

— Posez-moi les flacons de vin sur cette table : — si Hamlet porte la première ou la seconde botte, — ou s'il riposte à la troisième, — que les batteries fassent feu de toutes les pièces : — le roi boira à la santé d'Hamlet, — et jettera dans la coupe une perle — plus précieuse que celles que les quatre rois nos prédécesseurs — ont portées sur la couronne de Danemark. Donnez-moi les coupes. — Que les timbales disent au trompettes, — les trompettes aux canons du dehors, — les canons aux cieux, les cieux à la terre, — que le roi boit à Hamlet ! Allons, commencez ; — et vous juges, ayez l'œil attentif.

HAMLET.

— En garde, monsieur.

LAERTES.

En garde, monseigneur.

Ils commencent l'assaut.

HAMLET.

Une.

LAERTES.

Non.

HAMLET.

Jugement !

OSRIC.

— Touché ! très-positivement touché !

LAERTES.

Soit : recommençons.

LE ROI.

— Attendez qu'on me donne à boire : Hamlet, cette perle est à toi ; — je bois à ta santé. Donnez-lui la coupe.

Les trompettes sonnent ; le bruit du canon au dehors.

HAMLET.

— Je veux auparavant terminer cet assaut ; mettez-la de côté un moment. — Allons.

L'assaut recommence.

Encore une ! qu'en dites-vous ?

LAERTES.

— Touché, touché, je l'avoue.

LE ROI.

— Notre fils gagnera.

LA REINE.

Il est gras et de courte haleine. — Tiens, Hamlet, prends mon mouchoir et essuie-toi le front. — La reine boit à ton succès, Hamlet.

HAMLET.
— Bonne madame !
LE ROI.
Gertrude, ne buvez pas !
LA REINE, prenant la coupe.
— Je boirai, monseigneur ; excusez-moi, je vous prie.
LE ROI, à part.
— C'est la coupe empoisonnée ; il est trop tard.
HAMLET.
— Je n'ose pas boire encore, madame ; tout à l'heure.
LA REINE.
— Viens, laisse-moi essuyer ton visage.
LAERTES, au roi.
— Monseigneur, je vais le toucher cette fois.
LE ROI.
Je ne le crois pas.
LAERTES, à part.
— Et pourtant c'est presque contre ma conscience.
HAMLET.
— Allons, la troisième, Laertes ; vous ne faites que vous amuser, — je vous en prie, tirez de votre plus belle force ; — j'ai peur que vous ne me traitiez en enfant.
LAERTES.
— Vous dites cela ? En garde !

Ils recommencent.

OSRIC.
Rien des deux parts.
LAERTES.
— A vous maintenant.

Laertes blesse Hamlet.

Puis en ferraillant, ils échangent leurs fleurets.

Et Hamlet blesse Laertes.

LE ROI.
Séparez-les ; ils sont exaspérés.

SCÈNE XX.

HAMLET.

— Non, recommençons.

La reine tombe.

OSRIC.

Secourez la reine, là ! ho !

HORATIO.

— Ils saignent tous les deux. Comment cela se fait-il, monseigneur ?

OSRIC.

— Comment êtes-vous, Laertes ?

LAERTES.

— Ah ! comme une buse prise à son propre piége, Osric ! — Je suis tué justement par mon guet-apens.

HAMLET.

— Comment est la reine ?

LE ROI.

Elle s'est évanouie à la vue de leur sang.

LA REINE.

— Non ! non ! le breuvage ! le breuvage ! O mon Hamlet chéri ! — le breuvage ! le breuvage ! Je suis empoisonnée.

Elle meurt.

HAMLET.

— O infamie !... Holà ! qu'on ferme la porte : — il y a une trahison ! qu'on la découvre.

LAERTES.

— La voici, Hamlet : Hamlet, tu es assassiné; nul remède au monde ne peut te sauver ; — en toi, il n'y a plus une demi-heure de vie ; — l'arme traîtresse est dans ta main, — démouchetée et venimeuse : le coup hideux — s'est retourné contre moi. Tiens, je tombe ici, — pour ne jamais me relever : ta mère est empoisonnée ; — — je n'en puis plus... Le roi... le roi est le coupable.

HAMLET.

La pointe — empoisonnée aussi! Alors, venin, à ton œuvre!

Il frappe le roi.

OSRIC ET LES SEIGNEURS.

Trahison! trahison!

LE ROI.

— Oh! défendez-moi encore, mes amis; je ne suis que blessé.

HAMLET.

— Tiens, toi, incestueux, meurtrier, damné Danois! — Bois le reste de cette potion!... Ta perle y est-elle? — Suis ma mère.

Le roi meurt.

LAERTES.

Il a ce qu'il mérite; c'est un poison préparé par lui-même. — Échange ton pardon avec le mien, noble Hamlet. — Que ma mort et celle de mon père ne retombent pas sur toi, — ni la tienne sur moi!

Il meurt.

HAMLET.

— Que le ciel t'en absolve! Je vais te suivre. — Je meurs, Horatio. Misérable reine, adieu! — Vous qui pâlissez et tremblez devant cette catastrophe, — muets auditeurs de ce drame, — si j'en avais le temps, si la mort, ce recors farouche, — ne m'arrêtait si strictement, — oh! je pourrais vous dire... — Mais résignons-nous: Horatio, je meurs, — tu vis, toi, justifie moi, explique ma cause — à ceux qui l'ignorent.

HORATIO.

Ne l'espérez pas. — Je suis plus un Romain qu'un Danois. — Il reste encore ici de la liqueur.

HAMLET.

Si tu es un homme, — donne moi cette coupe; lâche-la; par le ciel, je l'aurai! — Dieu! quel nom blessé, Horatio, — si les choses restent ainsi inconnues, vivra après moi! — Si jamais tu m'as porté dans ton cœur, — absente-toi quelque temps encore de la félicité céleste, — et exhale ton souffle pénible dans ce monde rigoureux, — pour raconter mon histoire.

Marche militaire au loin; bruit de mousqueterie derrière le théâtre.

Quel est ce bruit martial?

OSRIC.

— C'est le jeune Fortinbras qui arrive vainqueur de Pologne, — et qui salue les ambassadeurs d'Angleterre — de cette salve guerrière.

HAMLET.

Oh! je meurs, Horatio; — le poison puissant triomphe de mon souffle : — je ne pourrai vivre assez pour savoir les nouvelles d'Angleterre; — mais je prédis que l'élection s'abattra — sur Fortinbras; il a ma voix mourante; — raconte-lui, avec plus ou moins de détails, — ce qui a provoqué... Le reste... c'est... silence.

Il meurt.

HORATIO.

— Voici un noble cœur qui se brise. Bonne nuit, doux prince; — que des essaims d'anges te bercent de leurs chants! — Pourquoi ce bruit de tambours ici?

Marche militaire derrière la scène.

Entrent FORTINBRAS, les AMBASSADEURS D'ANGLETERRE et autres.

FORTINBRAS.

— Où est ce spectacle?

HORATIO.

Qu'est-ce que vous voulez voir? — Si c'est un malheur ou un prodige, ne cherchez pas plus loin.

FORTINBRAS.

— Cette curée crie : Carnage!... O fière mort! — quel

festin prépares-tu dans ton antre éternel, — que tu as, d'un seul coup, — abattu dans le sang tant de princes?

PREMIER AMBASSADEUR.

Ce spectacle est effrayant; — et nos dépêches arrivent trop tard d'Angleterre. — Il a l'oreille insensible celui qui devait nous écouter, — à qui nous devions dire que ses ordres sont remplis, — que Rosencrantz et Guildenstern sont morts. — D'où recevrons-nous nos remercîments?

HORATIO.

Pas de sa bouche, — lors même qu'il aurait le vivant pouvoir de vous remercier; — il n'a jamais commandé leur mort. — Mais puisque vous êtes venus si brusquement au milieu de cette crise sanglante, — vous, de la guerre de Pologne, et vous d'Angleterre, — donnez ordre que ces corps — soient placés sur une haute estrade à la vue de tous, — et laissez-moi dire au monde qui l'ignore encore, — comment ceci est arrivé. Alors vous entendrez parler — d'actes charnels, sanglants, contre nature; — d'accidents expiatoires, de meurtres fortuits; — de morts causées par la perfidie ou par une force majeure, — et, pour dénoûment, de complots retombés par méprise — sur la tête des auteurs : voilà tout ce que je puis — vous raconter sans mentir.

FORTINBRAS.

Hâtons-nous de l'entendre, — et convoquons les plus nobles à l'auditoire; — pour moi, c'est avec douleur que j'accepte ma fortune, — j'ai sur ce royaume des droits non oubliés, — que mon intérêt m'invite maintenant à revendiquer.

HORATIO.

— J'ai mission aussi de parler sur ce point, au nom — de quelqu'un dont la voix en entraînera bien d'autres. — Mais agissons immédiatement, tandis — que les esprits sont encore étonnés, de peur qu'un complot — ou une méprise ne cause de nouveaux malheurs.

FORTINBRAS.

Que quatre capitaines — portent Hamlet, comme un combattant, sur l'estrade ; — car, probablement, s'il eût été mis à l'épreuve, — c'eût été un grand roi ; et que, sur son passage, — la musique militaire et les salves guerrières — retentissent hautement en son honneur. — Enlevez les corps : un tel spectacle — ne sied qu'au champ de bataille ; ici, il fait mal. — Allez ! dites aux soldats de faire feu.

<small>Marche funèbre. Ils sortent, emportant les cadavres ; après quoi, on entend une décharge d'artillerie.</small>

FIN DU SECOND HAMLET.

NOTES

(1) Le lieu où se passe la scène est rarement indiqué dans le texte original des pièces de Shakespeare ; il ne l'est nulle part dans le texte d'*Hamlet*. Les éditeurs modernes ont pris sur eux de mettre en tête de chaque scène les indications qui leur sont en général suggérées par les paroles mêmes des personnages du drame. Ainsi, dans l'original, rien ne prévient le lecteur que la première scène se passe sur la plate-forme d'Elseneur ; ce n'est qu'à la fin de la seconde scène du drame qu'Hamlet, donnant un rendez-vous à Horatio et à ses compagnons de garde, leur dit : « *Sur la plate-forme,* entre onze heures et minuit. » C'est ce renseignement qui a permis aux éditeurs modernes de fixer d'une manière certaine la mise en scène du premier tableau. Il n'en est pas de même des tableaux suivants où le lieu de la scène n'a pu être indiqué que par hypothèse, puisqu'aucune information précise ne se trouve dans le texte primitif. Pour que notre traduction ait toute la clarté nécessaire à l'intelligence de l'œuvre, nous avons cru pouvoir user de la latitude que s'étaient donnée les éditions modernes, et nous avons placé au commencement de chaque scène l'indication de lieu qui nous semblait la plus probable, en ayant soin toutefois de signaler par la différence des caractères tout ce que nous avons ajouté au texte original.

(2) L'édition in-quarto de 1604 prête ce vers à Horatio ; l'édition in-quarto de 1603 et l'édition in-folio de 1623 le donnent à Marcellus.

La dernière version nous a semblé la plus logique ; car, pour demander si le spectre a reparu, il faut croire possible l'apparition. Or, le bon Horatio se déclare parfaitement incrédule : Bah ! bah ! s'écrie-t-il un peu plus loin, il ne paraîtra pas !

(3) C'était une idée populaire au moyen âge que les savants seuls pouvaient parler aux esprits. Le grand exorciseur Faust était docteur. La connaissance du latin paraissait nécessaire pour ces conversations avec l'autre monde. Dans le *Rôdeur de nuit* de Beaumont et Fletcher, Tobie s'écrie, en montrant le revenant : « Il est encore plus long ; le voilà, maintenant, haut comme un clocher. Allons chercher le sommelier, car *il parle latin*, et ça intimide le démon. »

(4) C'est un usage immémorial dans les pays du Nord de donner un repas à tous ceux qui ont assisté aux funérailles. *Dans l'histoire tragique de la belle Valéria de Londres*, publiée en 1598, on lit ceci : « Son cadavre fut porté en grande pompe à l'église, et là, solennellement enterré, sans qu'on omît rien de ce que la nécessité ou la coutume réclame : un sermon, un *banquet* et autres cérémonies. » Hayward, racontant la mort du roi Richard II, dit expressément « qu'il » fut enterré obscurément sans qu'*un dîner* eût lieu pour célébrer ses » funérailles. » Aujourd'hui encore, cet usage subsiste dans certaines contrées de l'Angleterre et de l'Écosse, et même dans les campagnes des îles de la Manche. La suppression du repas funèbre passerait, là, pour une lésinerie indigne, et bien des paysans y auraient une piètre idée d'une mère qui ne régalerait pas un peu ses amis après avoir perdu sa fille.

(5) Beaucoup de critiques ont trouvé ces préceptes déplacés dans la bouche du burlesque Polonius. Ils ont accusé Shakespeare de contradiction, parce que l'auteur a prêté « ces belles maximes » à un personnage ridicule, à un homme qu'Hamlet appelle, en mainte occasion : « Vieil imbécile ! niais impudent ! stupide bavard ! » Ces critiques ne se sont pas aperçus qu'en blâmant ici Shakespeare, ils méconnaissaient une des créations les plus admirables et les plus vivantes qui soient jamais sorties du cerveau d'un poëte. Ce qui fait que Polonius est une figure, c'est justement cette contradiction apparente qu'on lui reproche. Polonius est un philosophe tombé en enfance ; c'est un homme d'État casse-cou ; c'est Machiavel-Jocrisse. Où Shakespeare a-t-il trouvé ce type si extraordinaire et pourtant si

vrai? Est-ce dans l'idéal ou dans la réalité? Ce grotesque ministre est-il une figure de fantaisie ou un portrait d'après nature? N'y avait-il pas un Polonius sous les yeux mêmes de Shakespeare, à la cour même d'Élisabeth? Lord Burleigh, par exemple! lord Burleigh, ce vieux conseiller que la reine appelait son *Esprit!* lord Burleigh, ce ministre indispensable qu'Élisabeth consultait en toute occasion, qui découvrait tous les complots, même les complots imaginaires, et qui, comme Polonius, passait sa vie *à prendre la carpe de la vérité à l'hameçon de ses mensonges.* Comme Polonius, lord Burleigh ne cumulait-il pas avec succès les fonctions de premier ministre et la charge de père noble? Ouvrez, par exemple, le livre intitulé : *Préceptes et directions pour bien ordonner et diriger sa vie.* Ce livre a été écrit tout entier par lord Burleigh pour son fils, Robert Cecil, qui fut plus tard comte de Salisbury. Eh bien, vous n'avez qu'à en lire quelques passages au hasard, et vous croirez, en écoutant le conseiller d'Élisabeth parler à son fils Robert, que c'est le conseiller de Claudius qui parle à son fils Laertes :

« Touchant la tenue de ta maison, que ton hospitalité soit modérée
» et d'accord avec tes ressources, plutôt abondante qu'économe, mais
» non dispendieuse. Car je n'ai jamais connu d'homme qui soit de-
» venu pauvre en tenant une table bien ordonnée... Aie soin de ne
» pas dépenser au delà des trois quarts de ton revenu ; de ces trois
» quarts, prends un tiers pour ta maison, car les deux autres tiers
» suffiront à peine pour défrayer tes dépenses extraordinaires, qui
» dépassent toujours de beaucoup les dépenses ordinaires ; autrement
» tu vivras comme un mendiant riche, dans un besoin continuel. Et
» l'homme nécessiteux ne peut jamais vivre heureux ni content. Car
» chaque désastre l'oblige à engager ou à vendre. Et le gentilhomme,
» qui vend un acre de terre, vend une once de crédit...

» Prends bien tes sûretés avec tes meilleurs amis. Celui qui paie
» les dettes d'un autre cherche sa propre ruine. Si tu ne peux pas
» faire autrement, prête plutôt toi-même ton argent sur de bons
» billets, quand il te faudrait emprunter cet argent. Ainsi tu t'assu-
» reras toi-même et tu feras plaisir à ton ami. N'emprunte pas d'ar-
» gent à un voisin, ni à un ami, mais à un étranger, afin qu'une fois
» que tu l'auras remboursé, tu n'en entendes plus parler. Autrement
» tu éclipseras ton crédit, tu perdras ta liberté, et tu paieras aussi
» cher à un ami qu'à un autre. En empruntant de l'argent, sois fidèle
» à ta parole, car celui qui a soin d'être exact aux échéances, est sei-
» gneur de la bourse d'autrui. »

Nous pourrions multiplier les citations, mais le court extrait que nous venons de traduire suffira sans doute à justifier le rapprochement que nous avons fait entre Polonius et lord Burleigh. L'histoire d'ailleurs vient à l'appui de nos conjectures. Shakespeare, avant d'être comédien du lord chambellan, faisait partie de la troupe du comte de Leicester qui, comme on sait, était le rival du vieux William Cecil. En outre, lord Burleigh était le principal auteur de ce monstrueux statut 14 qui assimilait à des vagabonds tous les acteurs ambulants, et les punissait comme tels. Shakespeare avait été lui-même comédien ambulant, et sa grande âme dut ressentir vivement l'outrage fait par cette loi à ses camarades. N'est-il pas vraisemblable que l'auteur d'*Hamlet* ait voulu venger les comédiens par des allusions qui atteignaient à mots couverts le premier ministre, et qui devaient être saisies avec avidité par les habitués de son théâtre ? Une fois ceci admis, que Polonius n'est autre que lord Burleigh, combien ces allusions, presque inintelligibles aujourd'hui, deviennent claires désormais !

Ne croirait-on pas que c'est à lord Burleigh qu'Hamlet parle quand il dit à Polonius :

« Veillez, je vous prie, à ce que ces comédiens soient bien traités.
» Entendez-vous, qu'on ait pour eux des égards! Car ils sont le ré-
» sumé, la chronique abrégée des temps. Mieux vaudrait pour vous
» une méchante épitaphe après votre mort que leur blâme pendant
» votre vie. »

N'est-ce pas de ce vieil ennemi du théâtre qu'Hamlet parle, quand il dit :

« Il lui faut une gigue ou une histoire de mauvais lieu, sinon il
» s'endort. »

Et, à un autre moment, quand Horatio prétend qu'un caprice de *vagabond* l'a amené de Wittemberg à Elseneur, avec quelle amertume Hamlet repousse ce mot de *vagabond* dont lord Burleigh avait flétri les compagnons de Shakespeare! avec quelle brusquerie singulière il s'écrie :

« Je ne laisserais pas votre ennemi parler de la sorte ; vous ne vou-
» drez pas faire violence à mon oreille, pour la forcer à croire votre
» propre déposition contre vous-même : je sais que vous n'êtes point
» un *vagabond*. »

Si notre supposition était fondée, s'il était vrai que Shakespeare eût voulu mettre en scène lord Burleigh sous les traits de Polonius, ceux qui ont lu attentivement l'histoire ne trouveraient pas trop dure la vengeance de l'écrivain contre le ministre, et nul ne reprocherait au poëte indigné d'avoir mis au pilori du ridicule éternel ce courtisan qu'on a appelé le Talleyrand du seizième siècle, et qui, plus odieux encore que son futur disciple, a été l'un des assassins juridiques de Marie Stuart et l'un des bourreaux de l'Irlande.

(6) On serait tenté de croire que lorsqu'il écrivait ces vers sur les *débauches abrutissantes* de la cour de Danemark, Shakespeare connaissait les détails de la réception faite à lord Leicester par le roi de Danemark Christian IV. Le noble lord avait été envoyé pour complimenter Christian sur son avènement au trône, en 1588. Cette ambassade fut l'occasion de réjouissances dont le récit nous a été conservé dans les lettres du secrétaire Howell. « Une fois, raconte ce-
» lui-ci, le roi donna un banquet qui dura depuis onze heures du
» matin jusqu'au soir; le roi y but trente-cinq santés, la première à
» l'empereur, la seconde à son neveu d'Angleterre, et ainsi de suite à
» tous les rois et à toutes les reines de la chrétienté. Enfin, le roi fut
» emporté dans son fauteuil, mais milord Leicester tint bon jusqu'au
» bout, et deux des gardes du roi étant venus le prendre par le bras
» pour l'aider à descendre les escaliers, il leur fit lâcher prise et des-
» cendit tout seul. »

Il ne faut pas croire, au reste, que ces *débauches* restèrent spéciales à la cour de Danemark. Lorsque le roi Christian IV vint, en 1606, visiter son neveu Jacques Ier, il introduisit à la cour d'Angleterre tous les usages de la royauté danoise.

« Depuis que le roi de Danemark est venu, écrivait sir John Har-
» rington au secrétaire d'État Barlow, les banquets et les plaisirs
» de toute sorte m'ont mis sur les dents. Ces plaisirs m'ont occupé
» chaque jour de telle sorte que j'ai pu me croire dans le paradis de
» Mahomet. Nous avons eu des femmes et du vin en telle abondance
» que tout spectateur sobre en eût été étonné. Je crois que le Danois
» a une étrange influence sur nos bons nobles Anglais; car ceux
» même, auxquels je ne pouvais pas faire goûter la meilleure liqueur,
» suivent maintenant la mode et se vautrent dans des jouissances bes-
» tiales. Les *ladies* abandonnent leur sobriété et se roulent sous les
» yeux de tous en état d'ivresse. Je dis souvent (*mais pas tout haut*),
» que les Danois ont de nouveau conquis les Bretons; car je ne vois
» pas une créature, homme ou femme, qui puisse maintenant se com-
» mander à elle-même. »

Un autre jour, sir John Harrington faisait à son ami le récit suivant d'une de ces fêtes royales : « ... Après dîner, on a donné, ou plutôt es-
» sayé de donner devant leurs majestés une représentation de la
» visite de la reine de Saba à Salomon, — représentation imaginée
» par le comte de Salisbury (fils de lord Burleigh) et par quelques

» autres. Mais, hélas ! combien toutes les choses terrestres trahissent
» les pauvres mortels au mileu de leurs joies, nous l'avons éprouvé ce
» soir-là. La dame qui jouait le rôle de la reine de Saba devait apporter
» à leurs majestés les plus précieux présents ; mais n'ayant pas fait at-
» tention aux marches qui montaient à l'estrade royale, elle a renversé
» sa corbeille sur les genoux du roi de Danemark, et elle est tombée
» elle-même sur la tête aux pieds du roi. Celui-ci s'est alors levé et a
» essayé de danser avec la reine de Saba, mais il est tombé à son tour,
» et s'est humilié devant elle. On l'a transporté dans une chambre de
» l'intérieur et on l'a couché sur un lit royal qui n'a pas été peu pollué
» par les présents que la reine de Saba venait de jeter sur ses habits,
» — lesquels consistaient en vins, crêmes, boissons, gâteaux, épices
» et autres bonnes choses. — La représentation a continué et la plu-
» part des acteurs sont venus en trébuchant ou sont tombés par terre :
» tant le vin occupait chez eux les cloisons supérieures ! Alors ont
» paru, en riches toilettes, la Foi, l'Espérance et la Charité : l'Es-
» pérance a essayé de parler, mais le vin avait tant affaibli ses moyens,
» qu'elle s'est retirée en priant le roi (Jacques Ier) d'excuser sa briè-
» veté. La Foi restait alors toute seule, mais voyant que personne
» ne venait à son secours, elle a quitté la cour en chancelant. Sur ce,
» la Charité s'est jetée aux pieds du roi et a essayé de couvrir toutes
» les fautes que ses sœurs avaient commises ; c'est-à-dire qu'elle a
» fait acte de soumission et a apporté des présents au roi, puis elle a
» déclaré qu'elle s'en retournait chez elle, car le ciel avait tout donné
» déjà à sa majesté. Après quoi, elle a rejoint la Foi et l'Espérance
» qui toutes deux étaient malades... dans la salle d'en bas. Alors la
» Victoire, en brillante armure, est venue, et a essayé de présenter
» son compliment au roi dans un étrange galimatias versifié ! Mais la
» Victoire n'a pas triomphé longtemps, car, après sa lamentable apos-
» trophe, on l'a emmenée comme une bête captive et on l'a couchée
» sur les marbres extérieurs de l'antichambre où elle s'est endormie.
» La Paix a fait alors son entrée et a tâché d'aller droit au roi : mais
» je ne saurais vous décrire la fureur qu'elle montrait contre ceux
» qui l'entouraient et la rudesse belliqueuse avec laquelle, oubliant
» son rôle, elle frappait de sa branche d'olivier les perruques de ceux
» qui s'opposaient à son passage. »

Dans une autre de ses lettres le filleul de la reine Élisabeth parle
d'une soirée donnée à leurs majestés par le ministre Robert Cecil
dans son château de Théobalds. Jacques Ier s'y soûla tellement que
ses courtisans furent obligés de le porter dans son lit ; et quant à son
hôte auguste, le roi de Danemark, il se trompa de chambre à cou-

cher et monta de force dans le lit de la belle comtesse Nottingham, femme du grand amiral d'Angleterre. « Je vous déclare sur ma parole, ajoute sir John Harrington, à *vous qui ne bavarderez pas* (décidément cet Harrington est homme de précaution!) que la frayeur de la conspiration des poudres nous est passée de l'esprit et que nous vivons comme si le diable voulait que chacun de nous se fît sauter par les orgies, les excès et les débauches. »

Tel était le spectacle présenté au monde par la cour de Jacques Ier, de ce roi que l'histoire a appelé le Salomon du Nord. C'est par ces monstruosités que ce prince, fils de Marie Stuart et père de Charles Ier, préparait l'échafaud de son fils après avoir laissé faire l'échafaud de sa mère. Ah! quel avertissement prophétique le poëte donnait au roi quand il lui disait par la voix d'Hamlet :

> C'est une coutume
> Qu'il est plus honorable de violer que d'observer.
> Ces débauches abrutissantes nous font, de l'orient à l'occident,
> Bafouer et mépriser par les autres nations
> Qui nous traitent d'ivrognes et souillent notre nom
> De l'épithète de pourceaux.

(7) Toutes les éditions originales attribuent ce vers fameux au spectre ; mais une tradition de la scène anglaise le donne à Hamlet, et Garrick le disait toujours, quand il jouait ce dernier rôle.

(8) Il y a ici une différence fort importante entre la version du premier *Hamlet* et celle du second. Dans l'édition de 1603, quand Hamlet demande à Gilderstone pourquoi les tragédiens de la cité sont devenus comédiens ambulants, Gilderstone répond : « Ma foi, monseigneur, c'est *la nouveauté* qui l'emporte ; car le public qui d'habi- » tude allait les voir, a pris en goût les représentations particulières » et les plaisanteries des enfants. » Dans l'édition de 1604, à cette même question d'Hamlet, Guildenstern répond : « Une résidence fixe leur est interdite en conséquence de *la dernière innovation.* » Dans le premier cas, la raison alléguée est simplement un changement dans le goût du public qui préfère les représentations données par les enfants aux représentations données par les comédiens; dans le second, la raison alléguée est *une interdiction causée par une innovation récente.* Nous pensons qu'il y a ici deux allusions distinctes à deux époques diverses de l'histoire du théâtre anglais. Pour bien faire saisir la différence entre les deux allusions, il faut rappeler les faits. En 1584, les enfants de chœur de la chapelle de Saint-

Paul furent autorisés à jouer la comédie dans leur école de chant : de 1584 à 1591, ils représentèrent des pièces du poëte Lyly, entre autres *Endymion*, avec un tel succès qu'il attirèrent à eux la plupart des habitués des autres théatres, et que plusieurs troupes établies dans la cité furent obligées pour vivre d'aller jouer dans les villes de province. — En 1591, la morale publique s'offensa des représentations données par les enfants de Saint-Paul, qui causèrent, paraît-il, de fréquents scandales, et ces représentations furent interdites. En 1596, elles étaient encore défendues, car Nash, dans un de ses ouvrages, émet le vœu de voir *jouer encore les enfants à Saint-Paul*. Enfin, en 1600, l'interdit fut levé, et les enfants de Saint-Paul, ayant rouvert leur théâtre, jouèrent les pièces de Marston et de Dekker avec un succès qui nuisit beaucoup aux autres troupes, et entre autres à la troupe du *Globe* dont était Shakespeare. — Nous croyons donc que la réponse de Gilderstone dans le premier *Hamlet* se rapporte à la période où les représentations de Saint-Paul étaient encore une *nouveauté*, c'est-à-dire à la période qui commence à 1584 et qui finit à 1591. Nous croyons aussi que la réponse de Guildenstern, dans le second *Hamlet*, a trait à la période où les enfants de Saint-Paul reprirent leurs représentations de nouveau autorisées, — période qui commence à l'année 1600. Selon nous, c'est à cette autorisation nouvelle que Guildenstern fait allusion quand il dit que *la dernière innovation* force les tragédiens de la cité à devenir ambulants.

Cette distinction est précieuse, parce qu'elle nous permet d'établir approximativement la date du premier *Hamlet* et la date du second. Si nos conjectures sont fondées, la première esquisse d'*Hamlet* aurait été faite dans l'intervalle de 1584 à 1591, et l'œuvre définitive aurait été composée après 1600.

(9) Allusion au théâtre du *Globe*, qui avait un Hercule pour enseigne.

(10) Il y avait autour des monnaies anglaises un cercle qui encadrait la figure royale : s'il y avait à une de ces pièces une fêlure qui dépassât le cercle, la pièce n'avait plus de cours légal.

(11) Le *caviar* était un mets fort recherché, nouvellement importé de Russie, et fait avec des œufs d'esturgeon.

(12) Les critiques et les commentateurs se sont divisés sur la question de savoir si les éloges accordés par Hamlet à la pièce d'où ces extraits sont tirés, devaient être pris au sérieux. Malone déclare

NOTES. 381

que ces éloges sont parfaitement sincères et expriment réellement l'opinion de Shakespeare. Pope, Dryden, et Warburton pensent, au contraire, que ces louanges sont ironiques, et que l'auteur d'*Hamlet*, en imaginant ces citations, a voulu faire une imitation dérisoire des tragédies emphatiques et boursoufflées qu'on jouait de son temps. Avons-nous besoin de dire, après avoir scrupuleusement traduit cette tirade classique, que nous partageons le sentiment de Pope et de Dryden? Nous tenons cette tirade pour une parodie, et nous croyons que ce n'est pas sérieusement qu'Hamlet vante la simplicité d'une pièce écrite dans ce style :

« Pyrrhus est maintenant tout gueules : il est horriblement coloré
» du sang des mères, des pères, des filles, des fils, cuit et empâté
» sur lui par les maisons en flammes qui prêtent une lumière tyran-
» nique et damnée à ces vils massacres, etc., etc. »

(13) Dans la belle traduction en vers de Paul Meurice, si habilement disposée pour la scène française par Alexandre Dumas, le célèbre monologue d'Hamlet est ainsi rendu :

..... Être ou n'être pas, c'est là la question.
Que faut-il admirer? la résignation
Subissant tes assauts, Fortune, et tes outrages?
Ou la force s'armant contre une mer d'orages
Et les mettant à fin par la lutte? — Mourir,
Dormir, et rien de plus! et puis ne plus souffrir!
Fuir ces mille tourments pour lesquels il faut naître!
Mourir, dormir! Dormir! qui sait? rêver peut-être!
Peut-être?... ah! tout est là! quels rêves peupleront
Le sommeil de la mort, lorsque sous notre front
Ne s'agiteront plus la vie et la pensée?
Ce mystère nous rive à la terre glacée!
Hé! qui supporterait tant de honte et de deuil,
L'injure du tyran, les mépris de l'orgueil,
Les lenteurs de la loi, la cruelle souffrance
Que creuse dans le cœur l'amour sans espérance,
La lutte du génie et du vulgaire épais...
Quand un fer aiguisé donne si bien la paix?
Qui ne rejetterait son lourd fardeau d'alarmes?
Qui mouillerait encor de sueurs et de larmes
Son accablant chemin, — si l'on ne craignait pas
Quelque chose dans l'ombre au delà du trépas?
Ce monde inexploré, ce pays qu'on ignore,
D'où n'a pu revenir nul voyageur encore,

> Voilà ce qui d'horreur frappe la volonté !
> Et, devant cette nuit, l'esprit épouvanté
> S'en tient aux maux certains sous lesquels il succombe,
> Par la crainte des maux inconnus de la tombe !
> Et l'ardente couleur, la résolution,
> S'efface aux tons pâlis de la réflexion !
> Et, l'énigme d'effroi troublant toutes les tâches,
> Des plus déterminés le doute fait des lâches !

(14) Il paraît que la dureté, avec laquelle Hamlet traite Ophélia durant toute cette scène, laissait d'ordinaire une impression pénible au public anglais. Pour atténuer cette impression, Kean imagina, un soir, un mouvement remarquable. Après avoir dit ces mots : *Au couvent ! allez !* il s'avança vers la porte pour sortir ; mais, voyant que les applaudissements lui faisaient défaut, il se ravisa, revint sur ses pas, prit la main d'Ophélia, la baisa, et se retira, cette fois, au milieu des bravos frénétiques du public que ce retour de tendresse avait enthousiasmé. Depuis cette soirée, Kean reproduisit toujours ce jeu de scène, et toujours avec le même succès. La critique anglaise a beaucoup approuvé cette addition faite par l'éminent acteur au texte du poëte. Dans notre humble opinion, cette altération est un contresens grave : elle est tout à fait contraire non-seulement au texte, mais à la pensée de Shakespeare. Depuis que le meurtre de son père lui a été révélé, Hamlet n'a plus et ne peut plus avoir qu'une idée : le venger. Il a dit au spectre qu'il effacerait de sa mémoire tous les souvenirs du passé afin que « l'ordre vivant » de son père « remplisse seul les feuillets du livre de son cerveau. » Pour tenir sa promesse, il écarte tous les sentiments humains, il abjure ses amitiés, il renie ses amours ; il insulte ses camarades d'enfance, il insulte sa maîtresse, tout à l'heure il va insulter sa mère. Au moment où Hamlet vient de dire à Ophélia : Je ne vous ai jamais aimée ! et où, dans le paroxisme de sa rage, il voudrait l'envoyer au cloître, il ne nous paraît ni naturel ni logique qu'il se retire en lui baisant la main. Vouloir qu'Hamlet termine toutes ses imprécations par ce mouvement de respectueuse tendresse, c'est lui prêter une contradiction que rien ne justifie. Une pareille conclusion ne dément pas seulement toute la scène, elle l'annule.

(15) « Ce gaillard, dit Hamlet, outrehérode Hérode. » Dans les mystères religieux du moyen âge, Hérode était toujours représenté comme un personnage violent. Une vieille chanson anglaise dit :

> But he was in such a rage
> As one that shulde on a stage
> The part of *Herode* playe.

> Mais il était en rage,
> Comme quelqu'un qui, sur la scène,
> Jouerait le rôle d'Hérode.

(16) On sait que les comédiens n'avaient pas alors, comme aujourd'hui, un traitement fixe. Les théâtres étant des entreprises en actions, les comédiens étaient de véritables actionnaires, qui prélevaient sur les bénéfices de la recette un dividende proportionnel à leur *part* de propriété. Les acteurs secondaires étaient engagés à demi-part; les acteurs les plus importants à part entière. — C'est ce qui explique la rectification faite ici par Hamlet.

(17) *Baïoque,* pièce de monnaie italienne valant trois liards.

(18) Le vieux catéchisme anglican disait au catéchumène : « Empêche tes mains de *filouter et de voler.* » Ce sont les mêmes mots qu'Hamlet emploie.

(19) *Plein de pain,* expression biblique bien remarquable ici dans la bouche d'Hamlet. Ézéchiel, parlant des filles de Sodome, dit *qu'elles sont orgueilleuses, pleines de pain, et abondantes en paresse.* XVI, 49.

(20) La mise en scène de ce passage est toute différente aujourd'hui de ce qu'elle était autrefois. Nous avons sous les yeux une gravure infiniment curieuse qui représente cette scène, et que le commentateur Rowe a mise, en 1709, en tête de son édition de Shakespeare. La reine Gertrude, robe blanche, cheveux frisés, les bras ouverts, est assise sur une chaise haute au milieu du théâtre. A sa droite est Hamlet : habit noir à longues basques, perruque blonde descendant jusqu'au milieu du dos, haut-de-chausses noué au-dessus du genou, le bas de la jambe droite tombant à demi et laissant voir la moitié du mollet, la main gauche levée vers le ciel, et la main droite montrant le spectre, placé en face. A la gauche de la reine, au-dessous de deux candélabres dans le goût Louis XIV, est le spectre du père d'Hamlet, couvert d'une armure, ayant sur la tête un casque, dont la visière levée laisse voir son visage blême et sa barbe blanche, et tenant un bâton de la main droite. Sur le premier plan, en avant du

théâtre, est une chaise renversée, celle qu'Hamlet occupait au commencement de la scène et qu'il a jetée par terre dans son émotion. Au fond de la chambre, au-dessus de la tête de la reine, on remarque deux tableaux : ce sont les portraits des deux frères qu'Hamlet vient de montrer à la reine. — Aujourd'hui, ce ne sont plus deux tableaux accrochés au fond du théâtre qu'Hamlet force sa mère à comparer, ce sont deux médaillons, dont l'un, contenant le portrait de son père, pend à son cou, et l'autre, renfermant le portrait de son oncle, pend au cou de Gertrude. Quand Hamlet a terminé cette comparaison terrible entre les deux maris de sa mère, il arrache du cou de celle-ci le portrait de Claudius et il l'écrase sous ses pieds. — Nous convenons que ce dernier mouvement est très-dramatique, et que c'est une idée très-ingénieuse de mettre ainsi le portrait du roi assassiné au cou du fils, en même temps que le portrait du roi assassin au cou de la mère. Mais la mise en scène ancienne avait sur la nouvelle cet avantage, que les portraits des deux rois étaient visibles pour le public entier, au lieu de l'être seulement pour les acteurs; et ce contraste frappant expliquait et provoquait naturellement dans la pensée de tous la foudroyante invective d'Hamlet.

(21) Le commentateur Douce a retrouvé dans le Glocestershire la légende à laquelle Ophélia fait allusion ici. Les paysans de ce comté racontent encore qu'un jour Jésus-Christ entra dans la boutique d'un boulanger, au moment où on y cuisait, et demanda du pain. La boulangère prit immédiatement un morceau de pâte qu'elle mit au four; mais sa fille la gronda, en lui disant que le morceau était trop gros, et le réduisit des trois quarts. Cependant la pâte, mise à la cuisson, enfla immédiatement et devint un énorme pain. Sur quoi, la fille du boulanger criait : Heugh ! heugh ! heugh ! et c'est ce cri qui donna à Jésus l'idée de la changer en chouette pour la punir de son avarice.

(22) C'était le 14 février, jour de la Saint-Valentin, qu'autrefois en Angleterre les amoureux s'accordaient. Dans certains comtés, la jeune fille devait prendre pour amant le premier jeune homme qu'elle apercevait le matin de ce jour-là, et le jeune homme, accepter pour maîtresse la première jeune fille qu'il voyait. Dans d'autres comtés, les jeunes filles mettaient dans une urne de petits bulletins portant les noms des jeunes gens. Chacune tirait au sort, et celui dont le nom lui était échu devenait son Valentin comme elle devenait sa Valentine.

Ce galant usage existait dans la vieille France. Nos poëtes du xve siècle en ont fait mention plus d'une fois. Jean d'Anjou dit dans un rondeau :

> Après une seule exceptée,
> Je vous servirai cette année,
> Ma douce Valentine gente.

Un autre poëte de la même époque, Resnonville, a dit :

> Pour *la coutume* maintenir
> Mon cœur a choisi demoiselle,
> Cette sainte Valentine nouvelle.

La Saint-Valentin, aujourd'hui oubliée en France, continue d'être fêtée par les Anglais, qui n'ont plus, comme nous, les distractions du Carnaval.

Le matin du 14 février, la poste de la Grande-Bretagne n'est occupée qu'à porter les lettres d'amour anonymes envoyées par les jeunes filles aux jeunes gens et par les jeunes gens aux jeunes filles. Ces déclarations sont, en général, imprimées, ce qui leur ôte beaucoup de charme et les fait par trop ressembler à des compliments de mirliton. — Avouons que la méthode naïve du vieux temps était infiniment plus amusante.

(23) Dans le langage des fleurs, le romarin est le symbole du souvenir. Voilà pourquoi on le portait aux noces et aux funérailles.

(24) Le fenouil est le symbole de la flatterie. Steevens en cite comme preuve le couplet suivant :

> *Your fenelle did declare*
> *(As simple men can showe)*
> *That flattrie in my breast I bare,*
> *Where friendship ought to grow.*

> Votre *fenouil* a déclaré
> (Comme peuvent le démontrer les gens simples)
> Que je porte *la flatterie* dans mon cœur,
> Quand l'amitié devrait y croître.

(25) La colombine est la fleur du délaissement. Une vieille chanson anglaise dit :

> *The colombine in tawny often taken,*
> *Is then ascribed to such as are forsaken.*

> La colombine, devenant souvent jaune,
> Est offerte à ceux qui sont délaissés.

(26) La rue est pour les Anglais la fleur du chagrin, à cause de la ressemblance de son nom avec le mot *ruth* qui signifie chagrin, contrition, attendrissement. On l'appelait aussi herbe de grâce, parce qu'on lui croyait la propriété de chasser le démon.

Dans *Richard II*, le jardinier du duc d'York, ayant vu pleurer la reine détrônée, dit à la fin de la scène XIII :

> *Here she did drop a tear; here, in this place,*
> *I'll set a bank of rue, some herb of grace :*
> *Rue, even for ruth, here shortly shall be seen,*
> *In the remembrance of a weeping queen.*

> Ici elle a laissé tomber une larme ; ici, à cette place,
> Je mettrai un banc de rue, d'herbe de grâce :
> La rue, emblème de tristesse, sera vue ici bientôt,
> En souvenir d'une reine éplorée.

(27) La pâquerette est la fleur de la dissimulation. Greene, contemporain de Shakespeare, dit dans un de ses ouvrages : — « *Next grew the dissembling daisie, to warne such lightoflove wenches not to trust every fair promise that such amorous bachelor make them.* »

« Tout près, croissait la *pâquerette* dissimulée, pour avertir les filles à l'amour léger de ne pas se fier à toutes les belles promesses que leur font les célibataires amoureux. »

(28) *Bonny Robin*, est un vieil air saxon sur lequel ont été faites une foule de ballades et de chansons.

(29) On trouve une parodie de ce couplet dans une comédie écrite par Ben-Jonson, Chapman, et Marston, et intitulée *Eastward Hoe*.

(30) C'est la fleur appelée *Testiculus Morionis*.

(31) Shakespeare jette ici le ridicule sur la jurisprudence du moyen âge. Le premier paysan répète presque mot à mot les commentaires de Plowden sur le suicide de sir James Hales, commentaires qui furent publiés en 1578, et dont l'auteur d'Hamlet avait évidemment connaissance.

« L'acte, dit Plowden, consiste en trois parties : la première est l'imagination; la seconde, la résolution; la troisième, l'exécution. L'exécution consiste en deux parties : le commencement et la fin. Le commencement est la perpétration de l'acte qui cause la mort, et la fin est la mort qui est seulement la suite de l'acte. » Et plus loin : « Sir James Hales est mort, et comment est-il venu à mourir? On peut répondre, en noyant, et qui a-t-il noyé? Sir James Hales; et quand l'a-t-il noyé? Quand il était vivant. De sorte que sir James Hales étant vivant a causé la mort de sir James Hales; et l'acte de l'homme vivant a été la mort de l'homme mort. Donc, pour cette offense, il est raisonnable de punir l'homme vivant qui a commis l'offense, et non l'homme mort. Mais comment peut-on dire qu'il a été puni vivant quand la punition vient après sa mort? On ne le peut qu'en confisquant, dès le moment de l'acte qui, commis dans sa vie, a été la cause de la mort, les titres et la propriété des choses qu'il possédait de son vivant. » Cette argumentation concluante avait pour but de justifier la confiscation au profit de la couronne des biens de sir James Hales qui s'était noyé.

(32) Tout à l'heure Shakespeare raillait la magistrature, ici il raille l'aristocratie. La ridicule question posée par le deuxième paysan et la spirituelle réponse du premier rappellent ironiquement les discussions généalogiques qui passionnaient la cour d'Élisabeth. Un écrivain contemporain, Gérard Leigh, disait, en 1591, dans un livre intitulé *Accedence of Armourie* : « Pour que vous sachiez bien qu'aussitôt après la création d'Adam, la gentilhommerie et la roture existaient, vous apprendrez que le second homme qui est né était un gentilhomme, du nom d'Abel. » Le même auteur affirme que *Jésus-Christ était un gentilhomme de haute lignée.*

(33) Le premier paysan chante ici, en la modifiant, une vieille ballade attribué à lord Vaux et qui fut publiée en 1557, avec les chansons du comte de Surrey :

> *I loth that I did love,*
> *In youth that I thought swete,*
> *As time requires : for my behove*
> *Me thinkes they are not meet.*

> Je hais ce que j'ai aimé,
> Ce qu'en ma jeunesse j'ai trouvé doux,
> Ainsi le veut le temps : pour mon usage
> Il me semble que tout cela n'est plus bon.

For age with steling steps
Hath clawde me with his clutch,
And lusty youthe awaye he leapes,
As there had bene none such.

Car l'âge venu à pas furtifs,
M'a arraché avec ses griffes,
Et la verte jeunesse s'est enfuie,
Comme si elle n'avait pas été.

A pickaxe and a spade,
And eke a shrowding shete,
A house of clay for to be made,
For such a guest most mete.

Une pioche et une bêche,
Et aussi un linceul pour drap,
Une maison à faire avec la boue,
C'est tout ce qu'il faut pour un tel hôte.

For beautie with her band
These croked cares had wrought
And shipped me into the land
From whence I first was brought.

Car la beauté qui m'enchaînait
A fait mon désespoir accablant,
Et m'a embarqué dans cette terre
D'où j'ai été primitivement tiré.

(34) Ces vers ravissants semblent traduire ceux de Perse :

Non nunc è manibus istis,
Non nunc è tumulo fortunataque favilla
Nascentur violæ?

FIN DES NOTES.

TABLE

DU TOME PREMIER.

	Pages.
Préface par Victor Hugo.	5
Avertissement de la première édition.	33
Introduction aux DEUX HAMLET.	41
LE PREMIER HAMLET.	101
LE SECOND HAMLET.	201
Notes.	373

FIN DE LA TABLE.

ŒUVRES COMPLÈTES DE SHAKESPEARE

DIVISION DE L'OUVRAGE

Tome I.

LES DEUX HAMLET.
Préface de Victor Hugo.
Introduction. Histoire tragique d'Amleth, par Belleforest.
Le Premier Hamlet.
Le Second Hamlet.
Notes.

Tome II.

FÉERIES.
Introduction.
Le Songe d'une Nuit d'été.
La Tempête.
Notes. La Légende de Huon de Bordeaux.
Appendice. La reine Mab, poëme par Shelley.

Tome III.

LES TYRANS.
Introduction. Histoire de Macbeth, par Holinshed. — Histoire du roi Jean, par Holinshed. — Histoire de Richard III, par Thomas Morus.
Macbeth.
Le roi Jean.
Richard III.
Notes.

Tome IV.

LES JALOUX. — I.
Introduction.
Troylus et Cressida.
Beaucoup de bruit pour rien.
Le Conte d'hiver.
Appendice. Le roman de Troylus, par Boccace. — Cinquante-sixième histoire tragique de Belleforest. — Pandosto, nouvelle de Robert Greene.

Tome V.

LES JALOUX. — II.
Introduction.
Cymbeline.
Othello.
Notes.
Appendice. Extrait du Décaméron de Boccace. — Extrait des Hécatommithi de Cinthio.

Tome VI.

LES COMÉDIES DE L'AMOUR.
Introduction.
La Sauvage apprivoisée.
Tout est bien qui finit bien.
Peines d'Amour perdues.
Appendice. — La légende de Gérard de Narbonne, par Boccace.

Tome VII.

LES AMANTS TRAGIQUES.
Introduction. Les Castelvins et les Montèses, par Lope de Véga.
Antoine et Cléopatre.
Roméo et Juliette.
Notes. Vie d'Antoine, par Plutarque.
Appendice. Légende de Roméo et Juliette, par Bandello.

Tome VIII.

LES AMIS.

Introduction.

LES DEUX GENTILSHOMMES DE VÉRONE.

LE MARCHAND DE VENISE.

COMME IL VOUS PLAIRA.

Notes.

Appendice. Extrait de la Diane de Montemayor. — Les Aventures de Gianetto, par Giovanni Fiorentino. — Rosalinde, par Thomas Lodge.

Tome IX.

LA FAMILLE.

Introduction. La Légende de Leir, par Robert Wace.

CORIOLAN.

LE ROI LEAR.

Notes. Vie de Coriolan, par Plutarque.

Appendice. Chronique de Geoffroy de Monmouth. — Extrait de l'Arcadie de Sydney.

Tome X.

LA SOCIÉTÉ.

Introduction. La Comédie de Promos et Cassandra, par Whetstone. — Timon d'Athènes, par Lucien.

MESURE POUR MESURE.

TIMON D'ATHÈNES.

JULES CÉSAR.

Notes. Vie de César, par Plutarque.

Appendice. Extrait des Hécatommithi de Cinthio.

Tome XI.

LA PATRIE. — I.

Introduction.

RICHARD II.

HENRI IV (1re partie).

HENRI IV (2e partie).

Notes. Extraits d'Holinshed.

Appendice. Histoire de Richard II, par Froissard.

Tome XII.

LA PATRIE. — II.

Introduction.

HENRI V.

HENRI VI (1re partie).

Notes. Extraits d'Holinshed.

Appendice. Chronique de Monstrelet.

Tome XIII.

LA PATRIE. — III.

Introduction.

HENRI VI (2e partie).

HENRI VI (3e partie).

HENRI VIII.

Notes. Extraits d'Holinshed et de Hall.

Appendice. Extrait des Mémoires de Cavendish.

Tome XIV.

LES FARCES.

Introduction. Les Ménechmes de Plaute.

LES JOYEUSES ÉPOUSES DE WINDSOR.

LA COMÉDIE DES MÉPRISES.

LE SOIR DES ROIS OU CE QUE VOUS VOUDREZ.

Notes.

Appendice. Les Nouvelles du Purgatoire, par Tarleton. — Soixante-troisième histoire de Belleforest.

Tome XV.

SONNETS. POEMES. TESTAMENT.

Introduction.

LES SONNETS.

VÉNUS ET ADONIS.

LE VIOL DE LUCRÈCE.

LES PLAINTES D'UNE AMOUREUSE.

LE PÈLERIN PASSIONNÉ.

Notes.

LE TESTAMENT DE SHAKESPEARE.

www.ingramcontent.com/pod-product-compliance
Lightning Source LLC
Chambersburg PA
CBHW060611170426
43201CB00009B/973